Wieser
Verfolgung von Lebensmittelverstößen

Handbuch für die Lebensmittelkontrolleure, Veterinäre
und Verwaltung

D1697675

Verfolgung von Lebensmittelverstößen

Handbuch für die Lebensmittelkontrolleure, Veterinäre
und Verwaltung

von

Raimund Wieser

3. aktualisierte und vertiefte Auflage
(die 1. und 2. Auflage erschienen im Wißner-Verlag)

::rehm

Bibliografische Information der Deutschen Nationalbibliothek

Die Deutsche Nationalbibliothek verzeichnet diese Publikation
in der Deutschen Nationalbibliografie;
detaillierte bibliografische Daten sind im Internet
über http://dnb.d-nb.de abrufbar.

Bei der Herstellung des Buches haben wir uns zukunftsbewusst für
umweltverträgliche und wiederverwertbare Materialien entschieden.
Der Inhalt ist auf elementar chlorfreiem Papier gedruckt.

ISBN 978-3-8073-0316-1
Verlagsgruppe Hüthig Jehle Rehm GmbH
Heidelberg/München/Landsberg/Frechen/Hamburg
Satz: TypoScript GmbH, München
Druck und Verarbeitung: Beltz Druckpartner GmbH & Co.KG, Hemsbach

Vorwort

Die Verfolgung lebensmittelrechtlicher Straftaten und Ordnungswidrigkeiten durch die Lebensmittelüberwachung und die Ahndung solcher Ordnungswidrigkeiten durch die Verwaltungsbehörden ist in der Vollzugspraxis der Länder wie auch innerhalb der Bundeswehr außerordentlich uneinheitlich. Auch fehlen weitgehend aktuelle Verwaltungsrichtlinien für die Durchführung von Bußgeldverfahren und die Zusammenarbeit mit den Staatsanwaltschaften als Strafverfolgungsbehörden.

Dieses Buch möchte daher Möglichkeiten aufzeigen, Straf- und Bußgeldverfahren so zu bearbeiten, dass ein Tatnachweis gegenüber dem Lebensmittelunternehmer und seinen Mitarbeitern als Tätern gerichtssicher gelingt. Die Feststellung lebensmittelrechtlicher Verstöße erfolgt regelmäßig durch die Lebensmittelüberwachung, d. h. im Verwaltungsverfahren. Der erste Schwerpunkt des Buches liegt daher bei der Dokumentation und Verwertbarkeit solcher Erkenntnisse für ein späteres Straf- oder Bußgeldverfahren. Zur effektiven Aufklärung von Straftaten und Ordnungswidrigkeiten gehören ferner die Ermittlung der Täter während der Kontrolle und deren unmittelbare Anhörung zum Tatvorwurf.

Ein besonderes Problem des Lebensmittelrechts, das sich von der Einleitung eines Verfahrens durch die Lebensmittelüberwachung über die Verwaltungsbehörde bzw. Staatsanwaltschaft bis ins gerichtliche Verfahren wie ein roter Faden zieht, sind die Mischtatbestände, die bei Vorsatz Straftat, bei Fahrlässigkeit nur Ordnungswidrigkeit sind. Hier widmet sich das Buch den Abgrenzungsfragen. Ein weiteres Kernproblem sind die inzwischen zahlreichen EU-Verordnungen, deren Missachtung durch nationales Recht strafbar oder als Ordnungswidrigkeiten mit Geldbuße bedroht ist.

Häufig ist der Lebensmittelunternehmer keine Einzelfirma, sondern eine juristische Person oder Personengesellschaft. Das Handbuch geht daher auf die Möglichkeiten der bußgeldrechtlichen Haftung der gesetzlichen Vertreter, sonstigen Mitarbeiter und der Unternehmen selbst ein. Dabei ist für die Bescheidtechnik bezüglich Zuwiderhandlungen gegen EU-Verordnungen und die richtige Zumessung der Geldbuße einschließlich Vorteilsabschöpfung breiter Raum vorgesehen.

Das Handbuch begleitet damit Lebensmittelüberwachung wie Verwaltung in lebensmittelrechtlichen Straf- und Bußgeldsachen während des gesamten Verfahrensablaufs. Seine dritte Auflage ist notwendig geworden, weil das Lebensmittel- und Futtermittelgesetzbuch (LFGB) in seiner Neufassung vom 8. September 2011 (BGBl. I S. 1770) wiederum zahlreiche Änderungen erfahren hat, die sich auch auf das Straf- und Bußgeldverfahren auswirken. Dies betrifft insbesondere die Verschärfung der Geldbußen in § 60 LFGB durch das Zweite Gesetzes zur Änderung des Lebensmittel- und Futtermittelgesetzbuches sowie anderer Vorschriften vom 27. Juli 2011 (BGBl. I S. 1608). Abkürzungen in gesetzlichen Vorschriften sind in dieser Auflage durchgehend der vom Gesetzgeber aktuell verwendeten Zitierweise angepasst.

München, im Februar 2012   Raimund Wieser

Inhaltsverzeichnis

Inhaltsübersicht

Abkürzungsverzeichnis

A

AG	Aktiengesellschaft, Amtsgericht

B

BayObLG	(Ehemaliges) Bayerisches Oberstes Landesgericht
BayVGH	Bayerischer Verwaltungsgerichtshof
BGB	Bürgerliches Gesetzbuch
BGH	Bundesgerichtshof
BGBl	Bundesgesetzblatt
BKatV	Bußgeldkatalogverordnung
BVerwG	Bundesverwaltungsgericht

D

DBBwLFGB	Durchführungsbestimmungen zur Überwachung und Qualitätskontrolle von Lebensmitteln, kosmetischen Mitteln und Bedarfsgegenständen in der Bundeswehr
DuD	Datenschutz und Datensicherheit (Fachzeitschrift, zitiert nach Jahr und Seite)
DVBl	Deutsche Verwaltungsblätter (Fachzeitschrift, zitiert nach Jahr und Seite)

E

EuGH	Europäischer Gerichtshof

F

FEVS	Fürsorgerechtliche Entscheidungen der Verwaltungs- und Sozialgerichte (Fachzeitschrift, zitiert nach Jahr und Seite)
FlKV	(ehemalige) Fleischkontrolleurverordnung

G

GDVG	Gesundheits- und Verbraucherschutzgesetz (Bayern)
GflKV	(ehemalige) Geflügelfleischkontrolleurverordnung
GflKV	Gewerbearchiv (Fachzeitschrift, zitiert nach Jahr und Seite)
GewO	Gewerbeordnung
GmbH	Gesellschaft mit beschränkter Haftung
GG	Grundgesetz für die Bundesrepublik Deutschland
GVG	Gerichtsverfassungsgesetz

I

InsO	Insolvenzordnung

J

JuMoG	Justizmodernisierungsgesetz
JVEG	Justizvergütungs- und -entschädigungsgesetz

K

KG	Kommanditgesellschaft
KG (Berlin)	Kammergericht Berlin

L

LFGB	Lebensmittel- und Futtermittelgesetzbuch
LG	Landgericht
LKonV	Lebensmittelkontrolleur-Verordnung
LMBG	(Ehemaliges) Lebensmittel- und Bedarfsgegenstände- gesetz
LMHV	Lebensmittel-Hygieneverordnung (2007)
LMKV	Lebensmittelkennzeichnungsverordnung
LMRStV	Lebensmittelrechtliche Straf- und Bußgeldverordnung
LRE	Lebensmittelrecht (Fachzeitschrift, zitiert nach Jahr und Seite)
LSG	Landessozialgericht
Ltd.	Limited

M

MRK	Menschenrechtskonvention

N

NJW	Neue Juristische Wochenschrift (Fachzeitschrift, zitiert nach Jahr und Seite)
NStZ	Neue Zeitschrift für Strafrecht (Fachzeitschrift, zitiert nach Jahr und Seite)
NStZ-RR	Neue Zeitschrift für Strafrecht – Rechtsprechungsreport (Fachzeitschrift, zitiert nach Jahr und Seite)
NZV	Neue Zeitschrift für Verkehrsrecht (Fachzeitschrift, zitiert nach Jahr und Seite)
NVwZ	Neue Zeitschrift für Verwaltungsrecht (Fachzeitschrift, zitiert nach Jahr und Seite)

O

OHG	Offene Handelsgesellschaft
OLG	Oberlandesgericht
OVG	Oberverwaltungsgericht
OWiG	Gesetz über Ordnungswidrigkeiten

R

RiStBV	Richtlinien für das Strafverfahren und das Bußgeldverfahren

S

SächsAGLFGB	Gesetz zur Ausführung des Lebensmittel- und Futtermittelgesetzbuches und des Vorläufigen Tabakgesetzes im Freistaat Sachsen
SigG	Signaturgesetz
StGB	Strafgesetzbuch
StPO	Strafprozessordnung

T

Tier-LMHV	Tierische Lebensmittel-Hygieneverordnung

V

VGH	Verwaltungsgerichtshof
VIG	Verbraucherinformationsgesetz
VwGO	Verwaltungsgerichtsordnung
VwVfG	Verwaltungsverfahrensgesetz (Bund)[1])

W

WBV	Wehrbereichsverwaltung
Wieser	Gesetz über Ordnungswidrigkeiten, Loseblattkommentar zum OWiG und Nebengesetzen (Hüthig-Jehle-Rehm-Verlag, München)

Z

ZLR	Zeitschrift für Lebensmittelrecht (Fachzeitschrift, zitiert nach Jahr und Seite)
ZPO	Zivilprozessordnung

---

1) Das bundesrechtliche Verwaltungsverfahrensgesetz (VwVfG) ist in diesem Buch anstelle sämtlicher inhaltsgleicher landesrechtlicher Gesetze aus Gründen der Übersichtlichkeit angegeben.

Musterbescheide und -schreiben

1 Gefahrenabwehr – Strafverfolgung und Ordnungswidrigkeiten

Die Aufgaben der Lebensmittelüberwachung untergliedern sich in den präventiven Bereich der Gefahrenabwehr und den repressiven Bereich der Verfolgung von Ordnungswidrigkeiten und – in bestimmten Ländern – auch Straftaten. Demzufolge besitzt der Lebensmittelkontrolleur/Veterinär je nach Verfahrensart eine unterschiedliche Stellung.

1.1 Präventive und repressive Maßnahmen der Lebensmittelüberwachung

Die Verfolgung lebensmittelrechtlicher Straftaten und Ordnungswidrigkeiten ist klar von Maßnahmen der Lebensmittelüberwachung zur Gefahrenabwehr zu trennen.

Die vorrangige Aufgabe der Kontrolle besteht in der präventiven Aufdeckung von Gefahren, die durch das Erzeugen, Verarbeiten oder Inverkehrbringen von Lebensmitteln pflanzlicher wie tierischer Herkunft ausgehen. Die Abwehr solcher Gefahren durch Verwaltungsakte erfolgt durch landesrechtliche Gesetze in einem Verwaltungsverfahren. Die repressive Ahndung von Ordnungswidrigkeiten oder Straftaten hat dagegen den Zweck, den Täter durch Geld- oder Freiheitsstrafen oder Geldbußen wegen Ordnungswidrigkeiten zu beeindrucken (Spezialprävention) und die Allgemeinheit von der Begehung solcher Zuwiderhandlungen abzuhalten (Generalprävention). Die deswegen erfolgte Einleitung eines Straf- oder Bußgeldverfahrens kann daher niemals Maßnahmen der Gefahrenabwehr ersetzen. Diese sind immer primär zu prüfen, die Ahndung schon begangener Straftaten und Ordnungswidrigkeiten ist eine sekundäre Frage.

Beispiel:

Stellt die Lebensmittelüberwachung nicht verkehrsfähige Lebensmittel, Kennzeichnungsverstöße oder Hygienemängel fest, so ist primär zu prüfen, durch welche Maßnahmen der Gefahrenabwehr diese Gefahrtatbestände im Rahmen eines Verwaltungsverfahrens für die Zukunft beseitigt werden können. Hier kommen Sicherstellungen, Reinigungsanordnungen oder Betriebsschließungen in Betracht.

Als sekundäre Erwägung stellt sich die Frage, ob diese Zuwiderhandlungen auch strafbar oder ordnungswidrig sind und deswegen auch ein Straf- oder Bußgeldverfahren eingeleitet werden soll. Die Einleitung eines solchen Verfahrens führt nicht zur Beseitigung nicht verkehrsfähiger Lebensmittel, ordnungsgemäßer Kennzeichnung oder Wiederherstellung der Lebensmittelhygiene.

Der Bedienstete muss daher als fachlich ausgebildete Person (§ 42 Absatz 1 Satz 1 LFGB, § 1 LKonV) bei jeder Entscheidung wissen, ob er sie als Maßnahme der Gefahrenabwehr bei der Lebensmittelüberwachung (§ 38 ff. LFGB bzw. landesrechtliche Befugnisse) oder zur Verfolgung einer Zuwiderhandlung als Straftat oder Ordnungswidrigkeit (§ 58 ff. LFGB bzw. davon abgeleitete Rechtsverordnungen) trifft.

Zuständigkeit der Lebensmittelüberwachung zur Überwachung von Gewerbebetrieben und Verfolgung von Verstößen

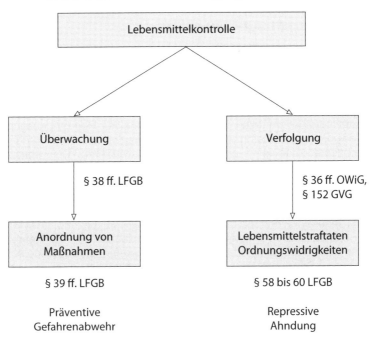

1.2 Stellung des Lebensmittelkontrolleurs/Veterinärs

Jeder Lebensmittelkontrolleur bzw. Veterinär bei Lebensmitteln tierischer Herkunft hat unterschiedliche Zuständigkeiten im Verwaltungs-, Bußgeld- und Strafverfahren. Unter den allgemeinen Oberbegriff der Lebensmittelüberwachung gehört seit Inkrafttreten der Verordnung zur Durchführung von Vorschriften des gemeinschaftlichen Lebensmittelhygienerechts (LMHV) 2007 auch der frühere Fleischkontrolleur bzw. Geflügelfleischkontrolleur.[1]) Soweit beamtete Tierärzte (Amtstierärzte) Funktionen der Lebensmittelüberwachung wahrnehmen, gelten die einschlägigen Bestimmungen des LFGB auch für ihre Tätigkeit.

* **Verwaltungsverfahren**

  Der Lebensmittelkontrolleur/Veterinär ist im Bereich der Gefahrenabwehr als Bediensteter einer Behörde (§ 11 Nummer 3 VwVfG) zur Durchführung der Lebensmittelüberwachung (§ 38 ff. LFGB) und Anordnung präventiver Maßnahmen (Ordnungsverfügungen im Sinne des § 1 Absatz 2 Nummer 8b LKonV) sachlich zuständig.

* **Bußgeldverfahren**

  Jeder Lebensmittelkontrolleur/Veterinär muss die Befähigung zur Durchführung von Bußgeldverfahren besitzen (§ 1 Absatz 1 Nummer 10 LKonV). Ob und inwieweit er eine Zuständigkeit zur Verfolgung lebensmittelrechtlicher Ordnungswidrigkeiten besitzt, entscheidet der Behördenleiter oder der von ihm beauftragte Beamte auf der innerbehördlichen Organisationshoheit im Einzelfall. Er kann also nur zur Erteilung von Verwarnungen (§ 56 OWiG) oder auch zur Einleitung von Bußgeldverfahren durch die Anhörung des Betroffenen (§ 55 OWiG) berechtigt sein. Der Lebensmittelkontrolleur/Veterinär ist dann Bediensteter der Verwaltungsbehörde im Sinne des § 35 OWiG. Zur Gewährleistung einer effektiven Aufklärung von Ordnungswidrigkeiten am Tatort und Beweissicherung erscheint es nur sinnvoll, damit den Lebensmittelkontrolleur/Veterinär und nicht die Verwaltung zu betrauen. In diesem Handbuch ist daher durchgehend diese Aufgabenteilung zugrunde gelegt.

---

1) Aufhebung der ehemaligen Verordnungen über
   ▶ die fachlichen Anforderungen an das in der Fleischhygieneüberwachung tätige nicht-tierärztliche Personal (Fleischkontrolleur-Verordnung – FlKV) durch Artikel 23 Nummer 8 Verordnung vom 08.08.2007 (BGBl. I S. 1816) und
   ▶ Verordnung über Geflügelfleischkontrolleure (Geflügelfleischkontrolleur-Verordnung – GFlKV) durch Artikel 23 Nummer 10 Verordnung vom 08.08.2007 (BGBl. I S. 1816).

- **Strafverfahren**

Zur Verfolgung von Straftaten ist ausschließlich die Staatsanwaltschaft berufen (§ 160 StPO), die Verwaltungsbehörde besitzt dazu keine Zuständigkeit. Jeder Lebensmittelkontrolleur/Veterinär muss die Befähigung zu Ermittlungen zur Anzeige von Straftaten besitzen (§ 1 Absatz 1 Nummer 10 LKonV). Ob er bei der Verfolgung lebensmittelrechtlicher Straftaten die Eigenschaft einer Ermittlungsperson der Staatsanwaltschaft mit entsprechenden Befugnissen besitzt (§ 152 Absatz 1 GVG), ist von Bundesland zu Bundesland unterschiedlich. Die Länder entscheiden nämlich, ob sie den Lebensmittelkontrolleur/ Veterinär in entsprechenden landesrechtlichen Verordnungen als Ermittlungsperson der Staatsanwaltschaft bezeichnen (§ 152 Absatz 2 GVG). Eine bundesweit einheitliche Aufnahme in diese Verordnungen wäre im Interesse einer sachkundigen und damit effektiven Verfolgung von Lebensmittelstraftaten äußerst wünschenswert. Die Sachverständigen im Bereich der Bundeswehr (Nummer 7 DBBwLFGB) sind keine Ermittlungspersonen der Staatsanwaltschaft. Gesetzlich nicht geregelt ist die Einbindung des Lebensmittelkontrolleurs/Veterinärs als Ermittlungsperson der Staatsanwaltschaft in die ihn beschäftigende Behörde, sein Verhältnis zur Staatsanwaltschaft und die Anzeigepflicht nach Entdeckung von Straftaten. Diese Fragen sind in Kapitel 5 dieses Buches ausführlich behandelt.

Im Bereich der Bundeswehr ist die Lebensmittelüberwachung den Sachverständigen (Nummer 7 DBBwLFGB) zugewiesen, die unter der Fachaufsicht des Sanitätsamts der Bundeswehr (Nummer 11 DBBwLFGB) stehen. Diesen sind zwar die verwaltungsrechtlichen Befugnisse nach § 38 ff. LFGB übertragen (Nummer 27 Absatz 2 DBBwLFGB), sie besitzen aber keinerlei Befugnisse im Verwarnungs- und Bußgeldverfahren.

Gefahrenabwehr – Strafverfolgung und Ordnungswidrigkeiten **1**

Aufgabenbereich der Lebensmittelüberwachung

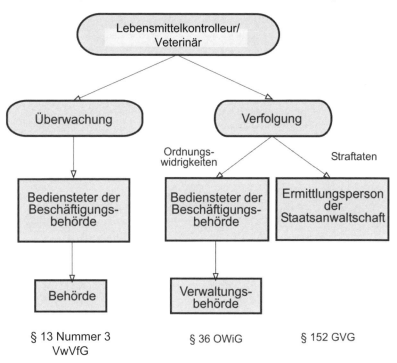

§ 13 Nummer 3
VwVfG

§ 36 OWiG

§ 152 GVG

2 Lebensmittelstraftat und Ordnungswidrigkeit

Der Gesetzgeber kann Zuwiderhandlungen gegen verwaltungsrechtliche Ge- und Verbote als Straftaten mit Geld- und Freiheitsstrafe oder als Ordnungswidrigkeiten mit Geldbuße bedrohen. Lebensmittelrechtliche Straftatbestände enthalten Zuwiderhandlungen, die der Gesetzgeber wegen ihrer Gefährlichkeit für strafwürdig hält, während Ordnungswidrigkeiten nur so genannten Verwaltungsungehorsam durch die Geldbuße als ernste Pflichtenmahnung ahnden.

Abgrenzung Straf- und Bußgeldverfahren wegen lebensmittelrechtlichen Verstößen

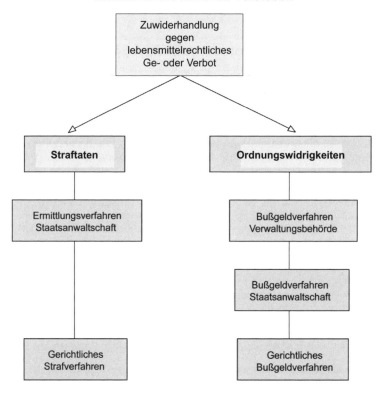

Die Unterscheidung zwischen Straftat und Ordnungswidrigkeit ist von großer praktischer Bedeutung, weil für die Verfolgung von Straftaten die Staatsanwaltschaft (§ 160 StPO) und nicht die Verwaltungsbehörde zuständig ist. Der Lebensmittelkontrolleur/Veterinär ist im strafrechtlichen Ermittlungsverfahren nur zuständig, soweit er in einem Bundesland Ermittlungsperson der Staatsanwaltschaft ist (§ 152 Absatz 1 GVG).[1]) Die gerichtliche Ahndung von Lebensmittelstraftaten durch ein Amts- oder Landgericht findet nach Anklageerhebung oder Strafbefehlsantrag der Staatsanwaltschaft statt. Ordnungswidrigkeiten werden dagegen im Buß-geldverfahren der Verwaltungsbehörde verfolgt (§ 35 OWiG) und durch Bußgeldbescheid (§ 65 OWiG) geahndet. Der Lebensmittelkontrolleur/ Veterinär wird hier als Teil der Verwaltungsbehörde tätig. Zur Abgabe des Verfahrens an die Staatsanwaltschaft und zu einem gerichtlichen Buß-geldverfahren vor dem Amtsgericht kommt es hier nur bei einem Ein-spruch gegen den Bußgeldbescheid (§ 69 ff. OWiG) oder nachträglichem Verdacht der Straftat (§ 41 Absatz 1 OWiG).

2.1 Straf- und Bußgeldvorschriften §§ 58 bis 60 LFGB

Rechtsgrundlage für die lebensmittelrechtlichen Straf- und Bußgeldvor-schriften ist Abschnitt 10 des Lebensmittel- und Futtermittelgesetzbu-ches (LFGB). §§ 58, 59 LFGB enthalten Strafvorschriften, § 60 LFGB Buß-geldvorschriften. Allen Tatbeständen ist gemeinsam, dass sie nicht in sich geschlossen sind, sondern als Blankettvorschriften auf verwaltungs-rechtliche Ausfüllungstatbestände Bezug nehmen. Letztere können auch auf Bestimmungen aus dem EU-Recht weiterverweisen.

Beispiele:

Mit Freiheitsstrafe bis zu drei Jahren oder mit Geldstrafe wird nach § 58 Absatz 1 Nummer 1 LFGB bestraft (Blanketttatbestand), wer entgegen § 5 Satz 1 Satz 1 LFGB ein Lebensmittel herstellt oder behandelt (Ausfüllungstatbe-stand). Es ist verboten, Lebensmittel für andere herzustellen oder zu behandeln, dass ihr Verzehr gesundheitsschädlich im Sinne des Artikels 14 Absatz 2 Buchstabe a der Verordnung (EG) Nr. 178/2002 ist (§ 5 Absatz 1 Satz 1 LFGB).

Ordnungswidrig handelt nach § 60 Absatz 2 Nummer 20 LFGB (Blanketttatbe-stand), wer … entgegen § 12 Absatz 1 LFGB eine Aussage, einen Hinweis, eine Krankengeschichte, entgegen § 44 Absatz 2 Satz 1 LFGB eine Auskunft nicht, nicht richtig, nicht vollständig oder nicht rechtzeitig erteilt (Ausfüllungstatbe-stand). Die in § 42 Absatz 2 Nummer 5 LFGB genannten Personen und Perso-

---

1) Zur Stellung des Lebensmittelkontrolleurs als Ermittlungsperson der Staatsanwalt-schaft (§ 152 Absatz 2 GVG) siehe Kapitel 1.2 und 5.1.

nenvereinigungen sind verpflichtet, den in der Überwachung tätigen Personen auf Verlangen unverzüglich die dort genannten Auskünfte zu erteilen (§ 44 Absatz 2 Satz 1 LFGB).

Eine Besonderheit des Lebensmittelrechts sind die so genannten **Mischtatbestände,** bei denen vorsätzliches Handeln eine Straftat, fahrlässiges Handeln dagegen eine Ordnungswidrigkeit darstellt.[1])

Beispiel:

> Es ist verboten, andere als dem Verbot des Artikels 14 Absatz 1 in Verbindung mit Absatz 2 Buchstabe b der Verordnung (EG) Nr. 178/2002 unterliegende Lebensmittel, die für den Verzehr durch den Menschen ungeeignet sind, in den Verkehr zu bringen (§ 11 Absatz 2 Nummer 1 LFGB).

> ▶ Strafbar handelt nach § 59 Absatz 1 Nummer 8 LFGB, wer entgegen § 11 Absatz 2 Nummer 1 LFGB ein Lebensmittel vorsätzlich in den Verkehr bringt.

> ▶ Nur ordnungswidrig handelt dagegen nach § 60 Absatz 1 Nummer 1 LFGB, wer eine der in § 59 Absatz 1 Nummer 8 bezeichneten Handlungen nur fahrlässig begeht.

Sehr häufig dienen Straf- und Bußgeldvorschriften in §§ 58 bis 60 LFGB nur als gesetzliche Ermächtigungsgrundlagen für die Straf- und Bußgeldvorschriften in lebensmittelrechtlichen Rechtsverordnungen wie z. B. der Lebensmittelrechtlichen Straf- und Bußgeldverordnung (LMRStV) vom 7. Februar 2012.[2])

Beispiel:

> § 60 Absatz 4 Nummer 2 Buchstabe a LFGB ist Ermächtigungsgrundlage für die Bußgeldvorschrift in § 2 Nummer 2 LMRStV.

Auch in Rechtsverordnungen können von § 59/§ 60 Absatz 1 LFGB abgeleitete Mischtatbestände von Straf- und Bußgeldvorschriften enthalten sein, wie z. B. in § 23 Absatz 2/§ 24 Absatz 1 Tier-LMHV und § 10 Absatz 1, 2 LMKV.[3]) **EU-Verordnungen** allein können keine Straf- und Bußgeldvorschriften enthalten, weil das Straf- und Ordnungswidrigkeitenrecht grundsätzlich dem nationalen Recht vorbehalten ist. Daher müssen nationale Straf- und Bußgeldvorschriften hierauf verweisen.[4])

---

1) Zu den Mischtatbeständen siehe Kapitel 2.2.
2) Zu Straf- und Bußgeldvorschriften in lebensmittelrechtlichen Rechtsverordnungen siehe Kapitel 2.3.
3) Zu Mischtatbeständen von Straf- und Bußgeldvorschriften in Rechtsverordnungen siehe Kapitel 2.3
4) Zur Unbestimmtheit von Straf- und Bußgeldvorschriften in lebensmittelrechtlichen Rechtsverordnungen siehe Kapitel 2.4.

2 Lebensmittelstraftat und Ordnungswidrigkeit

Beispiele:

Ordnungswidrig handelt nach § 60 Absatz 3 Nummer 1 Buchstabe d LFGB, wer gegen die Verordnung (EG) 178/2002 verstößt, indem er vorsätzlich oder fahrlässig … entgegen Artikel 19 Absatz 1 Satz 1 ein Verfahren nicht oder nicht rechtzeitig einleitet, um die zuständigen Behörden zu unterrichten.

Ein großes praktisches Problem liegt in den zahlreichen unbestimmten Rechtsbegriffen der EU-Verordnungen, die mit dem strafrechtlichen Bestimmtheitsgrundsatz (Artikel 103 Absatz 2 GG) nicht vereinbar sein können. Dies betrifft insbesondere die Bestimmungen des sogenannten „Hygienepakets".

Beispiel:

Begriffsbestimmungen „erforderlichenfalls", „geeignet", „angemessen" und „ausreichend" in Artikel 2 Absatz 3 Verordnung (EG) 852/2004 (Lebensmittelhygiene).

Bedauerlicherweise weisen Bußgeldvorschriften in neueren nationalen Rechtsverordnungen wie etwa § 10 Nummer 1 in Verbindung mit § 3 Satz 1 und § 2 Absatz 2 LMHV nur Pauschalverweisungen auf EU-Verordnungen und keine Einzelbezüge zwischen Blankettnorm im EU-Recht und Bußgeldvorschrift im nationalen Recht auf, wie dies früher bei landesrechtlichen Regelungen üblich war. Dies hat zu einer allgemeinen Verunsicherung in der Vollzugspraxis und zu einer weitgehenden Einstellung der Ahndung entsprechender Ordnungswidrigkeiten geführt.

Verstöße aller Art gegen EU-Recht wie nationales Recht, die weder im LFGB noch in einer Rechtsverordnung ausdrücklich als Straftat oder Ordnungswidrigkeit aufgeführt sind, können wegen des verfassungsrechtlichen Grundsatzes in Artikel 103 Absatz 2 GG weder straf- und bußgeldrechtlich verfolgt werden.

Beispiel:

Der Lebensmittelkontrolleur/Veterinär kann aufgrund landesrechtlicher Ausführungsgesetze Verwaltungsakte wie eine Reinigungsanordnung erlassen oder die Betriebsschließung verfügen. Enthält das Gesetz keinen Straf- oder Bußgeldtatbestand, kann eine Missachtung des Verwaltungsakts weder als Straftat noch als Ordnungswidrigkeit verfolgt werden. Verstöße gegen das nach der VO (EG) 852/2004 verbindlichen HACCP-Konzepts können daher zum Zeitpunkt des Erscheinens dieses Buches nicht geahndet werden (vgl. Kapitel 2.5).

Beispielhaft enthält etwa das bayerische Gesundheitsdienst- und Verbraucherschutzgesetz (GDVG) zwar eine Rechtsgrundlage zum verwaltungsrechtlichen Erlass von Anordnungen der Lebensmittelüberwachung für den Einzelfall (Artikel 23). Die Missachtung solcher Anordnungen ist jedoch mangels Erwähnung in der Bußgeldvorschrift (Artikel 33) nicht mit Geldbuße bedroht. In Sachsen besteht dagegen der einschlägige Tatbestand einer Ordnungswidrigkeit in § 15 SächsAGLFGB. Zur Rechtsvereinheitlichung wäre es daher wünschenswert, wenn das LFGB bundeseinheitlich eine entsprechende Rechtsgrundlage erhielte, wie dies auch in anderen Rechtsgebieten der Fall ist.

2.2 Mischtatbestände § 59 bis § 60 Absatz 1 LFGB

Die Tatbestände strafbarer Handlungen und Ordnungswidrigkeiten sind im Gegensatz zu den Tatbeständen der Gefahrenabwehr zweistufig. Sie enthalten nicht nur einen objektiven (äußeren), sondern auch einen subjektiven (inneren) Tatbestand. Während es bei einem Verwaltungsakt zur präventiven Gefahrenabwehr bedeutungslos ist, aus welcher inneren Einstellung der Lebensmittelunternehmer oder seine Mitarbeiter gehandelt haben, spielt dies für die repressive Einordnung als Straftat oder Ordnungswidrigkeit und ggf. die Höhe der Strafe bzw. Geldbuße bei einer Ordnungswidrigkeit eine maßgebliche Rolle.

Beispiel:

> Stellt die Lebensmittelkontrolle <u>objektiv</u> unzulässig gekennzeichnete Lebensmittel, überhöhte Schadstoffmengen oder Hygieneverstöße fest, so ist es für die gebotenen Maßnahmen der Überwachung völlig bedeutungslos, ob der Lebensmittelunternehmer <u>subjektiv</u> nur versehentlich, aus mangelnder Sorgfalt oder aber wider besseres Wissen, entgegen einer Belehrung der Behörde usw. gehandelt hat. Die innere Einstellung ist aber für die Fragen bedeutsam, ob eine Straftat oder Ordnungswidrigkeit vorliegt und für die gerichtliche Strafzumessung bzw. Höhe der Geldbuße im Bußgeldbescheid durch die Verwaltungsbehörde entscheidend.

Die erste Stufe ist stets die Feststellung, ob der objektive Tatbestand einer Straftat oder Ordnungswidrigkeit nach §§ 58 bis 60 LFGB oder einer davon abgeleiteten Rechtsverordnung verwirklicht ist. Solche Tatbestandsmerkmale sind durch den sachkundigen Lebensmittelkontrolleur/ Veterinär bei der verwaltungsrechtlichen Überwachung feststellbar. Die zweite Prüfungsstufe beim subjektiven Tatbestand ist die Frage, ob der mutmaßliche Täter entweder vorsätzlich, d. h. bewusst und gewollt, oder nur fahrlässig, d. h. unbewusst und ungewollt, gehandelt hat. Diese innere Einstellung ist naturgemäß wesentlich schwerer einzuordnen, da sie nicht nach außen hin erkennbar ist.[1])

---

1) Zu den Begriffen Vorsatz und Fahrlässigkeit siehe Kapitel 2.5.

Das Lebensmittelrecht enthält drei verschiedene Typen:
1. reine Straftatbestände (§ 58 LFGB),
2. Mischtatbestände von Straftaten und Ordnungswidrigkeiten (§ 59, § 60 Absatz 1 LFGB) und
3. reine Ordnungswidrigkeitentatbestände (§ 60 Absätze 2 ff. LFGB).

Die Bezeichnung „Mischtatbestand" hat sich als sehr verständlich eingebürgert, ist aber kein gesetzlicher Begriff.

- **Reine Straftatbestände**
  Reine Strafvorschriften sind in § 58 LFGB enthalten. Hier sind vorsätzliches und fahrlässiges Handeln Straftat, nicht Ordnungswidrigkeit. Zwar ist vorsätzliches Handeln in den Straftatbeständen des § 58 Absatz 1 bis 3 LFGB nicht erwähnt, aber gemäß § 15 StGB stets strafbar. Fahrlässiges Handeln ist durch § 58 Absatz 6 LFGB mit einer geringeren Strafdrohung (ein Jahr statt drei Jahre Freiheitsstrafe oder Geldstrafe) versehen.

Objektiver und subjektiver Tatbestand von Straftaten und Ordnungswidrigkeiten

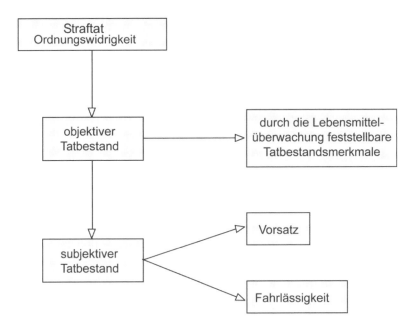

Bei vorsätzlichem Handeln ist auch der Versuch der Tatbestandsverwirklichung nach § 58 Absatz 4 LFGB strafbar (§ 23 Absatz 1 StGB). Eine Straftat versucht, wer nach seiner Vorstellung von der Tat zur Verwirklichung des Tatbestandes unmittelbar ansetzt (§ 22 StGB). Daher gibt es auch keinen fahrlässigen Versuch.

Beispiel:

> Ein Lebensmittelunternehmer gewinnt entgegen § 10 Absatz 3 Nummer 1 LFGB Lebensmittel von einem Tier, dem Stoffe mit pharmakologischer Wirkung, die als Arzneimittel zugelassen oder registriert sind oder als Futtermittelzusatzstoffe zugelassen sind, zugeführt wurden.
>
> **Objektiver Tatbestand:**
> Tatbestandsmerkmale nach § 58 Absatz 1 Nummer 6 LFGB: Gewinnen eines Lebensmittels von einem Tier entgegen § 10 Absatz 3 Nummer 1 LFGB.
>
> **Subjektiver Tatbestand:**
> ▶ Vorsätzliches Handeln ist durch § 58 Absatz 1 Halbsatz 1 LFGB mit Freiheitsstrafe bis zu drei Jahren oder Geldstrafe,
>
> ▶ fahrlässiges Handeln ist durch § 58 Absatz 6 LFGB nur mit Freiheitsstrafe bis zu einem Jahr oder Geldstrafe bedroht.

Die Strafdrohung von drei Jahren Freiheitsstrafe oder Geldstrafe für vorsätzliches Handeln (§ 58 Absatz 1 LFGB), fünf Jahren nur in besonders schweren Fällen (§ 58 Absatz 5 LFGB) bzw. einem Jahr bei fahrlässigem Handeln (§ 58 Absatz 6 LFGB) kann angesichts der Vorfälle der letzten Jahre nicht als ausreichend angesehen werden.[1] Die häufig in Tateinheit vorliegende allgemeine Straftat des Betrugs weist dagegen einen Strafrahmen von fünf Jahren Freiheitsstrafe oder Geldstrafe auf (§ 263 Absatz 1 StGB). In besonders schweren Fällen des gewerbsmäßigen Betrugs beläuft sich die Strafe auf eine Freiheitsstrafe von sechs Monaten bis zu zehn Jahren (§ 263 Absatz 3 Satz 1, Satz 2 Nummer 1 StGB). Solche verschärfte Strafdrohungen weist § 58 LFGB überhaupt nicht auf. Die Strafdrohung wegen Betrugs zum Nachteil der Letztverbraucher überwiegt daher diejenige wegen Lebensmittelstraftaten regelmäßig erheblich. Eine Erhöhung der Strafrahmen erscheint wegen der Gefährlichkeit der Verstöße im Bereich größerer Lebensmittelunternehmer angebracht.[2]

---

1) Eine Verschärfung dieses Strafmaßes ist im Gesetzgebungsverfahren auch durch das Zweite Gesetz zur Änderung des Lebensmittel- und Futtermittelgesetzbuches sowie anderer Vorschriften vom 27. Juli 2011 (BGBl. I S. 1608) im Gegensatz zu den Geldbußen wegen Ordnungswidrigkeiten in § 60 Absatz 5 LFGB nicht erfolgt.

2) In den Medien ist zwar immer wieder von „schärferen Strafen" im Lebensmittelrecht die Rede, womit aber tatsächlich nur die Erhöhung des Höchstmaßes von Geldbußen wegen Ordnungswidrigkeiten (vgl. § 60 Absatz 5 LFGB) gemeint ist.

- **Mischtatbestände von Straftaten und Ordnungswidrigkeiten**

  § 59 LFGB enthält in allen Absätzen zunächst reine Straftatbestände, die gegenüber § 58 LFGB nur mit sehr geringer Strafdrohung von Freiheitsstrafe bis zu nur einem Jahr oder Geldstrafe versehen sind. Strafbar ist hier jedoch nur vorsätzliches Handeln (§ 15 StGB), da im Gegensatz zu § 58 LFGB fahrlässiges Handeln nicht ausdrücklich erwähnt ist (vgl. § 58 Absatz 6 LFGB). Auch der Versuch der Tatbestandsverwirklichung ist hier mangels ausdrücklicher Erwähnung nicht strafbar (vgl. § 58 Absatz 4 LFGB, § 23 Absatz 1 StGB).

  Fahrlässiges Handeln ist jedoch durch § 60 Absatz 1 LFGB bezüglich der dort ausdrücklich bezeichneten Vorschriften des § 59 LFGB ausdrücklich als Ordnungswidrigkeit mit Geldbuße bedroht. Diese Vorschrift bestimmt nämlich, dass ordnungswidrig handelt, wer eine der in § 59 Absatz 1 und 2 LFGB bezeichneten Handlungen fahrlässig begeht.

  Diese Ordnungswidrigkeiten weisen folgende gesetzlichen Höchstbeträge der Geldbuße auf:

  - **100 000 Euro**[1] für die Tatbestände in § 59 Absatz 1 Nummer 8 oder Absatz 2 Nummer 1 in Verbindung mit § 60 Absatz 1 Nummer 1 LFGB (§ 60 Absatz 5 Nummer 1 LFGB).[2]

  - **50 000 Euro** für die Tatbestände in § 59 Absatz 1 Nummer 2, Absatz 2 Nummer 1 bis 13, 18, 24, 25 und 26 Buchstabe a, Absatz 3 Nummer 1 sowie Absatz 4 Nummer 1 Buchstabe a und Nummer 2 Buchstabe a in Verbindung mit § 60 Absatz 1 Nummer 2 LFGB (§ 60 Absatz 5 Nummer 2 LFGB).[3]

  - **20 000 Euro** in den übrigen Fällen (§ 60 Absatz 5 Nummer 3 LFGB).

---

1) Da der Höchstbetrag der Geldbuße von 100 000 Euro bereits für die fahrlässige Tatbestandsverwirklichung vorgesehen ist, findet keine Halbierung nach § 17 Absatz 2 OWiG wie bei den reinen Ordnungswidrigkeiten-Tatbeständen in § 60 Absatz 2 bis 4 LFGB statt.

2) Das Höchstmaß der Geldbuße betrug bis zum Inkrafttreten des Zweiten Gesetzes zur Änderung des Lebensmittel- und Futtermittelgesetzbuches sowie anderer Vorschriften vom 27. Juli 2011 (BGBl. I S. 1608) **nur 50 000** Euro (§ 1 Absatz 1a, LFGB, § 4 Absatz 2 OWiG).

3) Das Höchstmaß der Geldbuße betrug bis zum Inkrafttreten des Zweiten Gesetzes zur Änderung des Lebensmittel- und Futtermittelgesetzbuches sowie anderer Vorschriften vom 27. Juli 2011 (BGBl. I S. 1608) **nur 20 000** Euro (§ 1 Absatz 1a LFGB § 4 Absatz 2 OWiG).

Beispiele:

Ein Lebensmittelunternehmer bringt ein für den Verzehr durch den Menschen ungeeignetes Lebensmittel entgegen § 11 Absatz 2 Nummer 1 LFGB in Verkehr.

Objektiver Tatbestand: Tatbestandsmerkmale in § 59 Absatz 1 Nummer 8 LFGB,

Subjektiver Tatbestand:

▶ Vorsätzliches Handeln ist durch § 59 Absatz 1 Halbsatz 1 LFGB als Straftat mit Freiheitsstrafe bis zu einem Jahr oder Geldstrafe bedroht.

▶ Fahrlässiges Handeln ist durch § 60 Absatz 1 Nummer 1 LFGB nur als Ordnungswidrigkeit mit Geldbuße bis zu **100 000 Euro** (§ 60 Absatz 5 Nummer 1 LFGB) bedroht.

Ein Lebensmittelunternehmer bringt ein Lebensmittel entgegen § 11 Absatz 1 Nummer 1 LFGB unter einer irreführenden Bezeichnung in Verkehr.

Objektiver Tatbestand: Tatbestandsmerkmale in § 59 Absatz 1 Nummer 7 LFGB,

Subjektiver Tatbestand:

▶ Vorsätzliches Handeln ist durch § 59 Absatz 1 Halbsatz 1 LFGB als Straftat mit Freiheitsstrafe bis zu einem Jahr oder Geldstrafe bedroht.

▶ Fahrlässiges Handeln ist durch § 60 Absatz 1 Nummer 2 LFGB nur als Ordnungswidrigkeit mit Geldbuße bis zu **50 000 Euro** (§ 60 Absatz 5 Nummer 2 LFGB) bedroht.

Lebensmittelstraftaten, Mischtatbestände Ordnungswidrigkeiten (§ 58 bis 60 LFGB)

- **Reine Ordnungswidrigkeitentatbestände**

Reine Ordnungswidrigkeitentatbestände (§ 1 Absatz 1 OWiG) sind in § 60 Absatz 2 bis 4 LFGB enthalten. Hier sind vorsätzliches wie fahrlässiges Handeln ausdrücklich mit Geldbuße bedroht (§ 10 OWiG). Der gestaffelte Höchstbetrag der Geldbuße von 50 000 bzw. 20 000 Euro (§ 60 Absatz 5 Nummern 2, 3 LFGB) gilt nur für vorsätzliches Handeln und ist bei Fahrlässigkeit durch die allgemeine Bestimmung in § 17 Absatz 2 OWiG auf jeweils die Hälfte reduziert. Der Versuch der Ordnungswidrigkeit kann hier mangels ausdrücklicher Erwähnung nicht geahndet werden (§ 13 OWiG).

Beispiele:

Ein Lebensmittelunternehmer leitet entgegen Artikel 19 Abs. 1 Satz 1 VO (EG) Nr. 178/2002 kein Verfahren ein, um die zuständigen Behörden zu unterrichten.

Objektiver Tatbestand:

Tatbestandsmerkmale in § 60 Absatz 3 Nummer 1 Buchstabe d LFGB,

Subjektiver Tatbestand:

▶ Vorsätzliches Handeln ist durch § 60 Absatz 3 Nummer 1 Halbsatz 1 LFGB als Ordnungswidrigkeit mit Geldbuße bis zu 50 000 Euro bedroht (§ 60 Absatz 5 Nummer 2 LFGB).

▶ Fahrlässiges Handeln ist durch § 60 Absatz 3 Nummer 1 Halbsatz 1 LFGB als Ordnungswidrigkeit mit Geldbuße bis zu 25 000 Euro bedroht (§ 60 Absatz 5 Nummer 2 LFGB, § 17 Abs. 2 OWiG).

Ein Lebensmittelunternehmer erteilt bei einem vollziehbaren Auskunftsverlangen der Lebensmittelkontrolle (§ 42 Absatz 2 Nummer 5 LFGB) die verlangten Auskünfte nicht und verletzt dadurch die Auskunftpflicht nach § 44 Absatz 2 Satz 1 LFGB.

Objektiver Tatbestand: Tatbestandsmerkmale in § 60 Absatz 2 Nummer 20 LFGB,

Subjektiver Tatbestand:

▶ Vorsätzliches Handeln ist durch § 60 Absatz 2 Halbsatz 1 LFGB als Ordnungswidrigkeit mit Geldbuße bis zu 20 000 Euro bedroht (§ 60 Absatz 5 Nummer 3 LFGB).

▶ Fahrlässiges Handeln ist durch § 60 Absatz 2 Halbsatz 1 LFGB als Ordnungswidrigkeit mit Geldbuße bis zu 10 000 Euro bedroht (§ 60 Absatz 5 Nummer 3 LFGB, § 17 Abs. 2 OWiG).

2.3 Straf- und Bußgeldvorschriften in lebensmittelrechtlichen Verordnungen

Das Lebensmittel- und Futtermittelgesetzbuch enthält neben eigenen Straf- und Bußgeldvorschriften auch zahlreiche Ermächtigungsvorschriften für solche Vorschriften in nationalen Rechtsverordnungen. Bei EU-Verordnungen ist dies zwingend, da diese selbst keine dem nationalen Recht der einzelnen Staaten vorbehaltenen Straf- und Bußgeldvorschriften enthalten können. Das System reiner Straftatbestände, Mischtatbestände von Straftaten und Ordnungswidrigkeiten und reiner Ordnungswidrigkeitentatbestände gibt es daher nicht nur bei unmittelbaren Verstößen gegen § 58 ff. LFGB, sondern auch bei lebensmittelrechtlichen Vorschriften, die von Ermächtigungsvorschriften in § 58 ff. LFGB abgeleitet sind und auf einer Rechtsverordnung beruhen. Als Beispiele hierzu sind die Tier-LMHV, LMKV und LMHV dargestellt:

Die **Tierische Lebensmittel-Hygieneverordnung** enthält reine Straftatbestände (§ 23 Absatz 1 Tier-LMHV), Mischtatbestände (§ 23 Absatz 2 Tier-LMHV) und reine Ordnungswidrigkeitentatbestände (§ 24 Tier-LMHV).

Lebensmittelstraftaten, Mischtatbestände Ordnungswidrigkeiten (§ 23–24 Tier-LMHV)

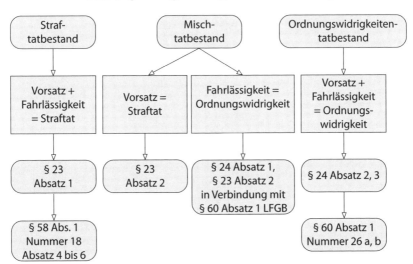

Beispiel:

• **Reiner Straftatbestand**

Ein Einzelhändler bietet unter Verwendung von Separatorenfleisch hergestelltes Hackfleisch zum Verkauf an Letztverbraucher an (§ 8 Nummer 2, 4 in Verbindung mit Anlage 5 Kapitel II Nummer 2.2 Tier-LMHV).

Objektiver Tatbestand: Tatbestandsmerkmale in § 23 Absatz 1 Nummer 3 Tier-LMHV,

Subjektiver Tatbestand:

Vorsätzliches und fahrlässiges Handeln sind durch § 23 Absatz 1 Nummer 3 Tier-LMHV in Verbindung mit § 58 Absatz 1 Nummer 18, Absatz 4 bis 6 LFGB als Straftat mit Freiheitsstrafe bis zu drei Jahren oder Geldstrafe bedroht.

• **Mischtatbestand aus Straftat und Ordnungswidrigkeit**

Ein Metzger verkauft aus Geflügelfleisch hergestelltes Hackfleisch ohne Warnhinweis „Vor dem Verzehr durcherhitzen!" in Fertigpackungen (§ 16 Absatz 1 Satz 1 Tier-LMHV).

Objektiver Tatbestand: Tatbestandsmerkmale in § 23 Absatz 2 Nummer 5 Tier-LMHV,

Subjektiver Tatbestand:

▶ Vorsätzliches Handeln ist durch § 23 Absatz 2 Nummer 5 Tier-LMHV in Verbindung mit § 59 Absatz 1 Nummer 21 Buchstabe a LFGB als Straftat mit Freiheitsstrafe bis zu einem Jahr oder Geldstrafe bedroht.

▶ Fahrlässiges Handeln ist durch § 24 Absatz 1 Tier-LMHV in Verbindung mit § 60 Absatz 1 Nummer 2 LFGB nur als Ordnungswidrigkeit mit Geldbuße bis zu 50 000 Euro (§ 60 Absatz 5 Nummer 2 LFGB) bedroht.

Straf- und Bußgeldvorschriften § 10 LMKV

```
┌─────────────────────┐          ┌─────────────────────┐
│   Mischtatbestand   │          │  Ordnungswidrigkeit │
└─────────────────────┘          └─────────────────────┘

┌─────────────────────┐          ┌─────────────────────┐
│    Inverkehrbringen │          │   Inverkehrbringen  │
│   von Lebensmitteln │          │  von Fertigpackungen│
└─────────────────────┘          └─────────────────────┘

┌─────────────────────┐          ┌─────────────────────────┐
│ Kennzeichnungselemente│        │ Kennzeichnungselemente  │
│  § 3 Absatz 1 Nummer 8a│       │ § 3 Absatz 1 Nummer 1–7,│
│   § 7a Absatz 4 LMKV │         │  8b in Verbindung mit   │
│                     │          │ Absatz 3 Sätze 1, 3 LMKV│
└─────────────────────┘          └─────────────────────────┘
```

Vorsatz = Straftat	Fahrlässigkeit = Ordnungswidrigkeit	Vorsatz + Fahrlässigkeit = Ordnungswidrigkeit
§ 10 Absatz 1 LMKV § 59 Absatz 1 Nummer 21a LFGB	§ 10 Absatz 2 LMKV § 60 Absatz 1 LFGB	§ 10 Absatz 2 LMKV § 60 Absatz 2 Nummer 26a LFGB

- **Reiner Ordnungswidrigkeitentatbestand**

Ein Einzelhändler lagert unverpacktes nicht getrennt von verpacktem Fleisch (§ 7 Satz 1 in Verbindung mit Anlage 5 Kapitel I Nummer 1.4 Tier-LMHV).

Objektiver Tatbestand: Tatbestandsmerkmale in § 24 Absatz 2 Nummer 8 Buchstabe a Tier-LMHV,

Subjektiver Tatbestand:

Vorsätzliches und fahrlässiges Handeln sind durch § 24 Absatz 2 Nummer 8 Buchstabe a Tier-LMHV in Verbindung mit § 60 Absatz 5 Nummer 2 LFGB als Ordnungswidrigkeit mit Geldbuße bis zu 50 000 Euro bei Vorsatz bzw. 25 000 Euro bei Fahrlässigkeit (§ 17 Absatz 2 OWiG) bedroht.

Die **Lebensmittelkennzeichnungsverordnung** enthält dagegen keine reinen Straftatbestände, sondern nur Mischtatbestände von Straftaten und Ordnungswidrigkeiten (§ 10 Absatz 1, 2 LMKV) und reine Ordnungswidrigkeitentatbestände (§ 10 Absatz 3 LMKV).

Beispiel:

- **Mischtatbestand aus Straftat und Ordnungswidrigkeit**

Ein Einzelhändler bietet in mikrobiologischer Hinsicht sehr leicht verderbliche Lebensmittel mit Mindesthaltbarkeitsdatum statt Verbrauchsdatum für Letztverbraucher an (§ 3 Absatz 1 Nummer 4, § 7a Absatz 1, 4 LMKV).

Objektiver Tatbestand: Tatbestandsmerkmale in § 10 Absatz 1 LMKV,

Subjektiver Tatbestand:

▶ Vorsätzliches Handeln ist durch § 10 Absatz 1 LMKV in Verbindung mit § 59 Absatz 1 Nummer 21 Buchstabe a LFGB als Straftat mit Freiheitsstrafe bis zu einem Jahr oder Geldstrafe bedroht.

▶ Fahrlässiges Handeln ist durch § 10 Absatz 2 LMKV in Verbindung mit § 60 Absatz 1 Nummer 2 LFGB nur als Ordnungswidrigkeit mit Geldbuße bis zu 20 000 Euro (§ 60 Absatz 5 LFGB) bedroht.

• **Reiner Ordnungswidrigkeitentatbestand**

Ein Einzelhändler bietet Fertigpackungen ohne das erforderliche Mindesthaltbarkeitsdatum für Letztverbraucher an (§ 3 Absatz 1 Nummer 4, § 7 Absatz 1 LMKV).

Objektiver Tatbestand: Tatbestandsmerkmale in § 10 Absatz 3 LMKV,

Subjektiver Tatbestand:

Vorsätzliches und fahrlässiges Handeln sind durch § 10 Absatz 3 LMKV in Verbindung mit § 60 Absatz 2 Nummer 26 Buchstabe a, Absatz 5 Nummer 2 LFGB als Ordnungswidrigkeit mit Geldbuße bis zu 50 000 Euro bei Vorsatz bzw. 25 000 Euro bei Fahrlässigkeit (§ 17 Absatz 2 OWiG) bedroht.

Lebensmittelhygieneverstöße

Keinerlei Straftatbestände, sondern nur Ordnungswidrigkeitentatbestände enthält die **Lebensmittelhygieneverordnung** (LMHV).

Beispiel:

Ein Lebensmittelunternehmer lässt leicht verderbliche Lebensmittel von Personen ohne die erforderliche Schulung behandeln (§ 4 Absatz 1 Satz 1 LMHV).

Objektiver Tatbestand: Tatbestandsmerkmale in § 10 Nummer 3 LMHV,

Subjektiver Tatbestand:

<u>Vorsätzliches</u> und <u>fahrlässiges</u> Handeln sind durch § 10 LMHV in Verbindung mit § 60 Absatz 2 Nummer 26 Buchstabe a, Absatz 5 Nummer 2 LFGB als Ordnungswidrigkeit mit Geldbuße bis zu 50 000 Euro bei Vorsatz bzw. 25 000 Euro bei Fahrlässigkeit (§ 17 Absatz 2 OWiG) bedroht.

Als für die Vollzugspraxis wenig erfreulich hat sich die Einführung der neu gefassten **lebensmittelrechtlichen Straf- und Bußgeldverordnung** (LMRStV) vom 22. September 2006 erwiesen. Sie schafft leider keine einheitliche Rechtsgrundlage für die Ahndung von Lebensmittelverstößen als Straftaten und Ordnungswidrigkeiten, sondern dient nur zur Durchsetzung einzelner lebensmittelrechtlicher Rechtsakte der EU, insbesondere der Durchsetzung **bestimmter** Vorschriften aus einschlägigen EU-Verordnungen (vgl. die Überschriften §§ 1 bis 12 LMRStV), enthält aber kein nachvollziehbares Gesamtsystem von Straftaten und Ordnungswidrigkeiten. Sie beseitigt damit die aufgrund der nationalen Rechtsverordnungen bestehende Rechtszersplitterung nicht.

Beispiel:

Die Lebensmittelüberwachung stellt bei einer Nachschau in einem Betrieb fest, dass dort ein Desinfektionsmittel in einem der Lebensmittelverarbeitung dienenden Bereich steht und weder Handwaschbecken noch Händereinigungs- und -trocknungsmittel vorhanden sind.

Ordnungswidrig handelt nach

▸ § 2 Nummer 2 **LMRStV,** wer gegen die Verordnung (EG) Nummer 852/2004 verstößt, indem er entgegen Artikel 4 Absatz 2 in Verbindung mit Anhang II Kapitel I Nummer 10 ein Reinigungs- oder Desinfektionsmittel in Bereichen lagert, in denen mit Lebensmitteln umgegangen wird.

▸ § 10 Nummer 1 **LMHV,** wer entgegen § 3 Satz 1 LMHV Lebensmittel herstellt, behandelt oder in Verkehr bringt, dass sie bei Beachtung der im Verkehr erforderlichen Sorgfalt der Gefahr nachteiliger Beeinflussung ausgesetzt sind. Hier gelten im Übrigen aufgrund § 2 Absatz 2 Nummer 1 LMHV die Vorschriften des Artikel 2 Absatz 1 VO (EG) 852/2004, so dass ein fehlendes Handwaschbecken mit Kalt- und Warmwasserzufuhr und Mitteln zum Händewaschen und hygienischen Händetrocknen (Anhang II Kapitel I Nummer 4 VO (EG) 852/2004) ordnungswidrig ist.

2.4 Unbestimmte Rechtsbegriffe in EU-Verordnungen

Die verstärkte und zunehmende Ersetzung nationalen Rechts durch EU-Verordnungen hat zu einer neuartigen Problematik bezüglich der verfassungsrechtlich gebotenen Bestimmtheit von Straf- und Bußgeldvorschriften (Artikel 103 Absatz 2 GG) geführt. Solche Schwierigkeiten waren unbekannt, solange sich Straf- und Bußgeldvorschriften als Blanketttatbestände auf verwaltungsrechtliche Ausfüllungstatbestände des nationalen Rechts stützen konnten, dem nationalen Gesetzgeber folglich die Abstimmung zwischen beiden Bestandteilen lebensmittelrechtlicher Straf- und Bußgeldvorschriften vorbehalten war.

EU-Verordnungen selbst können keine Straf- und Bußgeldvorschriften enthalten, weil diese in jedem Land der EU unterschiedlicher nationaler Gesetzgebung unterworfen sind und auf nicht absehbare Zeit auch sein werden. Vor allem das deutsche Ordnungswidrigkeitenrecht mit seiner Ableitung vom Strafverfahren (§ 46 Abs. 1, 2 OWiG) ist im Raum der EU weitgehend ohne Parallele. Der Aufbau von EU-Verordnungen enthält in größtem Umfang unbestimmte Rechtsbegriffe, die dem verfassungsrechtlichen Bestimmtheitsgrundsatz für Straf- und Bußgeldvorschriften (Artikel 103 Absatz 2 GG) nur teilweise genügen können. Vor allem führen unbestimmte Rechtsbegriffe im Tatbestand einer Straf- oder Bußgeldvorschrift zu ungelösten Abgrenzungsschwierigkeiten, ob ein Ausfüllungstatbestand in einem bestimmten Fall noch bestimmt genug ist.

Beispiel aus Artikel 2 Absatz 3 der Verordnung (EG) Nummer 852/2004 vom 29. April 2004 über Lebensmittelhygiene zu Begriffsbestimmungen:

Im Sinne der Anhänge dieser Verordnung bedeuten Ausdrücke wie **„erforderlichenfalls"**, **„geeignet"**, **„angemessen"** und **„ausreichend"** im Hinblick auf die Ziele dieser Verordnung erforderlich, geeignet, angemessen und ausreichend.

Die Anwendung dieser Begriffe in einem zufällig gewählten Beispielfall in Anhang I (Primärproduktion) Teil A (Allgemeine Hygienevorschriften für die Primärproduktion und damit zusammenhängende Vorgänge), II. Hygienevorschriften Nummer 4:

Die Lebensmittelunternehmer, die Tiere halten, ernten oder jagen oder Primärerzeugnisse tierischen Ursprungs gewinnen, müssen die jeweils **angemessenen** Maßnahmen treffen, um

a) die für die Primärproduktion und damit zusammenhängenden Vorgänge verwendeten Anlagen, einschließlich der zur Lagerung und Behandlung von Futtermitteln verwendeten Anlagen, zu reinigen und **erforderlichenfalls** nach der Reinigung in **geeigneter** Weise zu desinfizieren;

b) Ausrüstungen, Behälter, Transportkisten, Fahrzeuge und Schiffe zu reinigen und erforderlichenfalls nach der Reinigung in **geeigneter** Weise zu desinfizieren;

c) die Sauberkeit von Schlachttieren und **erforderlichenfalls** von Nutztieren so weit wie **möglich** sicherzustellen;

d) **erforderlichenfalls** zur Vermeidung von Kontaminationen Trinkwasser oder sauberes Wasser zu verwenden.

Ob eine Maßnahme „**erforderlich**", „**geeignet**", „**angemessen**" und „**ausreichend**" erscheint, ist eine Frage der Lebensmittelüberwachung als Gefahrenabwehr, deren Klärung im Straf- und Bußgeldverfahren eigentlich vorauszusetzen ist. Der Lebensmittelunternehmer kann hier nicht stets vorhersehen, was geboten oder verboten ist. Der Bestimmtheitsgrundsatz des Artikel 103 Absatz 2 GG kann daher nur bei solchen Fällen eingehalten sein, bei denen solche unbestimmten Tatbestandsmerkmale keine Rolle spielen. Wenn ein Transportbehälter erkennbar ungereinigt ist, bestehen bezüglich der Bestimmtheit der Bußgeldvorschrift keine Bedenken, wohl aber bei der Frage, ob er in einem bestimmten Einzelfall „erforderlichenfalls" zu desinfizieren ist.

Die aufgezeigten Schwierigkeiten haben in der Vollzugspraxis zu einer weitgehenden Einschränkung der Verfolgung lebensmittelrechtlicher Straftaten und Ordnungswidrigkeiten geführt. Zu beobachten ist auch ein Ausweichen auf den Verwaltungszwang und im Bereich der Ordnungswidrigkeiten auf das Verwarnungsverfahren (§ 56 OWiG),[1]) in dem keine nähere rechtliche Zuordnung erfolgt.

Aus der Vollzugspraxis kommt immer wieder die Anregung, zu unbestimmte Tatbestände von Bußgeldvorschriften durch die vom BMELV veröffentlichten Leitsätze aus dem **Deutschen Lebensmittelbuch** zu konkretisieren (§ 15 Absatz 3 Satz 1 LFGB). Das Deutsche Lebensmittelbuch ist jedoch nur eine Sammlung von Leitsätzen, in denen Herstellung, Beschaffenheit oder sonstige Merkmale von Lebensmitteln, die für die Verkehrsfähigkeit der Lebensmittel von Bedeutung sind, beschrieben werden (§ 15 Absatz 1 LFGB). Die Leitsätze werden von der Deutschen Lebensmittelbuch-Kommission unter Berücksichtigung des von der Bundesregierung anerkannten internationalen Lebensmittelstandards beschlossen (§ 15 Absatz 2 LFGB). In den Leitsätzen wird die Verkehrsauffassung der am Lebensmittelverkehr Beteiligten beschrieben, d. h. der redliche Hersteller- und Handelsbrauch unter Berücksichtigung der Erwartung der Durchschnittsverbraucher an die betreffenden Lebensmittel. Sie sind daher keine Rechtsnormen, sondern ergänzen sie nur in

---

1) Zur Erteilung einer Verwarnung mit Verwarnungsgeld (§ 56 OWiG) siehe Kapitel 6.

Form objektivierter Sachverständigengutachten. Eine Ergänzung der Tatbestände von Bußgeldvorschriften im Sinne des § 1 Absatz 1 OWiG scheidet daher prinzipiell aus.

Eine häufig zu beobachtende „Hilfskonstruktion" beim Inverkehrbringen von Lebensmitteln ist die Brücke über § 11 Absatz 2 Nummer 1 LFGB durch die Beurteilung „als für den Verzehr durch den Menschen ungeeignet". Zur Ahndung von Zuwiderhandlungen sieht § 59 Absatz 1 Nummer 8 in Verbindung mit § 60 Absatz 1 Nummer 1 LFGB einen Mischtatbestand vor, nämlich bei

▶ vorsätzlichem Handeln eine Straftat nach § 59 Absatz 1 Nummer 8 LFGB mit einer Strafdrohung bis zu einem Jahr Freiheitsstrafe oder Geldstrafe,

▶ fahrlässigem Handeln eine Ordnungswidrigkeit nach § 60 Absatz 1 Nummer 1 in Verbindung mit § 59 Absatz 1 Nummer 8 LFGB mit einer Geldbuße bis zu 100 000 Euro (§ 60 Absatz 5 Nummer 1 LFGB).

Sehr hilfreich wäre eine Bedrohung der Missachtung von Anordnungen der Lebensmittelkontrolle in den landesrechtlichen Ausführungsgesetzen zum Lebensmittelrecht als eigenständige Ordnungswidrigkeiten.[1]) Der Lebensmittelkontrolleur/Veterinär könnte dann unbestimmte Rechtsbegriffe in einem Verwaltungsakt (§ 35 Satz 1 VwVfG) konkretisieren und Zuwiderhandlungen dann im Bußgeldverfahren verfolgen. Bei beharrlichen Zuwiderhandlungen wäre auch eine Aufstufung zur Straftat denkbar.

2.5 Vollzugsprobleme mit der Lebensmittel-Hygieneverordnung 2007

Die Lebensmittel-Hygieneverordnung in der Fassung vom 08. August 2007 (LMHV 2007) ist im Gegensatz zur aufgehobenen LMHV 1997 keine umgesetzte EU-Richtlinie mehr. Sie weist daher keine Anlage mit einzelnen Kapiteln mehr auf, da diese zu EU-Verordnungen 852/2004 und 853/2004 geworden sind. Die nunmehr in § 10 LMHV zusammengefassten Bußgeldvorschriften (früher § 5 LMHV 1997) beinhalten in

▶ § 10 Nummer 1, 2 LMHV eine zentrale Bestimmung zu den allgemeinen Hygieneanforderungen nach § 3 in Verbindung mit § 2 Absatz 2 LMHV, die auf die Geltung der VO (EG) 852/2004 und 853/2004 verweisen, und

---

1) Zur Bedrohung der Missachtung einer Anordnung der Lebensmittelüberwachung mit Geldbuße als landesrechtliche Ordnungswidrigkeit siehe Kapitel 2.1.

▶ § 10 Nummer 3 LMHV zur Schulung nach § 4 Absatz 1 Satz 1 LMHV in Verbindung mit Anhang II Kapitel XII Nummer 1 VO (EG) Nummer 852/2004.

Zuwiderhandlungen gegen das für Lebensmittelunternehmer vorgesehene Gefahrenerkennungs- und -abwehrsystem HACCP (Hazard Analysis and Critical Control Points) sind durch die LMHV 2007 als Ordnungswidrigkeiten bis auf Schulungsmaßnahmen derzeit (Stand Februar 2012) nicht übernommen, sondern im Hinblick auf mögliche Beschränkungen der VO (EG) 852/04 für Kleinbetriebe vorläufig ausgenommen worden. Keine Ordnungswidrigkeit stellt auch ein Verstoß gegen die Dokumentationspflicht des Lebensmittelunternehmers dar.[1]) Die übrigen Bestimmungen in § 10 Nummer 4 bis 9 LMHV betreffen nur spezielle Einzelfälle.

- **Allgemeine Hygienevorschriften – § 10 Nummer 1, 2**

  Ordnungswidrig handelt ..., wer ... entgegen § 3 Satz 1 LMHV Lebensmittel herstellt, behandelt oder in Verkehr bringt bzw. entgegen § 3 Satz 2 LMHV mit einem lebenden Tier umgeht. Die Blankettvorschrift in § 10 Nummer 1, 2 LMHV verweist auf die allgemeinen Hygieneanforderungen des § 3 LMHV und soll damit – abgesehen von den wenigen Einzelfällen der LMRStV[2]) – als einzige Rechtsgrundlage den gesamten Ahndungsbereich der Lebensmittelhygieneverstöße abdecken. Beiden Sätzen wird kaum die notwendige Bestimmtheit im Sinne des Artikel 103 Absatz 2 GG für Voraustatbestände einer Bußgeldvorschrift bestätigt werden können. Dazu genügt der Begriff der im Verkehr erforderlichen Sorgfalt sicherlich nicht.

---

1) Eine Ergänzung der LMHV 2007 zum Regelungsbereich der früheren LMHV 1997 lag zum Erscheinungszeitpunkt dieses Buches noch nicht vor.

2) Zum Regelungsbereich der LMRStV siehe Kapitel 2.3.

Lebensmittelhygieneverstöße
Allgemeine Hygiene
(§ 3 Satz 1, § 10 Nummer 1 LMHV)

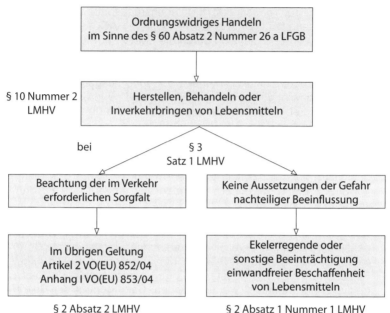

Ordnungswidriges Handeln
im Sinne des § 60 Absatz 2 Nummer 26 a LFGB

§ 10 Nummer 2
LMHV

Herstellen, Behandeln oder
Inverkehrbringen von Lebensmitteln

bei   § 3
                   Satz 1 LMHV

Beachtung der im Verkehr
erforderlichen Sorgfalt

Keine Aussetzungen der Gefahr
nachteiliger Beeinflussung

Im Übrigen Geltung
Artikel 2 VO(EU) 852/04
Anhang I VO(EU) 853/04

Ekelerregende oder
sonstige Beeinträchtigung
einwandfreier Beschaffenheit
von Lebensmitteln

§ 2 Absatz 2 LMHV   § 2 Absatz 1 Nummer 1 LMHV

Das Tatbestandsmerkmal der nachteiligen Beeinflussung in beiden Sätzen des § 3 LMHV zeigt, dass die Begriffsbestimmung des § 2 Absatz 1 Nummer 1 LMHV[1]) auch hier maßgeblich ist. Obwohl die VO (EG) Nummer 852/2004 und 853/2004 das Merkmal für den verwaltungsrechtlichen Gesetzesvollzug nicht erfordern, ist es für die Verfolgung und Ahndung von Ordnungswidrigkeiten durch die Lebensmittelüberwachung festzustellen.[2])

Außerdem sollen aufgrund § 2 Absatz 2 LMHV im Übrigen Artikel 2 Absatz 1 VO (EG) Nummer 852/2004 und Anhang I der VO (EG) Nummer 853/2004 entsprechend gelten. Damit sollen Verstöße gegen die Regelungen beider EU-Verordnungen offensichtlich insoweit pauschal als Ordnungswidrigkeiten mit Geldbuße bedroht werden.

---

1) Das Tatbestandsmerkmal „nachteilige Beeinflussung" war bereits in § 2 Nummer 2 LMHV 1997 so enthalten.

2) Vgl. hierzu Kapitel 4.1 und das Muster einer Ordnungswidrigkeiten-Anzeige Ende Kap. 5.3.

- **Schulung von Personen (HACCP)**
Ordnungswidrig handelt ..., wer ... entgegen § 4 Absatz 1 Satz 1 LMHV ein leicht verderbliches Lebensmittel (vgl. § 2 Absatz 1 Nummer 2 LMHV) herstellt, behandelt oder in Verkehr bringt. Die Blankettvorschrift in § 10 Nummer 3 LMHV verweist nur noch auf die Regelung über Schulungen[1]) nach Anhang II Kapitel XII Nummer 1 VO (EG) Nummer 852/2004 (HACCP). Die Missachtung der Verpflichtung zum Nachweis einschlägiger Fachkenntnisse in § 4 Absatz 1 Satz 2 LMHV ist dagegen nicht in § 10 LMHV mit Geldbuße bedroht und daher auch keine Ordnungswidrigkeit. Damit setzt sich ein Vollzugsproblem aus der LMHV 1997 fort, die für die Dokumentationspflicht fehlende Bußgeldvorschrift.[2])

Lebensmittelhygieneverstöße
Schulung
(§ 4 Absatz 1 Satz 1, § 10 Nummer 3 LMHV)

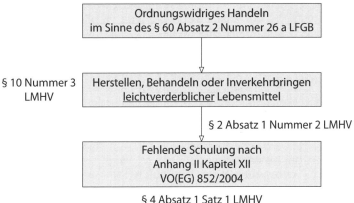

§ 4 Absatz 1 Satz 1 LMHV

---

1) Die frühere Vorschrift des § 4 LMHV 1997 war dagegen auf § 4 Betriebseigene Maßnahmen und Kontrollen gerichtet.
2) Eine Ergänzung der LMHV 2007 zum Regelungsbereich der früheren LMHV 1997 lag zum Erscheinungszeitpunkt dieses Buches noch nicht vor.

2.6 Unterrichtungspflicht über unsichere Lebensmittel

Erkennt ein Lebensmittelunternehmer oder hat er zumindest Grund zur Annahme, dass ein von ihm eingeführtes, verarbeitetes, hergestelltes oder vertriebenes Lebensmittel den Anforderungen der Lebensmittelsicherheit nicht entspricht, ist er bereits nach Artikel 19 Absatz 1 Satz 1 VO (EG) Nummer 178/2002 zur Einleitung eines Verfahrens verpflichtet, um das betreffende Lebensmittel vom Markt zu nehmen und die zuständigen Behörden zu unterrichten. Ein Verstoß ist nach § 60 Absatz 3 Buchstabe d bis g LFGB ordnungswidrig und bei vorsätzlichen Verhalten mit Geldbuße bis zu 20 000 Euro (§ 60 Absatz 5 Nummer 3 LFGB) bedroht. Bei fahrlässigem Verhalten des Lebensmittelunternehmers beträgt das Höchstmaß der Geldbuße 10 000 Euro (§ 60 Absatz 5 Nummer 3 LFGB in Verbindung mit § 17 Absatz 2 OWiG).

Der Lebensmittelunternehmer soll ergänzend zu Artikel 19 Absatz 1 Satz 1 VO (EG) Nummer 178/2002 aufgrund § 44 Absatz 4 Satz 1 LFGB zur Unterrichtung der zuständigen Behörde verpflichtet werden, wenn er zwar selbst ein Lebensmittel weder eingeführt, verarbeitet, hergestellt oder vertrieben hat, er aber trotzdem Grund zur Annahme hat, dass es wegen Gesundheitsschädlichkeit oder Nichteignung für den menschlichen Verzehr einem Verkehrsverbot nach Artikel 14 Absatz 1 VO (EG) Nummer 178/2002 unterliegt.[1] Dies wird vor allem der Fall sein, wenn der Lebensmittelunternehmer nach Anlieferung eines Lebensmittels dessen Unsicherheit feststellt und es deshalb an den Lieferanten zurückschickt. Damit sollen Kreislaufgeschäfte vermieden werden, indem ein Lebensmittelunternehmer z. B. überlagertes Fleisch unbemerkt von der zuständigen Behörde so lange anbieten kann, bis es schließlich – unter Absenkung des Kaufpreises – doch ein weniger sorgfältiger Lebensmittelunternehmer abnimmt.

Voraussetzung der Mitteilungspflicht nach § 44 Absatz 4 Satz 1 LFGB ist, dass ein dem Verkehrsverbot nach Artikel 14 Absatz 1 VO (EG) Nummer 178/2002 unterliegendes

▶ ihm angeliefertes Lebensmittel (Nummer 1) oder

▶ ein vom ihm erworbenes Lebensmittel, über das er die tatsächliche unmittelbare Sachherrschaft erlangt hat (Nummer 2).

Keine gesetzliche Mitteilungspflicht besteht daher für einen Lebensmittelunternehmer, dem unsichere Lebensmittel lediglich mündlich, telefonisch, durch E-Mail oder Telefax angeboten werden, ohne dass es zu

---

1) Amtliche Begründung zum Gesetzentwurf BT-Drs. 16/8100.

einer Anlieferung und Sachherrschaft kommt. Anzeigepflichtig ist auch nicht, wer als Lebensmittelunternehmer unsichere Lebensmittel etwa beim Einkauf in der Großmarkthalle lediglich entdeckt, aber wegen ihrer Eigenschaft nicht erwirbt.

Die Mitteilungspflicht entfällt für Lebensmittel pflanzlicher, also nicht tierischer Herkunft bei unschädlicher Beseitigung (§ 44 Absatz 4 Satz 3 Nummer 1 LFGB) oder Beseitigung des Verkehrsverbots nach Artikel 14 VO (EG) Nummer 178/2002 (§ 44 Absatz 4 Satz 3 Nummer 2 LFGB). Bei Lebensmitteln tierischer Herkunft besteht die Mitteilungspflicht daher auch dann noch, wenn sie z. B. im Einvernehmen mit dem Lieferanten vernichtet worden sind. Dies ist notwendig, weil trotz nur kleiner bereits auffälliger Mengen noch außerordentlich große ungeprüfte Lagerbestände vorhanden sein können.

Die Mitteilung muss unverzüglich, d. h. ohne schuldhaftes Zögern (vgl. § 121 Absatz 1 Satz 1 BGB), erfolgen, womit man in der Regel höchstens drei Werktage verstehen wird. Sie kann entweder schriftlich, d. h. wegen der Eilbedürftigkeit auch durch Telefax oder Computerfax, oder elektronisch, d. h. durch E-Mail, nicht aber mündlich oder telefonisch an die zuständig Behörde gerichtet werden. Mindestinhalt der Mitteilung ist:

▶ Name und Anschrift des mitteilenden Lebensmittelunternehmers (§ 44 Absatz 4 Satz 1 LFGB),

▶ Name und Anschrift des Lieferanten oder Veräußerers (§ 44 Absatz 4 Satz 1 LFGB),

▶ Getroffene und beabsichtigte Maßnahmen bezüglich des unsicheren Lebensmittels (§ 44 Absatz 4 Satz 2 LFGB).

Ordnungswidrig handelt nach § 60 Absatz 2 Nummer 22 LFGB, wer entgegen § 44 Absatz 4 Satz 1 oder 2 LFGB die zuständige Behörde nicht, nicht vollständig oder nicht rechtzeitig unterrichtet. Die Unterrichtung ist unterblieben, wenn sie bis zur Einleitung des Bußgeldverfahrens nicht vorliegt, und verspätet, wenn sie zwar bis zu diesem Zeitpunkt, jedoch nicht mehr unverzüglich nach Erlangung der Sachherrschaft oder Anlieferung, also ohne schuldhaftes Zögern (vgl. § 121 Absatz 1 Satz 1 BGB) eingeht. Die Mitteilung ist nicht vollständig, wenn ihr Inhalt hinter den Anforderungen des § 44 Absatz 4 Satz 1, 2 bzw. Absatz 5 Satz 1, 2 LFGB zurückbleibt.

Die Ordnungswidrigkeit ist bei vorsätzlichem Verhalten mit Geldbuße bis zu 20 000 Euro (§ 60 Absatz 5 Nummer 3 LFGB), bei fahrlässiger Handlung mit Geldbuße bis zu 10 000 Euro (§ 60 Absatz 5 Nummer 3 LFGB in Verbindung mit § 17 Absatz 2 OWiG) bedroht.

Eine Unterrichtung nach Artikel 19 Absatz 1 oder 3 Satz 1 bzw. Artikel 20 Absatz 1 oder 3 Satz 1 VO (EG) Nummer darf aufgrund § 44 Absatz 6 LFGB weder zur Strafverfolgung des Unterrichtenden noch zur Einleitung eines Bußgeldverfahrens gegen ihn verwendet werden. Dies gilt auch dann, wenn eine Unterrichtung nach § 44 Absatz 4 bzw. 5 LFGB vorausgegangen ist.

Unterrichtung der Behörde über unsichere Lebensmittel

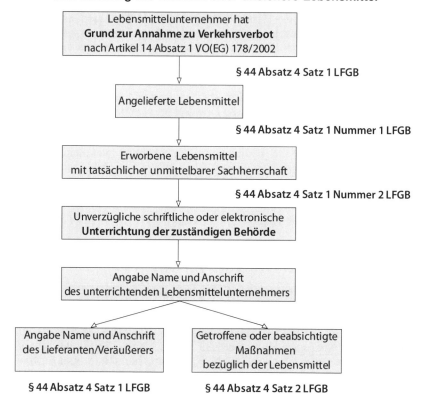

Ein Lebensmittelunternehmer unterliegt zusätzlich Mitteilungs- und Übermittlungspflichten über Untersuchungsergebnisse zu gesundheitlich nicht erwünschten Stoffen. Er ist verpflichtet, unter Angabe seines Namens und seiner Anschrift ihm vorliegende Untersuchungsergebnisse über Gehalte an gesundheitlich nicht erwünschten Stoffen wie Pflanzenschutzmitteln, Stoffen mit pharmakologischer Wirkung, Schwermetallen,

Mykotoxinen und Mikroorganismen in und auf Lebensmitteln an die zuständigen Behörden (§ 44a Absatz 1 Satz 1 LFGB). Diese Stoffe werden durch Rechtsverordnung näher bestimmt (§ 44a Absatz 3 LFGB). Ordnungswidrig handelt, wer eine solche Mitteilung nicht, nicht richtig, nicht vollständig oder nicht rechtzeitig macht (§ 60 Absatz 2 Nummer 22a LFGB). Die Ordnungswidrigkeit ist mit Geldbuße bis zu 20 000 Euro bei vorsätzlichem Handeln (§ 60 Absatz 5 Nummer 3 LFGB) und 10 000 Euro bei fahrlässigem Handeln (§ 17 Absatz 2 OWiG) bedroht.

Durch eine ordnungsgemäße Mitteilung kann sich der Lebensmittelunternehmer selbst der Strafverfolgung durch die Staatsanwaltschaft oder der Verfolgung wegen einer lebensmittelrechtlichen Ordnungswidrigkeit durch die Verwaltungsbehörde aussetzen. Eine Mitteilung darf daher weder zur strafrechtlichen Verfolgung des Mitteilenden noch für ein Bußgeldverfahren gegen ihn verwendet werden (§ 44a Absatz 1 Satz 2 LFGB). Die zuständigen Landesbehörden übermitteln in anonymisierter Form die ihnen vorliegenden Untersuchungsergebnisse über Gehalte an gesundheitlich nicht erwünschten Stoffen in oder auf Lebensmitteln oder Futtermitteln an das Bundesamt für Verbraucherschutz und Lebensmittelsicherheit (§ 44a Absatz 2 Satz 1 LFGB).

2.7 Vorsatz oder Fahrlässigkeit der Tatbestandsverwirklichung

Die Unterscheidung zwischen Vorsatz und Fahrlässigkeit ist für die Lebensmittelkontrolle bei Mischtatbeständen[1] für die Abgrenzung zwischen Straftat und Ordnungswidrigkeit und damit für die Entscheidung über die Einleitung eines Straf- oder Bußgeldverfahrens von Bedeutung. Eine erste – wenn auch nur vorläufige – Beurteilung hat der Lebensmittelkontrolleur/Veterinär ggf. noch vor Ort zu treffen, wobei der Rahmen seiner Zuständigkeit überschritten werden kann, wenn er nicht als Ermittlungsperson der Staatsanwaltschaft (§ 152 Absatz 2 Satz 1 GVG) im strafrechtlichen Bereich zuständig ist.[2] Der Sachbearbeiter der Verwaltungsbehörde hat nach Einleitung eines Bußgeldverfahrens eine entsprechende Beurteilung zu treffen, wenn sich der Verdacht einer lebensmittelrechtlichen Straftat erst nachträglich ergibt und über die Abgabe der Sache an die Staatsanwaltschaft (§ 41 Absatz 1 OWiG) zu entscheiden ist.[3]

---

1) Zum Begriff des Mischtatbestands von Straftaten und Ordnungswidrigkeiten siehe Kapitel 2.2.
2) Zur Zuständigkeit des Lebensmittelkontrolleurs siehe Kapitel 1.2 und 5.1.
3) Zur Abgabe der Sache an die Staatsanwaltschaft wegen Verdachts einer Straftat siehe Kapitel 5.5.

2 Lebensmittelstraftat und Ordnungswidrigkeit

Erstaunlicherweise sind die Begriffe „Vorsatz" und „Fahrlässigkeit" weder im Straf- noch im Ordnungswidrigkeitenrecht gesetzlich definiert. Sowohl § 15 StGB als auch die entsprechende Bestimmung in § 10 OWiG setzen beide Begriffe ohne Erklärung voraus. Daher müssen die Definitionen der Rechtsprechung herangezogen werden.[1]) Nach einer groben Faustformel ist Vorsatz durch „bewusste und gewollte" und Fahrlässigkeit im Umkehrschluss durch „unbewusste und ungewollte" Verwirklichung aller objektiven Tatbestandsmerkmale gekennzeichnet. Vorsatz enthält daher ein Wissens- und ein Willenselement, das bei der Fahrlässigkeit fehlt.

Beispiel:

> Ein Lebensmittelunternehmer hat aus Nachlässigkeit einen Kennzeichnungsmangel übersehen und handelt unbewusst und ungewollt, mithin fahrlässig. Findet trotz Belehrung durch die Lebensmittelkontrolle erneut ein Verstoß statt, ist der Tatbestand nunmehr bewusst und gewollt, mithin jetzt vorsätzlich begangen.

Unzweifelhaft ist zunächst, dass sich beide Begriffe gegenseitig ausschließen. Niemand kann gleichzeitig sowohl bewusst und gewollt als auch unbewusst und ungewollt handeln. Da vorsätzliches Handeln die schwerwiegendere Begehungsform ist, die bei Mischtatbeständen auch zur Straftat führen kann, beginnt die Prüfung stets hier. Lässt sich der Vorsatz der Tatbestandsverwirklichung nicht nachweisen, hat die Fahrlässigkeit eine Art Auffangfunktion. Die Rechtsprechung unterscheidet zur Vermeidung von Ahndungslücken zwei Formen von Vorsatz, nämlich den direkten und den bedingten Vorsatz, bei Fahrlässigkeit zwischen der bewussten und unbewussten Fahrlässigkeit.

- **Direkter Vorsatz**

  Der Täter kennt alle Tatbestandsmerkmale und will deren Verwirklichung auch.

Beispiele:

> Ein Lebensmittelunternehmer wurde über die Verkehrsunfähigkeit in seinem Betrieb gelagerter Lebensmittel belehrt, verkauft sie aber anschließend unbeeindruckt weiter.

> Der Betroffene ist bereits wegen einer lebensmittelrechtlichen Ordnungswidrigkeit geahndet worden, begeht aber den Verstoß erneut, weil er nicht mit einer zeitnahen weiteren Kontrolle rechnet.

---

1) Zu den Einzelheiten der Abgrenzung siehe Wieser, Gesetz über Ordnungswidrigkeiten, Band I Teil 1 Nummer 1 § 10 OWiG.

- **Bedingter Vorsatz**

  Der Täter kennt alle Tatbestandsmerkmale und findet sich mit der Tatbestandsverwirklichung ab, indem er sie billigend in Kauf nimmt. Dies ist vor allem bei gleichgültiger Einstellung des Lebensmittelunternehmers der Fall (Innere Einstellung: „Na wenn schon!").

  Beispiel:

  Ein Lebensmittelunternehmer verkauft nicht mehr verkehrsfähige Lebensmittel. Er rechnet zwar wegen früherer Vorkommnisse mit der Verkehrsunfähigkeit, nimmt aber aus Gleichgültigkeit keine nähere Überprüfung der Lebensmittel vor.

- **Bewusste Fahrlässigkeit**

  Der Täter kennt nicht alle Tatbestandsmerkmale und hofft pflichtwidrig auf das Ausbleiben der Tatbestandsverwirklichung (Innere Einstellung: „Hoffentlich geht's gut").

  Beispiel:

  Ein Lebensmittelunternehmer verkauft nicht mehr verkehrsfähige Lebensmittel. Aufgrund persönlicher Überforderung hofft er, dass alles in Ordnung sei, und nimmt deswegen keine nähere Überprüfung der Lebensmittel vor.

- **Unbewusste Fahrlässigkeit**

  Der Täter sieht die Tatbestandsverwirklichung aus Mangel an zumutbarer Sorgfalt nicht voraus.

  Beispiel:

  Ein Lebensmittelunternehmer verkauft nicht mehr verkehrsfähige Lebensmittel. Er denkt aus Nachlässigkeit nicht an deren Verkehrsunfähigkeit und nimmt deswegen keine nähere Überprüfung der Lebensmittel vor.

Der Übergang von bedingtem Vorsatz zur bewussten Fahrlässigkeit ist fließend. Es hängt von der nach außen nicht wahrnehmbaren Einstellung des Täters ab, ob er mit der Tatbestandsverwirklichung einverstanden ist (dann bedingter Vorsatz) oder ihr ablehnend gegenübersteht (dann bewusste Fahrlässigkeit). Erkenntnisse zum subjektiven Tatbestand einer Straftat oder einer Ordnungswidrigkeit lassen sich aus den Äußerungen und der Anhörung des Lebensmittelunternehmers vor Ort[1] sowie bei Wiederholungsfällen ziehen.

---

1) Zur Anhörung wegen einer Straftat oder Ordnungswidrigkeit siehe Kapitel 7.

Vorsatz – Fahrlässigkeit

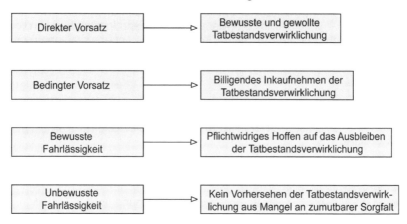

Beispiele:

Der Lebensmittelunternehmer erklärt bei einer Kontrolle,

▸ er habe für so etwas keine Zeit, das sei zu teuer, könne er sich nicht leisten (Direkter Vorsatz),

▸ das könne man gar nicht verhindern, so etwas komme eben vor, mehr könne man gar nicht tun (Bedingter Vorsatz),

▸ er habe eine Überprüfung vorgenommen und sei davon ausgegangen, die geringe Anzahl von Stichproben reiche aus, um verkehrsunfähige Lebensmittel zu erkennen (Bewusste Fahrlässigkeit),

▸ er habe gar nicht daran gedacht, dass es zu so etwas kommen könne (Unbewusste Fahrlässigkeit).

Räumt der Lebensmittelunternehmer vorsätzliches Handeln nicht ein, so kann aus dem objektiven Sachverhalt auf die innere Einstellung geschlossen werden, so etwa in Wiederholungsfällen nach vorausgegangener Belehrung, Abmahnung, Verwarnung oder einem Bußgeldbescheid.

Kommt nur unbewusste Fahrlässigkeit in Betracht, so bereitet der dafür notwendige Mangel des Lebensmittelunternehmers an zumutbarer Sorgfalt große praktische Schwierigkeiten, weil nur wenig einschlägige Rechtsprechung vorhanden ist. Meist ist für die Behörde kaum vorhersehbar, welche Anforderungen ein Gericht an die Sorgfaltspflichten des Lebensmittelunternehmers stellen wird, insbesondere welchen Umfang die Stichproben von Großhändlern zugekaufter Lebensmittel durch einen

Einzelhändler aufweisen müssen. Diese werden bei leichtverderblichen Lebensmitteln häufiger als bei fertigverpackten sein müssen. Da keine nachvollziehbaren Vorgaben bestehen, müsste man sich häufig in unsicheres Neuland begeben. Die Vollzugspraxis umgeht diese Schwierigkeiten dadurch, dass im Erstfall nur eine Belehrung erteilt und von einer Ahndung abgesehen wird. Diese bleibt einem möglichen Wiederholungsfall vorbehalten, bei dem wegen der nunmehr vorliegenden Erkenntnisse eine gesteigerte Sorgfaltspflicht mit zahlreichen Stichproben bis zu durchgehenden Überprüfungen bei leicht verderblichen Lebensmitteln angenommen werden kann.

2.8 Tateinheit mit Betrug, Urkundenfälschung, Körperverletzung

Erhebliche Bedeutung haben im Lebensmittelstrafrecht die allgemeinen Straftatbestände des Betrugs (§ 263 StGB) im Zusammenhang mit der Täuschung von Letztverbrauchern als Kunden des Lebensmittelunternehmers und der Urkundenfälschung (§ 267 StGB) durch Verfälschung der Kennzeichnung von Lebensmitteln. Beide setzen vorsätzliches Handeln des Täters voraus und können daher nur in Tateinheit (§ 52 StGB) mit einer vorsätzlich begangenen Lebensmittelstraftat gemäß §§ 58, 59 LFGB stehen.

Der **Betrug** erfordert die Absicht, sich selbst oder einem Dritten wie dem vom Täter geführten Unternehmen einen rechtswidrigen Vermögensvorteil zu verschaffen. Dazu muss das Vermögen anderer, d. h. der getäuschten Verbraucher, durch Vorspiegelung falscher oder durch Entstellung oder Unterdrückung wahrer Tatsachen geschädigt worden sein (§ 263 Absatz 1 StGB). Diese hätten die Waren nämlich nicht erworben und daher auch keinen finanziellen Schaden, wenn sie deren wahre Beschaffenheit entgegen den Angaben des Lebensmittelunternehmers gekannt und deshalb vom Erwerb Abstand genommen hätten.

Bereits der Versuch des Betrugs ist strafbar (§ 263 Absatz 2 StGB). Eine Straftat versucht, wer nach seiner Vorstellung unmittelbar zur Verwirklichung des Straftatbestands ansetzt (§ 22 StGB). Dies ist der Fall, wenn die Lebensmittel dem Verbraucher unmittelbar zum Kauf angeboten werden. Der Betrug ist mit Freiheitsstrafe bis zu fünf Jahren oder Geldstrafe bedroht (§ 263 Absatz 1 StGB). In besonders schweren Fällen beträgt das Strafmaß zwischen sechs Monaten Freiheitsstrafe im Mindestmaß und zehn Jahren im Höchstmaß (§ 263 Absatz 3 Satz 1 StGB). Ein solcher besonders schwerer Fall liegt vor, wenn der Lebensmittelunternehmer

2 Lebensmittelstraftat und Ordnungswidrigkeit

gewerbsmäßig, d. h. mit Gewinn- und Fortsetzungsabsicht handelt (§ 263 Absatz 3 Satz 2 Nummer 1 StGB). Der Strafrahmen ist damit erheblich höher als bei den lebensmittelrechtlichen Straftaten nach §§ 58, 59 LFGB.

Beispiele:

> Ein Fleischhändler verkauft statt des angeblichen Elchfleisches tatsächlich billigeres Hirschfleisch und statt Gamsfleisch billigeres Mufflonfleisch mit Konservierungsmitteln bzw. Tiefkühlware. Hätten die Kunden, die sich beim Erwerb auf wahrheitsgemäße Angaben verließen, die tatsächlichen Eigenschaften dieser Lebensmittel gekannt, hätten sie diese nicht gekauft.[1]

> Ein Weinhändler bietet unzulässig gesüßten Wein mit dem Qualitätsmerkmal „Auslese" an. Die Käufer werden dadurch über die Verkehrsfähigkeit des Lebensmittels getäuscht, weil sie im Hinblick auf die vorgetäuschten Qualitätsmerkmale einem Irrtum unterlegen sind.[2]

> Ein Lebensmittelhändler setzt im Ausland zugekaufter Butter nachträglich Wasser zu und verkauft sie sodann ohne entsprechende Kennzeichnung als „Deutsche Markenbutter".[3]

Die **Urkundenfälschung** besteht entweder im Herstellen einer unechten, Verfälschen einer echten Urkunde oder dem Gebrauchmachen solcher Urkunden zur Täuschung im Rechtsverkehr (§ 267 Absatz 1 StGB), d. h. im Verkehr mit dem Kunden, die auf die Angaben vertrauen. Die Urkundenfälschung steht daher sehr häufig in Tateinheit (§ 52 StGB) mit Betrug. Sie ist – wie der Betrug – mit Freiheitsstrafe bis zu fünf Jahren oder Geldstrafe bedroht (§ 267 Absatz 1 StGB). Auch hier ist bereits der Versuch der Urkundenfälschung strafbar (§ 267 Absatz 2 StGB). In besonders schweren Fällen beträgt das Strafmaß – ebenfalls wie beim Betrug – zwischen sechs Monaten Freiheitsstrafe im Mindestmaß und zehn Jahren im Höchstmaß (§ 267 Absatz 3 Satz 1 StGB). Ein solcher besonders schwerer Fall liegt vor, wenn der Lebensmittelunternehmer gewerbsmäßig, d. h. mit Gewinn- und Fortsetzungsabsicht handelt (§ 263 Absatz 3 Satz 2 Nummer 1 StGB). Auch dieser Strafrahmen ist damit erheblich höher als bei den lebensmittelrechtlichen Straftaten nach §§ 58, 59 LFGB.

Der Genuss zum menschlichen Verzehr nicht geeigneter Lebensmittel kann zu einer Gesundheitsschädigung des Verbrauchers führen. Wird diese Folge vorsätzlich oder fahrlässig herbeigeführt, so liegt strafbare

---

1) BGH, Urteil vom 07.11.2007, Az. 1 StR 164/07, wistra 2008, 58.
2) OLG Koblenz, Beschluss vom 16.08.2001, Az. 1 Ss 214/01, ZLR 2001, 733; LRE 42, 94.
3) BGH, Urteil vom 12.12.1958, Az. 2 StR 221/58, NJW 1959, 993.

Körperverletzung vor. Die vorsätzliche Straftat ist mit Freiheitsstrafe bis zu fünf Jahren oder Geldstrafe (§ 223 Absatz 1 StGB), die im Gegensatz zu Betrug und Urkundenfälschung auch fahrlässig begehbare Handlung mit Freiheitsstrafe bis zu drei Jahren oder Geldstrafe bedroht (§ 229 StGB). Die Straftat wird nur auf Antrag des Geschädigten verfolgt, es sei denn, dass die Staatsanwaltschaft als Strafverfolgungsbehörde wegen des besonderen öffentlichen Interesses an der Strafverfolgung ein Einschreiten von Amts wegen für geboten hält (§ 230 Absatz 1 Satz 1 StGB).

2.9 Tateinheit mit Schutzvorschriften vor Irreführung und Täuschung

Der Begriff „irreführend" in § 11 Absatz 1 Satz 1 LFGB ist gleichbedeutend mit zur „Täuschung geeignet". Zu einer tatsächlichen Täuschung oder gar Schädigung des Verbrauchers braucht es für diesen lebensmittelrechtlichen Mischtatbestand noch nicht gekommen zu sein.[1] Der Beurteilung, ob eine Aussage zur Täuschung geeignet ist, liegt die Verkehrsauffassung der angesprochenen Verkehrskreise (Hersteller, Händler, Verbraucher) zugrunde. Bei der Ermittlung der Verkehrsauffassung ist in erster Linie die mutmaßliche Erwartung eines Durchschnittsverbrauchers, der angemessen gut unterrichtet und angemessen aufmerksam und kritisch ist, unter Berücksichtigung sozialer, kultureller und sprachlicher Faktoren zugrunde zu legen.[2] Dies entspricht dem in der Rechtsprechung bisher vertretenen Begriff des durchschnittlich informierten, aufmerksamen und verständigen Durchschnittsverbrauchers.[3]

Der Straftatbestand des Betruges (§ 263 Absatz 1 StGB) kann in Tateinheit mit Bestimmungen zur vorsätzlichen Täuschung von Letztverbrauchern nach § 11 Absatz 1 i. V. m. § 59 Absatz 1 Nummer 8 LFGB stehen. Vor allem der Verkauf irreführend gekennzeichneter Lebensmittel im Sinne des § 11 Absatz 1 LFGB trotz entsprechender Angaben auf der Verpackung kann Betrug zum Nachteil des Kunden darstellen.[4]

---

1) OLG Zweibrücken, Beschluss vom 08.08.2011, Az. 1 SsRs 33/10 (zitiert nach juris).
2) Vgl. Erwägungsgrund 18 Richtlinie 2005/29/EG des Europäischen Parlaments und des Rates vom 11. Mai 2005 und EuGH, Urteil vom 16.07.1998, Az. C-210/96 und BVerwG, Beschluss vom 18.10.2000, Az. 1 B 45.00 (jeweils zitiert nach juris).
3) OVG Nordrhein-Westfalen, Beschluss vom 15.03.2010, Az. 13 A 1038/07 (zitiert nach juris).
4) LG Berlin, Beschluss vom 22.01.2005, Az. 505 1-4/06, LRE 52, 392.

Beispiel:

Ein Lebensmittelunternehmer verkauft lose Lebensmittel mit überschrittenem Mindesthaltbarkeitsdatum (MHD, § 7 LMKV). Dies ist nur dem Lebensmittelunternehmer bekannt, nicht aber für die Kunden als Letztverbraucher erkennbar, die auch sonst nicht aufgeklärt werden. Die Kunden werden in ihrer Verbrauchererwartung getäuscht, weil sie vom Verkauf von Lebensmitteln unter Einhaltung des vom Hersteller angebrachten MHD ausgehen. Sie erleiden auch einen Vermögensschaden, weil sie die Lebensmittel jedenfalls zum regulären Preis nicht erworben hätten, wenn sie über deren wahres Herstellungsdatum in Kenntnis gesetzt worden wären. Da der Lebensmittelunternehmer bewusst und gewollt gehandelt hat, liegen tateinheitliche Straftaten (§ 52 StGB) des Betrugs (§ 263 Absatz 1 StGB) und irreführenden Inverkehrbringens von Lebensmitteln (§ 11 Absatz 1 in Verbindung mit § 59 Absatz 1 Nummer 8 LFGB) vor.

Lässt sich vorsätzliches Handeln des Lebensmittelunternehmers nicht nachweisen, scheidet zwar der Straftatbestand des Betruges (§ 263 Absatz 1 StGB) aus. Der Mischtatbestand nach § 11 Absatz 1 in Verbindung mit § 59 Absatz 1 Nummer 8, § 60 Abs. 1 LFGB kann aber als Ordnungswidrigkeit auch fahrlässig verwirklicht sein.

3 Maßnahmen der Lebensmittelüberwachung

Ermittlungen zur Aufklärung lebensmittelrechtlicher Straftaten oder Ordnungswidrigkeiten ermächtigen weder zum Betreten von Betriebs- und Geschäftsräumen noch zur Einsichtnahme in Geschäftsunterlagen oder Sicherstellung von Beweismitteln gegen den Willen des von solchen Maßnahmen Betroffenen. Diese wären nur auf gerichtliche Anordnung[1]) zulässig, die den erhärteten Anfangsverdacht (§ 152 Absatz 2 StPO) einer erheblichen Straftat oder Ordnungswidrigkeit voraussetzte. Dagegen sind derartige Maßnahmen zur Gefahrenabwehr im Rahmen der Lebensmittelüberwachung ohne gerichtliche Anordnung durch den Lebensmittelkontrolleur/Veterinär möglich.[2])

Nahezu alle Feststellungen der Lebensmittelüberwachung (§ 39 Absatz 1 LFGB) sind grundsätzlich auch in einem Straf- oder Bußgeldverfahren verwertbar. Daher stellt es eine sehr effektive Methode der Beweissicherung dar, die wesentlich einfacheren und schnelleren verwaltungsrechtlichen Maßnahmen nach § 39 Absatz 2 Satz 1 und insbesondere § 42 f. LFGB zur Aufklärung des Sachverhalts auszuschöpfen, die der Betroffene gemäß § 44 LFGB nicht nur zu dulden, sondern auch zu unterstützen hat. Von besonderer Bedeutung ist auch das Auskunftsverlangen zur Aufklärung eines Gefahrenverdachts (§ 42 Absatz 2 Satz 1 Nummer 5 LFGB), da ein Beschuldigter im Strafverfahren oder Betroffener im Bußgeldverfahren grundsätzlich über die Angaben seiner Personalien hinaus nicht zur Mitwirkung verpflichtet ist.

Selbstverständlich dürfen Maßnahmen der Lebensmittelüberwachung niemals dazu dienen, das Schweigerecht des Beschuldigten im Strafverfahren bzw. des Betroffenen im Bußgeldverfahren zu unterlaufen. Überwachungsmaßnahmen dürfen nicht zur Ausforschung einer Straftat oder Ordnungswidrigkeit vorgeschoben werden.

---

1) Zur gerichtlichen Durchsuchungsanordnung siehe § 105 StPO, zur gerichtlichen Beschlagnahmeanordnung siehe § 98 StPO (Im Einzelnen vgl. die Erläuterungen bei Wieser, Gesetz über Ordnungswidrigkeiten, Band II Teil 3 Nr. 4).

2) Zur Zuständigkeit des Lebensmittelkontrolleurs, auch bei Wahrnehmung der Tätigkeiten durch einen beamteten Tierarzt (Amtstierarzt) siehe Kapitel 1.1.

Beispiel:

Der Lebensmittelunternehmer wird durch verwaltungsrechtliches Auskunftsverlangen (§ 42 Absatz 2 Satz 1 Nummer 5 LFGB) zur Angabe aufgefordert, ob und ggf. wann er die Umetikettierung überlagerten Fleisches in einem bestimmten Kühlraum angeordnet habe. Diese Auskünfte sind nicht zur Gefahrenabwehr, sondern ausschließlich zur Strafverfolgung notwendig.

3.1 Betreten von Räumen des Lebensmittelunternehmers

Die mit der Lebensmittelüberwachung beauftragten Personen sind gemäß § 42 Absatz 2 Satz 1 Nummer 1 LFGB zur Durchführung der Überwachung ohne Anfangsverdacht einer Straftat oder Ordnungswidrigkeit befugt, Grundstücke, Betriebsräume und Transportmittel, in oder auf denen

▶ Erzeugnisse (§ 2 Absatz 1 LFGB) hergestellt, behandelt oder in den Verkehr gebracht werden (Buchstabe a)

▶ sich lebende Tiere im Sinne des § 4 Absatz 1 Nummer 1 LFGB befinden (Buchstabe b)

▶ oder Futtermittel verfüttert werden (Buchstabe c),

sowie die dazugehörigen Geschäftsräume während der üblichen Betriebs- oder Geschäftszeit zu betreten. Wohnräume dürfen ohne Zustimmung eines Berechtigten ohne Vorliegen einer dringenden Gefahr für die öffentliche Sicherheit und Ordnung in diesen Fällen nicht betreten werden (§ 42 Absatz 6 LFGB). Im Bereich der Bundeswehr steht das Betretungsrecht den Sachverständigen und dem Fachpersonal zu (Nummer 27 Absatz 2 DBBwLFGB).

Das Betretungsrecht umfasst daher auch Betriebsgrundstücke von Unternehmen, die zwar nicht selbst Lebensmittelunternehmer sind, auf deren Fläche sich aber verpachtete Kantinenbetriebe befinden. **Kleinunternehmer,** die ihre Tätigkeit in Räumen mit gemischter Wohn- und Gewerbenutzung ausüben, unterliegen insoweit dem Betretungsrecht und können sich nicht auf das Erfordernis einer dringenden Gefahr (§ 42 Absatz 2 Satz 1 Nummer 2 Buchstabe a LFGB) für mitbenutzte Wohnräume berufen.

Beispiel:

Eine „Direktvermarkterin" bietet im Internet selbstgebackene Kuchen und Torten an, Betriebsstätte der Lebensmittelunternehmerin ist die Küche ihrer Privatwohnung.

Die Ausübung des Betretungsrechts ist kein Verwaltungsakt im Sinne des § 35 Satz 1 VwVfG, sondern schlichtes Verwaltungshandeln in Form eines Realakts.[1])

3.1.1 Übliche Betriebs- oder Geschäftszeiten und Privaträume

Übliche Betriebs- und Geschäftszeiten sind nicht solche, die der Lebensmittelunternehmer dazu erklärt, um die Überwachung zu vereiteln, sondern die im betroffenen Gewerbe einschlägigen. Außerhalb solcher Zeiten ist die nur in besonderen Fällen zu begründende Verhütung dringender Gefahren für die öffentliche Sicherheit und Ordnung erforderlich (§ 42 Absatz 2 Satz 1 Nummer 2 Buchstabe a LFGB). **Wohnräume** auskunftspflichtiger Personen dürfen grundsätzlich nur unter diesen Voraussetzungen betreten werden (§ 42 Absatz 2 Satz 1 Nummer 2 Buchstabe b LFGB, Artikel 13 Absatz 7 GG). Eine dringende Gefahr besteht, wenn aus konkreten Anhaltspunkten nicht nur eine entfernte Möglichkeit, sondern die hinreichende Wahrscheinlichkeit besteht, dass in den betroffenen Räumen die Verletzung einer lebensmittelrechtlichen Norm entweder bereits stattfindet oder für die Zukunft unmittelbar bevorsteht.[2]) Behauptet der Inhaber von Räumen auf Frage oder aufgrund eines förmlichen Auskunftsverlangens (§ 42 Absatz 2 Satz 1 Nummer 4 LFGB)[3]) vor Ort deren Eigenschaft als reine Privaträume und verweigert deswegen ein Betreten, so wird bei entsprechenden Anhaltspunkten für zumindest gemischte private und gewerbliche Nutzung eine dringende Gefahr für die öffentliche Sicherheit der betroffenen Letztverbraucher anzunehmen sein. In der Rechtsprechung ist geklärt, dass eine dringende Gefahr im Sinne des Artikel 13 Absatz 7 GG nicht den Eintritt einer konkreten Gefahr voraussetzt. Eingriffe und Beschränkungen des Grundrechts der Unverletzlichkeit der Wohnung sind bereits dann zulässig, wenn sie dem Zweck dienen, einen Zustand nicht eintreten zu lassen, der seinerseits eine dringende Gefahr für die öffentliche Sicherheit und Ordnung darstellen würde.[4]) Bei der Beurteilung der Gefahrenlage ist der Verhältnismäßigkeitsgrundsatz (Artikel 20 Absatz 3 GG) zu beachten und daher sind mildere Mittel wie eine Befragung des Lebensmittelunternehmers[5]) und notfalls ein mündliches förmliches Auskunftsverlangen[6])

---

1) VGH Baden-Württemberg, Urteil vom 28.11.2000, NVwZ 2001, 574.
2) BVerwG, Beschluss vom 06.09.1974, NJW 1975, 130; DÖV 1975, 172; GewArch 1974, 384; DVBl 1974, 846 für ein polizeiliches Betretungsrecht.
3) Zum Auskunftsverlangen (§ 42 Absatz 2 Satz 1 Nummer 5 LFGB) siehe Kapitel 3.6.
4) BVerwG, Beschluss vom 07.06.2006, NJW 2006, 2504 für das bauaufsichtliche Betreten einer Wohnung.
5) Zur Befragung von Personen Kapitel Nummer 3.5.
6) BVerwG, Beschluss vom 06.09.1974, NJW 1975, 130; DÖV 1975, 172; GewArch 1974, 384; DVBl 1974, 846 für ein polizeiliches Betretungsrecht.

zuvor auszuschöpfen. Sind solche weniger einschneidenden Maßnahmen erfolglos geblieben, wird man dem Lebensmittelkontrolleur/Veterinär zur Aufklärung eines bestehenden Gefahrenverdachts eine Sichtprüfung zubilligen müssen, ob es sich um die „dazugehörenden Geschäftsräume" im Sinne des § 42 Absatz 2 Satz 1 Nummer 1 LFGB handelt.

Beispiel:

Die Speisekarte einer Gaststätte enthält zwar Hackfleischgerichte, bei der Kontrolle der Küche sind aber keinerlei entsprechende Vorräte feststellbar. Auf Frage erklärt der Gastwirt, der Raum nebenan sei der private Vorratsraum zum Eigenbedarf seiner Familie. Auch beim nunmehr förmlichen Auskunftsverlangen bleibt er dabei, dort nur private Lebensmittel in einer Kühltruhe gelagert zu haben, verweigert aber das Betreten des Raums und die Besichtigung des Inhalts der Kühltruhe. Der Lebensmittelkontrolleur/Veterinär prüft daraufhin aufgrund seines Betretungsrechts, ob die Kühltruhe nicht doch das vermutete zum gewerblichen Angebot an die Gäste vorgesehene Hackfleisch enthält.

Die Bediensteten der Lebensmittelbehörde sind bei ihren Routinekontrollen verpflichtet, den Inhaber des Hausrechts oder dessen Stellvertreter vor Betreten der dem Publikum nicht eröffneten Geschäfts- und Betriebsräume davon zu unterrichten, dass sie von ihrem Zutrittsrecht Gebrauch machen werden. Ist der Filialleiter oder dessen Stellvertreter nicht sofort erreichbar oder ist aufgrund vorliegender Anhaltspunkte zu besorgen, dass durch eine Verzögerung der Zweck der Kontrolle beeinträchtigt wird, genügt die entsprechende Mitteilung an einen anwesenden Betriebsangehörigen.[1] Sofern ein vom Unternehmen eingesetzter eigener oder von einem Fremdunternehmen ausgeführter Sicherheitsdienst den Zutritt verweigert, muss dieser durch eine mündliche Anordnung und notfalls durch ein Vollzugshilfeersuchen an eine Polizeidienststelle zeitnah durchgesetzt werden.

Beispiel:

Ein zu überprüfender Kantinenbetrieb befindet sich auf dem Gelände eines Fabrikbetriebs. Der Sicherheitsdienst dieses Betriebs verweigert den Durchgang zur Kantine zur Sicherung von Geschäftsgeheimnissen. Die Verwaltungsbehörde erlässt daraufhin eine Anordnung als Verwaltungsakt gegen den Inhaber des Fabrikbetriebs, die ihr den durchsetzbaren Übergang zum Kantinengebäude ermöglicht.

---

1) BVerwG, Urteil vom 05.11.1987, LRE 22, 27; ZLR 1989, 213; GewArch 1988, 121 zur entsprechenden Vorgängerbestimmung § 41 Absatz 1, Absatz 3 Nummer 1 LMBG.

3.1.2 „Hausverbote" durch den Lebensmittelunternehmer

Gelegentlich erteilen Lebensmittelunternehmer rechtsirrig ein „Hausverbot" oder „Betretungsverbot." Selbstverständlich wird die privatrechtliche Befugnis des Eigentümers, andere von jeder Einwirkung auszuschließen (vgl. § 903 Satz 1 BGB) durch das öffentlich-rechtliche Betretungsrecht (§ 42 Absatz 2 Satz 1 Nummer 1 LFGB) eingeschränkt. Erteilt ein vom Betroffenen beauftragter Rechtsanwalt der Behörde ein Haus- oder Betretungsverbot und hat er diesen auch entsprechend unzutreffend beraten, kann sich der Inhaber von Räumen beim Verweigern des Betretungsrechts in einem unvermeidbaren Verbotsirrtum (§ 11 Absatz 2 OWiG) befinden, so dass keine Ahndung als Ordnungswidrigkeit möglich ist.[1] Es empfiehlt sich daher, dem Betroffenen selbst gegenüber die zutreffende Rechtsauffassung der Verwaltungsbehörde klarzustellen und einen Verbotsirrtum dadurch von Anfang an auszuschließen.

Durchführung der Lebensmittelkontrolle
Betretungsrecht

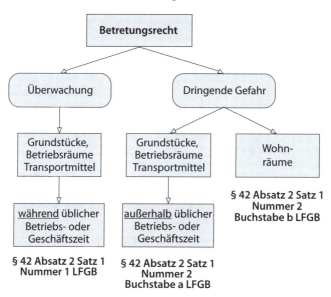

---

1) Schleswig-Holsteinisches OLG, Beschluss vom 12.04.2007, Az. 2 Ss OWi 44/ 07 (36/07), SchlHA 2007, 339.

Der Lebensmittelunternehmer und seine Mitarbeiter können das Betreten von Betriebs- und Geschäftsräumen nicht deswegen verhindern, weil das Erscheinen des Lebensmittelkontrolleurs/Veterinärs zur Aufdeckung von Straftaten oder Ordnungswidrigkeiten führt. Sie sind im Gegenteil nicht nur verpflichtet, das der verwaltungsrechtlichen Gefahrenabwehr dienende Betreten zu dulden (§ 44 Absatz 1 Satz 1 Halbsatz 1 LFGB), sondern die Lebensmittelüberwachung durch Bezeichnung und Öffnung von Räumen auf Verlangen zu unterstützen (§ 44 Absatz 1 Satz 1 Nummern 1, 2 LFGB).

3.1.3 Durchsetzung von Betretungsrechten

Verweigern der Inhaber oder von ihm bestellte Vertreter das zulässige Betreten von Grundstücken, Räumen oder Einrichtungen, so kann diese Maßnahme selbstverständlich gegen jedermann, nicht nur gegenüber dem Lebensmittelunternehmer und seinen Mitarbeitern, als Duldungspflichtige durchgesetzt werden. Zur Konkretisierung der gesetzlichen Duldungspflicht (§ 44 Absatz 1 LFGB) bedarf es eines Verwaltungsakts (§ 35 Satz 1 VwVfG) in Form einer für sofort vollziehbar zu erklärenden mündlichen Betretungsanordnung (§ 37 Absatz 2 Satz 1 VwVfG, § 80 Absatz 2 Satz 1 Nummer 4 VwGO) gegenüber den anwesenden Personen. Eine Begründung der mündlichen Anordnung ist nicht notwendig (§ 39 Absatz 1 Satz 1 VwVfG).[1] Zur Durchsetzung steht zunächst der auf Landesrecht beruhende Verwaltungszwang mit der Androhung eines Zwangsgeldes oder des unmittelbaren Zwangs durch Polizeibeamte oder eigene Vollziehungsbedienstete zur Verfügung, die durch ein telefonisches Vollstreckungshilfeersuchen zur Zwangsöffnung beauftragt werden. Für die Rechtmäßigkeit der Anordnung ist der anordnende Lebensmittelkontrolleur/Veterinär, für die Rechtmäßigkeit der Ausführung des unmittelbaren Zwangs dagegen die ersuchte Polizeidienststelle bzw. Vollziehungsbeamte verantwortlich. Unabhängig davon stellt die Zutrittsverweigerung eine Ordnungswidrigkeit nach § 60 Absatz 2 Nummer 19 LFGB dar, die gemäß § 60 Absatz 5 Nummer 3 LFGB mit Geldbuße bis zu 20 000 Euro bedroht ist. **Der Tatbestand der Ordnungswidrigkeit ist jedoch nur verwirklicht, wenn die Anordnung als Verwaltungsakt sofort vollziehbar angeordnet ist.**

Dem Inhaber von Betriebs- und Geschäftsräumen kann daher parallel

► präventiv der Verwaltungszwang durch sofortiges und kostenpflichtiges Vollstreckungshilfeersuchen an eine Polizeidienststelle oder eigene Vollziehungsbedienstete angedroht und

---

1) Zur schriftlichen Bestätigung einer mündlichen Anordnung siehe § 37 Absatz 2 Satz 2 Halbsatz 1 VwVfG.

▶ repressiv der Erlass eines Bußgeldbescheides wegen des Verwaltungsungehorsams angekündigt werden.

Die Ordnungswidrigkeit entfällt im Gegensatz zur Anwendung von Zwangsmitteln auch dann nicht, wenn das Betretungsrecht nachträglich, etwa nach Eintreffen der ersuchten Polizei freiwillig ermöglicht wird.

Leistet eine angetroffene Person bei der Vornahme einer Diensthandlung der Lebensmittelüberwachung mit Gewalt oder durch Drohung mit Gewalt Widerstand, so macht sie sich wegen Widerstands gegen Vollstreckungsbeamte nach § 113 Absatz 1 StGB strafbar. In solchen Fällen ist für Zwecke der Strafverfolgung ein Aktenvermerk mit einer genauen Ablaufschilderung für die Strafanzeige an die Staatsanwaltschaft (§ 158 StPO) sinnvoll.

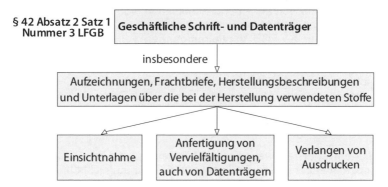

**Durchführung der Lebensmittelkontrolle
Einsichtsrecht in Geschäftsunterlagen**

3.2   Einsichtnahme in Geschäftsunterlagen

Die Lebensmittelüberwachung ist nicht nur zum Betreten von Räumen, sondern aufgrund § 42 Absatz 2 Satz 1 Nummer 3 LFGB auch zur Einsichtnahme in alle dort vorhandenen geschäftlichen, d. h. nicht privaten Schrift- und Datenträger, insbesondere Aufzeichnungen, Frachtbriefe, Herstellungsbeschreibungen und Unterlagen über die bei der Herstellung verwendeten Stoffe befugt. Lebensmittelkontrolleure/Veterinäre müssen zur Prüfung der Schrift- und Datenträger befähigt sein (§ 1 Absatz 2 Nummer 9 LKonV). Im Bereich der Bundeswehr steht das Einsichtsrecht den Sachverständigen und dem Fachpersonal zu (Nummern 27 Absatz 2, 31 DBBwLFGB). Diese Eingriffsmaßnahme darf gerade dann nicht verweigert werden, wenn sie zur Aufdeckung von Verstößen führt, die zugleich Straftaten oder Ordnungswidrigkeiten beinhalten. Angebliche Betriebs- und Geschäftsgeheimnisse stehen der Einsichtnahme nicht entgegen. Behauptet der Besitzer, die Unterlagen seien privater, nicht geschäftlicher Natur und unterlägen daher nicht der Einsichtnahme, darf der Lebensmittelkontrolleur/Veterinär den bestehenden Gefahrenverdacht durch Überprüfung der Unterlagen auf ihre Zugehörigkeit zur geschäftlichen oder privaten Sphäre prüfen. Eindeutig privater Inhalt darf selbstverständlich im Rahmen der Lebensmittelüberwachung nicht verwertet werden. Handelt es sich jedoch um einen Zufallsfund einer Straftat oder Ordnungswidrigkeit, so ist die Sicherstellung nach § 108 StPO ggf. in Verbindung mit § 46 Absatz 1 OWiG zu prüfen. Die Einsichtnahme in geschäftliche Aufzeichnungen ist gemäß § 44 Absatz 1 Satz 1 Halbsatz 1 LFGB nicht nur zu dulden, die in der Überwachung tätigen Personen sind auch bei der Erfüllung ihrer Aufgabe nach § 44 Absatz 1 Satz 1 Halbsatz 2 Nummer 2 LFGB zu unterstützen, z. B. durch Öffnung von Räumen und Behältnissen wie Schränken und Schubladen. Von Aufzeichnungen können im Rahmen der Mitwirkungspflicht auch aufgrund § 42 Absatz 2 Satz 1 Nummer 3 LFGB **Vervielfältigungen** verlangt werden.[1]) Ferner sind nach § 42 Absatz 2 Satz 1 Nummer 4 LFGB auch Bildaufnahmen von Unterlagen durch Abfotografieren möglich.[2]) Dies ist auch bezüglich angeblicher Betriebs- und Geschäftsgeheinisse zulässig. Diese Bedenken können dadurch ausgeräumt werden, dass Dritte ohne Einwilligung des Lebensmittelunternehmers keine Akteneinsicht in geheimhaltungsbedrüftige Bestandteile erhalten (§ 30 VwVfG).

Bei **Datenträgern** ist wegen möglicher Behauptung von Schadenersatzansprüchen keine eigene Bedienung von Computern durch die Lebensmittelüberwachung, sondern ebenfalls die Unterstützung auf der Grundlage § 44 Absatz 1 Satz 1 Halbsatz 1 LFGB vorgesehen. Dazu kann auch ein zusätzliches Auskunftsverlangen an den Lebensmittelunternehmer oder seine Mitarbeiter zum Aufbau von EDV-Systemen und Inhalt von Dateien gerichtet werden.[3]) Aus diesen kann der Lebensmittelkontrolleur/ Veterinär auch gemäß § 42 Absatz 2 Satz 1 Nummer 3 LFGB **Ausdrucke** durch den Lebensmittelunternehmer verlangen.[4])

---

1) Zur Anfertigung von Kopien (§ 42 Absatz 2 Satz 1 Nummer 3 LFGB) siehe Kapitel 3.3.

2) Zur Anfertigung von Abschriften (§ 42 Absatz 2 Satz 1 Nummer 3 LFGB) siehe Kapitel 3.3.

3) Zum Auskunftsverlangen (§ 42 Absatz 2 Satz 1 Nummer 5 LFGB) siehe Kapitel 3.6.

4) Zur Anfertigung von Ausdrucken (§ 42 Absatz 2 Satz 1 Nummer 3 LFGB) siehe Kapitel 3.3.

Die Verweigerung der Unterstützung bezüglich des Einsichtsrechts in schriftliche Unterlagen und Dateien stellt keine mit Geldbuße bedrohte Ordnungswidrigkeit nach § 60 Absatz 2 LFGB dar. Dem Verpflichteten kann daher nur präventiv der Verwaltungszwang durch sofortiges und kostenpflichtiges Vollstreckungshilfeersuchen an eine Polizeidienststelle oder eigene Vollziehungsbeamte angedroht werden. Der Lebensmittelkontrolleur/Veterinär braucht sich nicht darauf verweisen zu lassen, die gewünschten Unterlagen selbst zu suchen. Er kann durch mündliches Auskunftsverlangen gemäß § 42 Absatz 2 Satz 1 Nummer 5 LFGB sofortige mündliche Angaben zum Aufbewahrungsort durchsetzen.[1])

3.3 Verlangen von Vervielfältigungen und Ausdrucken

Inhaber(innen) von Räumen, Einrichtungen und Geräten, die dem Betretungsrecht nach § 42 Absatz 2 Nummer 1, 2 LFGB unterliegen, sowie die von ihnen bestellten Vertreter sind zur Unterstützung der Lebensmittelkontrolle im Sinne des § 44 Absatz 1 Halbsatz 1 LFGB nicht nur durch ein zu duldendes Einsichtsrecht in Geschäftsunterlagen,[2]) sondern auch durch Anfertigung schriftlicher Duplikate verpflichtet. Sie haben gemäß § 42 Absatz 2 Satz 1 Nummer 3 LFGB auf Verlangen Abschriften, Auszüge, Ausdrucke oder Vervielfältigungen, auch von Datenträgern, oder Ausdrucke von elektronisch gespeicherten Daten über alle geschäftlichen Schrift- und Datenträger, insbesondere Aufzeichnungen, Frachtbriefe, Herstellungsbeschreibungen und Unterlagen über die bei der Herstellung verwendeten Stoffe anzufertigen. Dieses Verlangen stellt einen Verwaltungsakt im Sinne des § 35 Satz 1 VwVfG dar, dessen sofortige Vollziehbarkeit nicht gesetzlich vorgesehen ist und daher im Einzelfall aufgrund § 80 Absatz 2 Satz 1 Nummer 4 VwGO anzuordnen ist. Besondere Formvorschriften bestehen nicht, so dass die Anordnung sowohl schriftlich als auch mündlich durch den zur Überwachung in den Geschäftsräumen erschienenen Lebensmittelkontrolleur/Veterinär erfolgen kann. Da § 42 Absatz 2 Satz 1 Nummer 3 LFGB keine Aussage dazu trifft, dass der von der Anordnung Betroffene Kopien oder Ausdrucke auf eigene Kosten vorzunehmen hat, besteht ein Erstattungsanspruch nach landesrechtlichen Kostenvorschriften.

Gelegentlich wird dem Verlangen auf Anfertigung von Vervielfältigungen oder Ausdrucken entgegengehalten, dadurch würden **Betriebs- oder**

---

1) Zum Auskunftsverlangen (§ 42 Absatz 2 Satz 1 Nummer 5 LFGB) siehe Kapitel 3.6.
2) Zum Einsichtsrecht in Geschäftsunterlagen (§ 42 Absatz 2 Satz 1 Nummer 3 LFGB) siehe Kapitel 3.2.

Geschäftsgeheimnisse, insbesondere Zubereitungen oder Rezepturen für die Lebensmittelherstellung der Konkurrenz preisgegeben. Sollte dies tatsächlich der Fall sein, so führt dies nicht zu einem Recht zur Verweigerung der Unterstützung der Lebensmittelkontrolle, sondern allenfalls zu einer Beschränkung der Akteneinsicht wegen schutzwürdiger Interessen (§ 29 Absatz 2 VwVfG). Die Beteiligten an einem Verwaltungsverfahren haben einen Anspruch darauf, dass Betriebs- und Geschäftsgeheimnisse von der Behörde nicht unbefugt offenbart werden (§ 30 VwVfG). Hält der Adressat eine Anordnung für rechtswidrig, so steht ihm außerdem der Widerspruch gegen den Verwaltungsakt (§ 68 ff. VwGO) und zum vorläufigen Rechtsschutz der Antrag auf Wiederherstellung der aufschiebenden Wirkung des Widerspruchs (§ 80 Absatz 5 VwGO) offen.

Die Mitwirkungspflicht nach § 44 Absatz 1 Halbsatz 1 LFGB wird nicht dadurch ausgeschlossen, dass durch die Anfertigung von Vervielfältigungen oder Ausdrucken eine Straftat oder Ordnungswidrigkeit aufgedeckt wird. Das Verlangen zur Anfertigung von Vervielfältigungen oder Ausdrucken ist als Verwaltungsakt mit den Mitteln des Verwaltungszwangs, insbesondere der Androhung eines Zwangsgeldes durchsetzbar. Die Zuwiderhandlung ist jedoch nicht in § 60 Absatz 2 LFGB mit Geldbuße bedroht. Dem Mitwirkungspflichtigen kann daher nur präventiv der Verwaltungszwang durch Zwangsgeld mündlich angedroht werden.

Eine Sicherstellung von Originalbelegen ist durch § 42 Absatz 2 Satz 1 Nummer 3 LFGB nicht abgedeckt. Zur Beweissicherung in einem Straf- oder Bußgeldverfahren ist auf die Bestimmungen über die Sicherstellung und Beschlagnahme in § 94 StPO – ggf. in Verbindung mit § 46 Absatz 1 OWiG – zurückzugreifen.[1] Zur Beweisführung kann aber auch ein bereits im Verwaltungsverfahren zu Zwecken der Gefahrenabwehr vorgenommenes oder freiwillig zugelassenes Abfotografieren von Dokumenten als Anfertigung von Abschriften nach § 42 Absatz 2 Satz 1 Nummer 4 LFGB genügen.

3.4 Bildaufnahmen und Bildaufzeichnungen

Bildaufnahmen durch Fotografieren und Bildaufzeichnungen durch Filmen zur Gefahrenabwehr ist als Maßnahme der Lebensmittelüberwachung mit Einverständnis des Betroffenen schon aufgrund der Aufgabenzuweisung in § 39 Absatz 2 Halbsatz 1 LFGB zulässig. Im Bereich der Bundeswehr steht die Befugnis den Sachverständigen und dem Fachper-

---

1) Zur Sicherstellung und Beschlagnahme im Straf- und Bußgeldverfahren siehe Kapitel 3.7.

sonal zu (Nummer 27 Absatz 2 DBBwLFGB). Ohne eine solche Zustimmung sind Bildaufnahmen durch Fotografieren und Bildaufzeichnungen nach § 42 Absatz 2 Satz 1 Nummer 4 LFGB auch ohne Einverständnis des Betroffenen möglich. Diese Befugnis umfasst

► Mittel, Einrichtungen und Geräte zur Beförderung von Erzeugnissen, zu denen auch Lebensmittel gehören (§ 2 Absatz 1 LFGB), oder lebenden Tieren (§ 4 Absatz 1 Nummer 1 LFGB) sowie

► Grundstücke, Betriebsräume und Räume, in oder auf denen Erzeugnisse, d. h. auch Lebensmittel (§ 2 Absatz 1 LFGB), hergestellt, behandelt oder in Verkehr gebracht werden (§ 42 Absatz 1 Nummer 1 Buchstabe a LFGB), sich lebende Tiere befinden (§ 42 Absatz 1 Nummer 1 Buchstabe b, § 4 Absatz 1 Nummer 1 LFGB) oder Futtermittel verfüttert werden (§ 42 Absatz 1 Nummer 1 Buchstabe c LFGB).

An personenbezogenen Daten dürfen gegen den Willen der Betroffenen nur deren Name, Anschrift und Markenzeichen des Unternehmers sowie Namen von Beschäftigten aufgenommen oder aufgezeichnet werden, soweit dies zur Sicherung von Beweisen erforderlich ist (§ 42 Absatz 2 Satz 2 LFGB). Sonstige Daten wie verschmutzte Bekleidung oder das fehlende Haarnetz bzw. die nicht getragene Kopfbedeckung von Lebensmittel behandelnden Mitarbeitern des Lebensmittelunternehmers können bei Einverständnis des Fotografierten, ansonsten bei anonymisierten Gesichtszügen aufgenommen werden.

Die Inhaber(innen) von Grundstücken, Räumen, Einrichtungen und Geräten und die von ihnen bestellten Vertreter wie z. B. ein Niederlassungs-, Filial- oder Abteilungsleiter haben diese Maßnahmen gemäß § 44 Absatz 1 Halbsatz 1 LFGB zu dulden. In zulässiger Weise aufgenommene Fotodokumentationen zum Nachweis von Gefahrentatbeständen dürfen auch in einem Straf- oder Bußgeldverfahren zum Nachweis von Lebensmittelstraftaten und Ordnungswidrigkeiten verwendet werden. Diese stellen auch ihrerseits stets Gefahrentatbestände dar. Der Lebensmittelunternehmer kann daher die Aufnahme nicht mit der Begründung verweigern, sie führe zur Entdeckung und Beweissicherung von strafbaren oder ordnungswidrigen Handelns, sondern hat sie auch dann zu dulden.

Ausgeschlossen sind dagegen Privaträume auch bei dringenden Gefahren, da § 42 Absatz 2 Satz 1 Nummer 4 LFGB nicht auf Absatz 1 Nummer 2 Bezug nimmt. Bildaufnahmen dürfen jedoch im strafrechtlichen Ermittlungsverfahren nach § 100f Absatz 1 Nummer 1 StPO bzw. im Bußgeldverfahren aufgrund der Verweisung in § 46 Absatz 1 OWiG sogar ohne Wissen des Betroffenen und ohne richterliche Anordnung außerhalb von Wohnungen hergestellt werden, wenn die Erforschung des Sachverhalts auf andere Weise weniger erfolgversprechend oder erschwert wäre. Stützt die Lebensmittelkontrolle eine Fotodokumentation allerdings auf diese Rechtsgrundlage, bedeutet dies jedoch zugleich die schlüssige Einleitung eines Straf- bzw. Bußgeldverfahrens.

Die Fotografie von Geschäftsunterlagen kann auf die Anfertigung von Abschriften im Sinne des § 42 Absatz 2 Satz 1 Nummer 3 LFGB gestützt werden, die der Lebensmittelunternehmer nach § 44 Absatz 1 LFGB zu dulden hat.

Bildaufnahmen und Bildaufzeichnungen

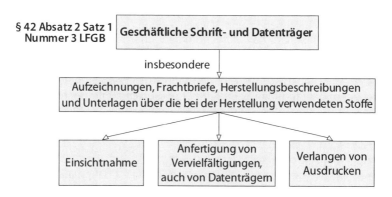

Die Herstellung von Fotografien ist mit den Mitteln des Verwaltungszwangs, insbesondere kostenpflichtiges Vollzugshilfeersuchen an eine Polizeidienststelle oder eigene Vollziehungsbeamte durchsetzbar.[1]) Daneben handelt der Auskunftspflichtige nicht nach § 60 Absatz 2 LFGB ordnungswidrig, wenn er die mögliche Mitwirkung verweigert. Die Zuwiderhandlung ist nämlich nicht in § 60 Absatz 2 LFGB als Ordnungswidrigkeit mit Geldbuße bedroht. Dem Mitwirkungspflichtigen kann daher nur präventiv der Verwaltungszwang durch sofortiges telefonisches Vollstreckungshilfeersuchen an eine Polizeidienststelle oder eigene Vollziehungsbeamte mündlich angedroht werden.

---

1) Zum Vollzugshilfeersuchen an eine Polizeidienststelle siehe die Erläuterungen zur Durchsetzung des Betretungsrechts durch die Lebensmittelüberwachung Kapitel 3.1.3.

Zur Beweissicherung im Straf- und Bußgeldverfahren sind Fotodokumentationen außerordentlich wichtig,[1]) da sie schriftlich festgehaltene Feststellungen der Lebensmittelkontrolle[2]) durch den nicht wiederholbaren Zustand von Lebensmitteln, Einrichtungen, Beförderungsmitteln und Personen zur Tatzeit der Straftat oder Ordnungswidrigkeit belegen. Hierzu kann die Beweisbedeutung über Tatsachen und Ausmaß lebensmittelrechtlicher Verstöße nicht hoch genug eingeschätzt werden. Gerade die Möglichkeit der digitalen Aufnahme erlaubt ohne erhebliche Kosten die Herstellung von Fotodokumentationen. Die Erfahrung zeigt, dass Angeklagte und Betroffene immer wieder erst vor Gericht zu ihrer Entlastung eigene Fotodokumentationen über die angeblich völlig einwandfreien Verhältnisse vorlegen, nachdem sie diese nachträglich, insbesondere auf Anordnung der Lebensmittelkontrolle hergestellt haben. Dies unterbleibt, wenn eine Fotodokumentation der Lebensmittelüberwachung aktenkundig ist.[3])

Eindrucksvoll sind Übersichtsaufnahmen der untersuchten Räume und farbige Großaufnahmen von Lebensmitteln, Einrichtungen, Geräten oder Fahrzeugen. Einen sachlichen Grund für vergleichsweise teure Filmaufnahmen, insbesondere mit Entwicklung nur in schwarz-weißer Farbgebung ist heute nicht mehr erkennbar. Die manchmal anzutreffende Meinung, digitale Aufnahmen seien wegen ihrer Veränderbarkeit in einem Straf- oder Bußgeldverfahren vor Gericht nicht als Beweismittel verwertbar, ist völlig unzutreffend. Derartige Behauptungen werden erfahrungsgemäß nicht aufgestellt, weil der Lebensmittelkontrolleur/Veterinär jederzeit als Zeuge bestätigen könnte, dass er die Digitalaufnahmen selbst hergestellt und nicht verändert hat.

3.5 Äußerungen und Befragung von Personen

 TIPP!

Unaufgeforderte Äußerungen des Lebensmittelunternehmers, seiner Vertreter und sonstigen Mitarbeiter sind in einem Straf- und Bußgeldverfahren uneingeschränkt verwertbar, weil es an jeglicher Maßnahme der Lebensmittelüberwachung fehlt.

---

1) Zur Anfertigung einer Fotodokumentation siehe Kapitel 4.2.
2) Zum Aktenvermerk der Lebensmittelkontrolle zu bei der Überwachung getroffenen Feststellungen siehe Kapitel 4.1.
3) Zur Einbringung von Fotoaufnahmen bei der Strafanzeige an die Staatsanwaltschaft siehe Kapitel 5.3 und bei der Aktenführung in Bußgeldverfahren siehe Kapitel 9.

Solche Äußerungen können dann für ein Straf- oder Bußgeldverfahren von Bedeutung sein, wenn sie

▶ den Zuständigkeitsbereich von Personen in einem Unternehmen (Firmenorganigramm) betreffen und dadurch der Teilnehmerkreis an einer Straftat (§§ 14, 25 ff. StGB) bzw. der Beteiligtenkreis an einer Ordnungswidrigkeit (§ 14 OWiG) erweitert wird.

▶ die Erklärung für die vorgeworfenen Handlungsweise betreffen, und damit einen Schluss auf vorsätzliches Handeln zulassen.

Beispiel:

Bei der Kontrolle einer Filiale einer Lebensmittelmarktkette teilt der Leiter der Fleischabteilung dem Lebensmittelkontrolleur/Veterinär bei der Feststellung des unhygienischen Zustands des Kühlraums unaufgefordert mit, er habe den Marktleiter schon seit mindestens einem halben Jahr erfolglos auf die dringend notwendigen Reparaturen hingewiesen. Dieser habe sich zwar den Kühlraum angesehen, aber auf fehlende Geldmittel dafür hingewiesen und ihn auf das nächste Jahr vertröstet.

Solche für das Verwaltungsverfahren bedeutungslose, für ein Straf- oder Bußgeldverfahren jedoch sehr wichtigen Informationen sollten baldmöglichst in einem Aktenvermerk für dieses Verfahren mit wörtlichen Zitaten der Äußerungen festgehalten werden. Diese müssen von den zitierten Personen weder unterschrieben noch genehmigt werden. Sollten sie nachträglich z. B. vor Gericht bestritten werden, kann der Lebensmittelkontrolleur/Veterinär diese Angaben als Zeuge bestätigen. Sollte er sich an damalige Äußerungen nicht mehr sicher genug erinnern, so genügt es, dass er die Verantwortung für die inhaltliche Richtigkeit des Aktenvermerks übernimmt.[1]

Eine **Befragung** des Lebensmittelunternehmers und seiner Mitarbeiter ist eine personenbezogene Datenerhebung, die auf Freiwilligkeit beruht. Als Rechtsgrundlage genügt daher die allgemeine Aufgabenzuweisung in § 39 Absatz 1 Satz 1 LFGB. Lebensmittelkontrolleur/Veterinär müssen zur Einholung der erforderlichen Auskünfte befähigt sein (§ 1 Absatz 2 Nr. 10 LKonV). Naturgemäß darf sich eine solche Befragung nur auf den Überwachungszweck und das Ziel der Gefahrenabwehr erstrecken und keinesfalls auf Umstände gerichtet sein, die nur dem Tatnachweis einer Straftat oder Ordnungswidrigkeit dienen können. Dies sind insbesondere in die Vergangenheit gerichtete Fragen, z. B. ob und seit wann ein bestimmter strafbarer oder ordnungswidriger Zustand von Räumen, Ein-

---

1) Zur Ordnungswidrigkeiten-Anzeige der Lebensmittelkontrolle siehe das Muster S. 80.

richtungen, Beförderungsmittel oder Lebensmitteln bekannt war. Dann läge nämlich bereits eine strafrechtliche Vernehmung (§ 163a StPO) bzw. bußgeldrechtliche Anhörung (§ 55 OWiG) vor, die eine Belehrung über das Schweigerecht zur Sache (§ 136 Absatz 1 Satz 2 StPO) voraussetzte. Dieses Aussageverweigerungsrecht darf niemals in Gestalt einer Befragung zu vorgeblichen Zwecken der Lebensmittelüberwachung unterlaufen werden. Zumindest in einem Strafverfahren unterlägen derart rechtswidrig erlangte Informationen einem absoluten Verwertungsverbot. Äußert sich der Befragte aber insoweit unaufgefordert, so können solche nicht durch die Maßnahme der Befragung erlangten Angaben in einem Straf- oder Bußgeldverfahren verwertet werden.

Beispiel:

> Der Lebensmittelkontrolleur/Veterinär befragt den Betreiber eines fleischverarbeitenden Betriebs, ob es noch weitere Kühlräume für eine ihm bekannte Charge eines bestimmten Lieferanten gäbe. Dieser antwortet, es gäbe noch einen Kühlraum, und ergänzt unaufgefordert, hieraus sei die Belieferung von Lebensmittelmärkten aber eingestellt worden, nachdem man die Überlagerung des Bestands festgestellt habe. Dies stellt sich nachträglich anhand von Lieferscheinen als unwahr heraus.

Angaben, die bei Gelegenheit einer Befragung unaufgefordert erfolgen, und für ein Straf- oder Bußgeldverfahren beweiserheblich sind, sollten daher möglichst wörtlich in einem Aktenvermerk festgehalten werden. Im Beispiel sind die unaufgeforderten Angaben deswegen von Bedeutung, weil sie die persönliche Kenntnis des Lebensmittelunternehmers vom Bestand überlagerten Fleisches belegen.

Eine bloße Befragung kann mangels spezieller Befugnisnorm nicht durchgesetzt werden, die Verweigerung einer Antwort ist nicht mit Geldbuße bedroht und stellt daher auch keine Ordnungswidrigkeit dar. Zur weiteren Aufklärung des Gefahrenverdachts ist daher ein Auskunftsverlangen nach § 42 Absatz 2 Satz 1 Nummer 5 LFGB notwendig.

3.6 Auskunftsverlangen

Ein ausdrückliches Auskunftsverlangen gemäß § 42 Absatz 2 Satz 1 Nummer 5 LFGB ist erst notwendig, wenn bei einer formlosen Befragung durch die Lebensmittelkontrolle die Beantwortung verweigert wird und die Auskunftserteilung daher im Wege der Anordnung gegen den Willen des Befragten durchgesetzt werden muss. Es stellt im Gegensatz zur bloßen Befragung als schlichtes Verwaltungshandeln einen Verwaltungsakt (§ 35 Satz 1 VwVfG) dar. Lebensmittelkontrolleure/Veterinäre müssen zur Einholung der erforderlichen Auskünfte befähigt sein (§ 1 Absatz 2 Nr. 9 LKonV).

3.6.1 Umfang des Auskunftsverlangens

Ein Auskunftsverlangen darf nur zur Aufklärung eines Gefahrenverdachts angeordnet werden, nicht aber für Informationen, die nur zum Nachweis einer Straftat oder Ordnungswidrigkeit Bezug haben können. Es darf daher auch nicht mit einer Anhörung vermischt werden. Letztere dient im Verwaltungsverfahren ausschließlich dem rechtlichen Gehör vor dem Erlass eines Verwaltungsaktes (§ 28 VwVfG), wie etwa einer beabsichtigten Betriebsschließung, im strafrechtlichen Ermittlungsverfahren zum Vorwurf einer Straftat (§ 163a StPO) und im Bußgeldverfahren zum Vorwurf einer Ordnungswidrigkeit (§ 55 OWiG).[1] Für die bloße Befragung des Lebensmittelunternehmers und seiner Mitarbeiter als Maßnahme zur Gefahrenabwehr durch allgemeine personenbezogene Datenerhebung genügt die Aufgabenzuweisung in § 39 Absatz 2 Satz 1 LFGB.[2] Die Befragung stellt gegenüber dem Auskunftsverlangen nach dem Grundsatz der Verhältnismäßigkeit eine mildere Maßnahme dar.

Beispiele:

Befragung, wo sich der Lebensmittelunternehmer derzeit befindet.

Auskunftsverlangen, wo sich bestimmte Lebensmittel oder Geschäftsunterlagen befinden.

Unaufgeforderte Angaben des Lebensmittelunternehmers und seiner Mitarbeiter stellen überhaupt keine Maßnahme der Lebensmittelüberwachung dar und sind daher stets auch in einem Straf- oder Bußgeldverfahren verwertbar.

Das Auskunftsverlangen nach § 42 Absatz 2 Satz 1 Nummer 5 LFGB bedarf keiner besonderen Form. Es kann daher schriftlich an ein Unternehmen, aber auch mündlich an dort während der Kontrolle angetroffene Personen gerichtet werden. Es weist die Merkmale eines Verwaltungsakts im Sinne des § 35 Satz 1 VwVfG auf,[3] ist aber nicht von Gesetzes wegen ausdrücklich sofort vollziehbar. Die Angaben sind lediglich nach § 44 Absatz 2 Satz 1 LFGB **„unverzüglich"**, d. h. ohne schuldhaftes

---

1) Zur Anhörung im Verwaltungsverfahren (§ 28 VwVfG) und wegen einer Straftat (§ 163a StPO) oder Ordnungswidrigkeit (§ 55 OWiG) und zu unaufgeforderten Angaben siehe Kapitel 7.

2) Zur bloßen Befragung von Personen im Verwaltungsverfahren siehe vorstehend Kapitel 3.5.

3) BayVGH, Beschluss vom 10.03.2003, FEVS 54, 574 für ein sozialhilferechtliches Auskunftsverlangen.

Zögern (vgl. § 121 Absatz 1 Satz 1 BGB) zu erteilen. Es empfiehlt sich daher zur Sicherheit, die Anordnung der **sofortigen** Vollziehbarkeit gemäß § 80 Absatz 2 Satz 1 Nummer 4 VwGO auch bei mündlichem Auskunftsverlangen vor Ort zu erklären. Erfolgt diese nicht, könnte sich der Adressat der Maßnahme darauf berufen, er habe mangels Rechtsbehelfsbelehrung ein Jahr Zeit zur Beantwortung (§ 58 Absatz 2 Satz 1 VwGO). Für den Wortlaut der Anordnung empfiehlt sich das exakte „sofort" statt dem ungenaueren „unverzüglich", das noch schuldloses Zögern umfasst.

Beispiel:

Der Lebensmittelunternehmer ist nicht bereit, auf eine einfache Befragung den Zeitpunkt der Einlagerung von Lebensmitteln mitzuteilen. Der Lebensmittelkontrolleur/Veterinär ordnet daher an: „Ich fordere Sie hiermit sofort vollziehbar auf, mir sofort Auskunft darüber zu geben, wann die hier vorgefundenen Lebensmittel eingelagert wurden."

Ein Auskunftsersuchen bezieht sich als Maßnahme der Gefahrenabwehr nach § 42 Absatz 2 Satz 1 Nummer 5 LFGB ausschließlich auf alle zur Lebensmittelüberwachung erforderlichen Auskünfte, insbesondere solche über die Herstellung, das Behandeln, die zur Verarbeitung gelangenden Stoffe und deren Herkunft und das Verfüttern. Keinesfalls darf es zur Umgehung des Schweigerechts eines wegen einer Straftat oder Ordnungswidrigkeit Beschuldigten bei der Anhörung (§ 136 Absatz 1 Satz 2 StPO, ggf. in Verbindung mit § 46 Absatz 1 OWiG) zur Feststellung der Tatbestandsmerkmale einer lebensmittelrechtlichen Straftat oder Ordnungswidrigkeit missbraucht werden.[1)] Unzulässig wäre daher ein Auskunftsverlangen, seit wann der Lebensmittelunternehmer <u>gewusst</u> habe, dass er vorgefundene Lebensmittel nicht mehr in Verkehr bringen dürfe. Da Maßnahmen der Gefahrenabwehr nur objektive Tatbestandsmerkmale voraussetzen, dürfen allein für den Tatbestand einer Straftat oder Ordnungswidrigkeit bedeutsame subjektive Tatbestandsmerkmale nicht über das Auskunftsverlangen zwangsweise erhoben werden.

3.6.2 Auskunftsverweigerungsrecht

Bei der Erfüllung der Auskunftpflicht kann es sich ergeben, dass der Adressat eines Auskunftsverlangens Tatsachen angeben muss, die sowohl für Maßnahmen der Gefahrenabwehr wie die Sicherstellung von Lebensmitteln als auch die Verfolgung als Straftat oder Ordnungswidrigkeit doppelt relevant sind. Dieses Spannungsfeld zwischen verwaltungs-

---

1) Zum Verwertungsverbot so erlangter Auskünfte in einem Strafverfahren siehe Kapitel 7.1.

rechtlicher Mitwirkungspflicht und straf- bzw. bußgeldrechtlichem Schweigerecht löst § 44 Absatz 2 Satz 2, Absatz 3 LFGB durch ein beschränktes **Auskunftsverweigerungsrecht.** Der zur Auskunft Verpflichtete kann die Auskunft auf solche Fragen verweigern, deren wahrheitsgemäße Beantwortung ihn selbst oder nahe Angehörige (§ 383 Absatz 1 Nummern 1 bis 3 ZPO) der Gefahr strafgerichtlicher Verfolgung oder eines Bußgeldverfahrens wegen einer Ordnungswidrigkeit aussetzen würde. Der Adressat eines Auskunftsverlangens besitzt daher kein umfassendes **Aussageverweigerungsrecht** wie im straf- und bußgeldrechtlichen Ermittlungsverfahren, sondern bleibt im Verwaltungsverfahren grundsätzlich mitwirkungspflichtig.[1] Es steht ihm also insbesondere nicht zu, ohne seinen zugezogenen Anwalt überhaupt keine Angaben mehr zu machen. Er kann aber zu bestimmten Fragen erklären, dass er sie wegen möglicher Selbstbelastung nicht beantworten wolle. Der Auskunftspflichtige braucht über dieses Recht im Gegensatz zum Schweigerecht im Straf- und Bußgeldverfahren mangels einer gesetzlichen Verpflichtung in § 42 Absatz 2 Satz 1 Nummer 5 LFGB nicht belehrt zu werden. Hat er in Unkenntnis des Auskunftsverweigerungsrechts Angaben gemacht, die den Verdacht einer Straftat oder Ordnungswidrigkeit belegen, kann er sich nicht nachträglich auf das verwaltungsrechtliche Auskunftsverweigerungsrecht mit der Beanstandung einer fehlenden Belehrung berufen. Dies gilt auch dann, wenn er dabei unaufgefordert objektive oder subjektive Tatbestandsmerkmale einer Straftat oder Ordnungswidrigkeit mitteilt.

Soweit ein Lebensmittelunternehmer jedoch

► zur Übermittlung von Informationen aus einem System oder Verfahren nach Artikel 18 Absatz 2 Unterabsatz 2 Verordnung (EG) 178/2002 (Basisverordnung) nach § 44 Absatz 3 Satz 1 Nummer 1 LFGB – auch nach vorheriger Unterrichtung der zuständigen Behörde über ein unsicheres Lebensmittel gemäß § 44 Absatz 4 Satz 1, Absatz 5 Satz 1 LFGB –

► zur erforderlichen Rückverfolgbarkeit bestimmter Lebensmittel nach § 44 Absatz 3 Satz 1 Nummer 2 LFGB

verpflichtet ist, dürfen diese Übermittlungen ebenso wie Unterrichtungen nach Artikel 19 Absatz 1 oder 3 Satz 1 oder Artikel 20 Absatz 1 oder 3 Satz 1 Verordnung (EG) 178/2002 (Basisverordnung) wegen der Sperrbestimmung des § 44 Absatz 6 Satz 1 LFGB grundsätzlich weder in einem Straf- noch einem Bußgeldverfahren gegen den Unterrichtenden oder Übermittelnden selbst verwendet werden. Eine Verwendung

---

1) Hessisches LSG, Beschluss vom 05.09.2006, SAR 2006, 112; DuD 2007, 60 für ein sozialhilferechtliches Auskunftsverlangen.

solcher Informationen gegen andere Personen wie z. B. Geschäftspartner ist dagegen zulässig.

Auskunftsverlangen als Maßnahme zur Aufklärung des Gefahrenverdachts

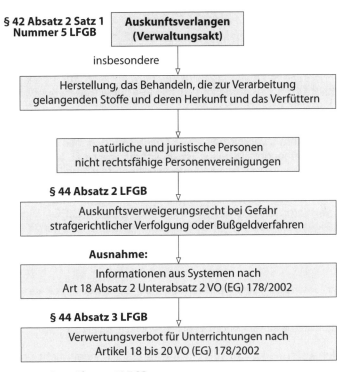

§ 42 Absatz 2 Satz 1 Nummer 5 LFGB — **Auskunftsverlangen (Verwaltungsakt)**

insbesondere

Herstellung, das Behandeln, die zur Verarbeitung gelangenden Stoffe und deren Herkunft und das Verfüttern

natürliche und juristische Personen nicht rechtsfähige Personenvereinigungen

§ 44 Absatz 2 LFGB — **Auskunftsverweigerungsrecht bei Gefahr strafgerichtlicher Verfolgung oder Bußgeldverfahren**

Ausnahme: — **Informationen aus Systemen nach Art 18 Absatz 2 Unterabsatz 2 VO (EG) 178/2002**

§ 44 Absatz 3 LFGB — **Verwertungsverbot für Unterrichtungen nach Artikel 18 bis 20 VO (EG) 178/2002**

§ 44 Absatz 4 LFGB

Teilt ein beauftragter Rechtsanwalt der Behörde mit, der Betroffene mache im Hinblick auf ein ihm zustehendes Aussageverweigerungsrecht keinerlei Angaben, kann sich dieser in einem unvermeidbaren Verbotsirrtum (§ 11 Absatz 2 OWiG) befinden, so dass keine Ahndung als Ordnungswidrigkeit möglich ist.[1] Es empfiehlt sich daher, dem Betroffenen selbst gegenüber die zutreffende Rechtsauffassung der Verwaltungsbehörde klarzustellen und einen Verbotsirrtum dadurch von Anfang an auszuschließen.

---

1) Vgl. Schleswig-Holsteinisches OLG, Beschluss vom 12.04.2007, Az. 2 Ss OWi 44/07 (36/07), SchlHA 2007, 339 für das Betretungsrecht.

Beispiel:

Ein Lebensmittelunternehmer macht auf Befragen zum Zeitpunkt der Einlagerung von Lebensmitteln keine Angaben. Auf mündliches Auskunftsverlangen erklärt er jetzt, das abgelaufene Mindesthaltbarkeitsdatum zu einem bestimmten Zeitpunkt wegen „Überlagerung" umetikettiert zu haben.

Verweigert der Auskunftspflichtige zulässig – z. B. auf Anraten eines zugezogenen Rechtsanwalts – die Auskunft auf bestimmte belastende Fragen, so ist die Sperrwirkung auf das Auskunftsverlangen beschränkt. Unabhängig davon bestehen daher das Betretungsrecht von Räumen und Einrichtungen sowie das Einsichtsrecht in Geschäftsunterlagen nach § 42 Absatz 2 Satz 1 Nummer 1 bis 3 LFGB uneingeschränkt weiter.

Durch Auskunftsersuchen auf der Rechtsgrundlage des § 42 Absatz 2 Satz 1 Nummer 5 LFGB erlangte Angaben sind auch in einem Straf- und Bußgeldverfahren verwertbar. Es empfiehlt sich daher, solche doppelt relevanten Tatsachen in einer Niederschrift während oder unmittelbar nach der Überwachungsmaßnahme schriftlich festzuhalten. Dazu eignet sich die Form eines Aktenvermerks,[1]) der auch unter Einleitung eines Straf- oder Bußgeldverfahrens bereits als Beweissicherungsmaßnahme in dieser Verfahrensart erfolgen kann (§ 168a Absatz 1 StPO). Hierzu sollte nach Möglichkeit ein wörtliches Zitat der Auskünfte erfolgen.

Beispiel:

Aktenvermerk:

Der Geschäftsführer Müller erklärte bei der Besichtigung des Kühlraums auf mündliches Auskunftsverlangen um 10.45 Uhr: „Die Temperaturen konnten seit Sonntag nicht mehr gehalten werden. Das Kühlaggregat ist ausgefallen und ein Reparaturdienst war nicht zu erreichen. Auch am Montag ..."

Ein solcher Vermerk braucht vom Auskunftspflichtigen nicht unterzeichnet zu werden. Bei Bestreiten in einem späteren gerichtlichen Straf- und Bußgeldverfahren steht der aufnehmende Lebensmittelkontrolleur/Veterinär als Zeuge zur Verfügung, der die Tatsache dieser Angaben bestätigen kann. Daher ist eine entsprechende qualifizierte Unterzeichnung mit Zeit- und Datumsangabe der Aufzeichnung sinnvoll.

Beispiel:

Aufgezeichnet um 11.30 Uhr. Für die Richtigkeit der wörtlichen Übertragung: Waldberg, 20.03.2010, Lehmann, Lebensmittelkontrolleur.

---

1) Zur Bedeutung von Aktenvermerken der Lebensmittelüberwachung im Straf- und Bußgeldverfahren siehe Kapitel 4.1.

3.6.3 Durchsetzung des Auskunftsverlangens

Das Auskunftsverlangen ist als Verwaltungsakt mit den Mitteln des Verwaltungszwangs, insbesondere der Androhung eines Zwangsgeldes, notfalls der Ersatzzwangshaft durchsetzbar. Daneben handelt der Auskunftspflichtige auch nach § 60 Absatz 2 Nummer 20 LFGB ordnungswidrig, wenn er Angaben zu einem für sofort vollziehbar erklärten Auskunftsverlangen verweigert. Der Tatbestand einer Ordnungswidrigkeit ist auch dann verwirklicht, wenn der Auskunftspflichtige Angaben zu bestimmten Fragen verweigern könnte, sich aber nicht auf sein Auskunftsverweigerungsrecht nach § 44 Absatz 2 Satz 2 LFGB beruft. Die Zuwiderhandlung ist in § 60 Absatz 5 Nummer 3 LFGB mit Geldbuße bis zu 20 000 Euro bedroht.

Dem Auskunftspflichtigen kann daher parallel

▶ präventiv der Verwaltungszwang durch Zwangsgeld, notfalls Ersatzzwangshaft mündlich angedroht und

▶ repressiv der Erlass eines Bußgeldbescheides wegen des Verwaltungsungehorsams angekündigt werden.

Auskunftspflicht von Lebensmittelunternehmern

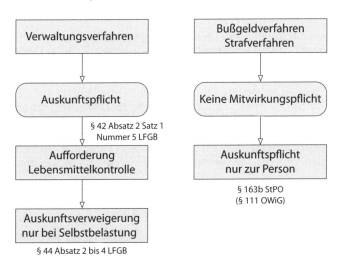

3.7 Sicherstellung von Beweismitteln

Die Sicherstellung von Beweismitteln, die sich auch für ein Straf- oder Bußgeldverfahren[1]) eignen, ist vielfach bereits vor Verfahrenseinleitung durch vorangegangene Maßnahmen der Lebensmittelüberwachung erfolgt. Lebensmittelkontrolleure/Veterinäre müssen zur Sicherstellung und Überwachung der aus dem Verkehr genommenen Lebensmitteln befähigt sein (§ 1 Absatz 2 Nr. 8 Buchstabe a LKonV).

Sachbeweismittel

```
          ┌─────────────────────────┐
          │  Lebensmittelkontrolle  │
          └─────────────────────────┘
            ╱                      ╲
  ┌──────────────────┐    ┌──────────────────────┐
  │   Probenahme     │    │   Bildaufnahmen      │
  │                  │    │   Bildaufzeichnungen │
  └──────────────────┘    └──────────────────────┘
        § 43 LFGB              § 42 Absatz 2 Satz 1
                              Nummern 4, 5 LFGB
  ┌──────────────────┐    ┌──────────────────────┐
  │   Gutachten      │    │   Augenscheins-      │
  │ Untersuchungsamt │    │   objekte            │
  └──────────────────┘    └──────────────────────┘
      § 26 Absatz 1            § 26 Absatz 1
    Nummer 3 VwVfG            Nummer 4 VwVfG
```

So können von Schrift- und Datenträgern Vervielfältigungen bzw. Ausdrucke verlangt, Fotografien hergestellt (§ 42 Absatz 2 Satz 1 Nummer 3 LFGB)[2]) oder Proben von Lebensmitteln genommen werden (§ 43 LFGB).[3]) Diese können ohne Weiteres auch in Straf- und Bußgeldverfahren zur Beweisführung verwendet werden. Lebensmittel selbst werden niemals als Beweismittel, sondern allenfalls als Einziehungsgegenstände (§ 61 LFGB) sichergestellt oder beschlagnahmt.[4]) Einer besonderen Sicherstellung von Gegenständen als Beweismittel im Einverständnis des Gewahrsamsinhabers nach § 94 Absatz 1 StPO – ggf. in Verbindung mit § 46 Absatz 1 OWiG – oder Beschlagnahme gegen dessen Willen nach

---

1) Die Sicherstellung von Lebensmitteln zum Zweck der Einziehung im Straf- oder Bußgeldverfahren ist in § 61 LFGB geregelt, siehe Kapitel 3.8.

2) Zur Herstellung von Fotografien siehe Kapitel 3.4 und zur Fotodokumentation als Beweismittel siehe Kapitel 4.2.

3) Zur Probenahme von Lebensmitteln (§ 43 LFGB) siehe Kapitel 3.8.

4) Zur Einziehung von Gegenständen (§ 61 LFGB) siehe Kapitel 3.9.

§ 98 Absatz 2 StPO – ggf. in Verbindung mit § 46 Absatz 1 OWiG – bedarf es daher weitgehend nicht.

Zu beachten ist, dass im Straf- und Bußgeldverfahren Beschlagnahmen von Beweismitteln gemäß § 98 StPO – ggf. in Verbindung mit § 46 Absatz 1 OWiG – nur auf gerichtliche Anordnung zulässig sind, soweit nicht Gefahr in Verzug vorliegt. Nach Möglichkeit wäre also zumindest eine telefonische Anordnung des zuständigen Ermittlungsrichters (§ 162 Absatz 1 Satz 1 StPO, ggf. in Verbindung mit § 46 Absatz 1 OWiG) einzuholen. Beweismittel, die im Straf- oder Bußgeldverfahren sichergestellt wurden, müssen nach Abschluss des Verfahrens an den Berechtigten herausgegeben werden. Sind Gegenstände sowohl Beweismittel als auch zur Einziehung vorgesehen, erfolgt keine Rückgabe.

Wer eine dienstlich in Beschlag genommene Sache zerstört, beschädigt, unbrauchbar macht oder in anderer Weise ganz oder zum Teil der Verstrickung entzieht, macht sich wegen Verstrickungsbruchs (§ 136 Absatz 1 StGB) strafbar.

3.8 Probenahme und Sachverständigengutachten

Die Probenahme ist ein in der Aufgabenzuweisung des § 39 Absatz 1 Satz 2 LFGB und der Befugnisnorm des § 43 LFGB besonders geregelter Fall der Sicherstellung von Lebensmittelteilen zur Vorbereitung des Gutachtens eines Sachverständigen. Einer weiteren Rechtsgrundlage bedarf es daher nicht. Lebensmittelkontrolleure/Veterinäre müssen zur Probenahme befähigt sein (§ 1 Absatz 2 Nr. 7 LKonV). Es handelt sich ausschließlich um eine Maßnahme der Lebensmittelüberwachung, nicht des Straf- oder Bußgeldverfahrens. Dies gilt sowohl für nach amtlichem Probenplan erlangte Planproben als auch außerplanmäßige Proben als Verdachtsproben, Verfolgungs- und Nachproben und Beschwerdeproben.[1] Im Bereich der Bundeswehr sind Sachverständige, Güteprüfer und das Fachpersonal für die Probenahme zuständig (Nummer 35 Absatz 1 DBBwLFGB). Allein das Gutachten einer beauftragten Landesuntersuchungsanstalt findet als Beweismittel in ein Straf- oder Bußgeldverfahren Einfluss. Gutachten öffentlicher Behörden sind dafür sogar unter der vereinfachten Voraussetzung der Verlesung im gerichtlichen Verfahren ausdrücklich vorgesehen (§ 256 Absatz 1 Nummer 1 Buchstabe a StPO), auch wenn sie im Verwaltungsverfahren angeordnet wurden. Allerdings kann beim Verdacht einer Straftat oder Ordnungswidrigkeit das Gutach-

---

1) Zur Unterscheidung von Plan-, Verdachts- und Verfolgungsproben u. a. im Bereich der Bundeswehr vgl. Nrn. 36 ff. DBBwLFGB.

ten auch auf der Rechtsgrundlage der §§ 72 ff. StPO durch die Lebensmittelüberwachung in Auftrag gegeben werden. Nur in diesem Fall kann die Kostenvormerkung des Gutachtens nach dem Entstehungsprinzip auch im Straf- bzw. Bußgeldverfahren erhoben werden.[1] Andernfalls können solche Auslagen nur über eine Kostenrechnung oder einen Leistungsbescheid aufgrund einer kostenpflichtigen Beanstandung und Belehrung im Verwaltungsverfahren erhoben werden.

Bestreitet der Lebensmittelunternehmer im Straf- oder Bußgeldverfahren die Ordnungsmäßigkeit der Probenahme, so stehen als Beweismittel hierfür die Niederschrift der Lebensmittelüberwachung über die Probenahme und damit der Lebensmittelkontrolleur/Veterinär als Zeuge sowie die Ausführungen des Gutachtens und damit der Sachverständige zur Verfügung.

Die Probenahme ist vom Inhaber von Grundstücken, Räumen, Einrichtungen und Geräten nicht nur zu dulden, sondern auf Verlangen auch zu unterstützen (§ 44 Absatz 1 Nummer 3 LFGB). Die Maßnahme ist mit den Mitteln des Verwaltungszwangs, insbesondere Vollzugshilfeersuchen an eine Polizeidienststelle oder eigene Vollziehungsbedienstete durchsetzbar. Daneben handelt der Mitwirkungspflichtige auch nach § 60 Absatz 2 Nummer 19 LFGB ordnungswidrig, wenn er die Probenahme nicht duldet oder mögliche Unterstützung der Lebensmittelüberwachung verweigert. Die Zuwiderhandlung ist in § 60 Absatz 5 Nummer 3 LFGB mit Geldbuße bis zu 20 000 Euro bedroht.

Dem Mitwirkungspflichtigen kann daher parallel

▶ präventiv der Verwaltungszwang durch sofortiges telefonisches Vollstreckungshilfeersuchen an eine Polizeidienststelle oder eigene Vollziehungsbedienstete mündlich angedroht und

▶ repressiv der Erlass eines Bußgeldbescheides wegen des Verwaltungsungehorsams angekündigt werden.

Leistet jemand gegen die Probenahme mit Gewalt oder durch Drohung mit Gewalt Widerstand, so macht er sich wegen Widerstands gegen Vollstreckungsbeamte nach § 113 Absatz 1 StGB strafbar. In solchen Fällen ist für Zwecke der Strafverfolgung ein Aktenvermerk mit einer genauen Ablaufschilderung für die Strafanzeige an die Staatsanwaltschaft (§ 158 StPO) sinnvoll.

Die beim Lebensmittelunternehmer zurückzulassende Gegenprobe (§ 43 Absatz 1 Satz 2 LFGB, Nummer 40 DBBwLFGB) ist für ein Straf- oder

---

1) Zu den Kosten des Sachverständigengutachtens als Auslagen der Verwaltungsbehörde im Bußgeldbescheid (§ 107 Absatz 3 Nummer 5 OWiG) siehe Kapitel 9.9.

Bußgeldverfahren ohne Bedeutung, da allein das auf der Grundlage der Erstprobe angeordnete Gutachten des Sachverständigen zum Beweismittel bestimmt wird. Dem Beschuldigten bzw. Betroffenen ist es natürlich unbenommen, auf der Grundlage der Gegenprobe seinerseits einen anderen Sachverständigen mit einem „Gegengutachten" zu beauftragen (§ 43 Absatz 2 LFGB). Überzeugt dieses weder die Staatsanwaltschaft im strafrechtlichen Ermittlungsverfahren bzw. die Verwaltungsbehörde im Bußgeldverfahren noch das mit der Straf- oder Bußgeldsache befasste Gericht, so folgen sie dem „Erstgutachten". Zur Einholung eines „Zweitgutachtens" auf Verlangen des Lebensmittelunternehmers besteht, sofern keine durchgreifenden Zweifel am „Erstgutachten" durch innere Widersprüche oder falsche Anknüpfungstatsachen ersichtlich sind, grundsätzlich keine Verpflichtung (vgl. § 244 Absatz 4 Satz 2 StPO für das gerichtliche Strafverfahren).

3.9 Sicherstellung von Einziehungsgegenständen

Die Befugnis zur Sicherstellung von Lebensmitteln, Einrichtungen oder Geräten zum Zweck der Gefahrenabwehr und folgenden Einziehung ist landesrechtlich durch Ausführungsgesetze zum LFGB und ergänzend im allgemeinen Polizei- bzw. Ordnungsbehördenrecht geregelt. Unabhängig davon enthält § 61 LFGB eine Befugnis zur Einziehung als Nebenfolge einer lebensmittelrechtlichen Straftat nach § 58 f. LFGB oder Ordnungswidrigkeit nach § 60 LFGB. Solche Bezugsgegenstände können auch Lebensmittel, Einrichtungen und Geräte sein.

Ist eine Einziehung im Straf- und Bußgeldverfahren beabsichtigt, kann diese durch eine Beschlagnahmeanordnung aufgrund § 111b Absatz 1 in Verbindung mit § 111c Absatz 1 StPO in Verbindung mit § 46 Absatz 1 OWiG gesichert werden. Zur Anordnung der Beschlagnahme ist jedoch nur der Ermittlungsrichter des Amtsgerichts befugt (§ 162, § 111e Absatz 1 Satz 1 StPO in Verbindung mit § 46 Absatz 1 OWiG). Nur bei Gefahr in Verzug besteht eine Zuständigkeit des Lebensmittelkontrolleurs/Veterinärs in Strafsachen, wenn er Ermittlungsperson der Staatsanwaltschaft im Sinne des § 152 Absatz 2 Satz 1 GVG ist (§ 111e Absatz 1 Satz 2 StPO in Verbindung mit § 46 Absatz 1 OWiG). Im Bußgeldverfahren ist der Lebensmittelkontrolleur/Veterinär als Bediensteter der Verwaltungsbehörde (§ 35 OWiG) stets zur Anordnung bei Gefahr in Verzug zuständig.

In der Vollzugspraxis der Lebensmittelüberwachung kommen Beschlagnahmen von Geräten, Einrichtungen oder Fahrzeugen im Strafverfahren zum Zweck der späteren Einziehung durch die Staatsanwaltschaft gemäß

§ 61 LFGB kaum vor.[1]) Bei lebensmittelrechtlichen Ordnungswidrigkeiten steht in der Regel der Grundsatz der Verhältnismäßigkeit (§ 24 OWiG) entgegen.

Grundsätzlich abzuraten ist von der Beschlagnahme von Lebensmitteln nach §§ 111b, 111c StPO in Verbindung mit § 46 Absatz 1 OWiG zur späteren Einziehung nach § 61 LFGB. Abgesehen davon, dass dazu im Gegensatz zur Sicherstellung zur Gefahrenabwehr im Regelfall eine richterliche Anordnung nach § 111e StPO in Verbindung mit § 46 Absatz 1 OWiG erforderlich ist, können bis zur Anordnung der Einziehung durch strafgerichtliches Urteil erhebliche Kosten für die Aufbewahrung, insbesondere Kühlung leichtverderblicher Lebensmittel entstehen.

Nicht nur die Sicherstellung, sondern auch erforderlich werdende Notveräußerungen (vgl. § 111l StPO in Verbindung mit § 46 Absatz 1 OWiG) können als vom Strafverfahren unabhängige Maßnahmen der Gefahrenabwehr wesentlich einfacher, schneller und effektiver durch die Behörde selbst angeordnet werden.

---

1) Die Einziehung von Gegenständen als Nebenfolge einer lebensmittelrechtlichen Ordnungswidrigkeit nach § 61 LFGB in Verbindung mit §§ 22 – 28 OWiG ist daher in den Mustern der Bußgeldbescheide in Kapitel 10 nicht berücksichtigt.

Sicherstellung und Beschlagnahme zur Einziehung

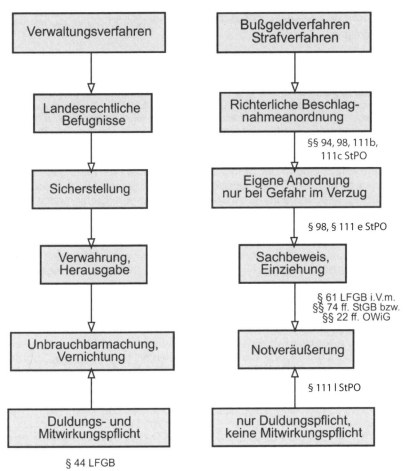

§ 44 LFGB

3.10 Identitätsfeststellung von Personen

Der Tatbestand einer Straftat oder Ordnungswidrigkeit kann nur von einer natürlichen Person verwirklicht werden, also dem Lebensmittelunternehmer und seinen Mitarbeitern. Das Unternehmen selbst – insbesondere eine juristische Person oder Personengesellschaft – kann weder strafbar noch ordnungswidrig handeln. Täter können daher nur diejenigen natürlichen Personen sein, die für das Unternehmen im Sinne des § 14 StGB bzw. § 9 OWiG handeln. Dieser Personenkreis gehört daher zu den Tatverdächtigen.

Beispiel:

Ein Lebensmittelhersteller, der ein Produkt falsch gekennzeichnet hat, besitzt die Rechtsform einer GmbH. Diese kann weder eine Straftat noch eine Ordnungswidrigkeit begehen. Als Täter kommen nicht die juristische Person selbst, sondern nur der Geschäftsführer als gesetzlicher Vertreter, ein Niederlassungsleiter oder ein Abteilungsleiter als beauftragte Vertreter des Unternehmens in Betracht.

Die Identitätsfeststellung solcher Personen als Verdächtige ist für die spätere Entscheidung der Staatsanwaltschaft bzw. Verwaltungsbehörde, gegen wen ein Straf- oder Bußgeldverfahren eingeleitet werden soll, von entscheidender Bedeutung. Außerdem können schriftliche Anhörungen und Ladungen sowie später Anklageschrift oder Strafbefehl bzw. Bußgeldbescheide nur zugestellt werden, wenn die ladungsfähige Anschrift bekannt ist. Diese Feststellungen sind im Verwaltungsverfahren nicht notwendig, da sich eine Anordnung zur Gefahrenabwehr gegen das Unternehmen selbst als polizei- oder ordnungsrechtlichen Handlungs- oder Zustandsstörer richtet. Daher erfolgen Identitätsfeststellungen von Verdächtigen durch die Lebensmittelüberwachung meist nicht.

Beispiel:

In der Niederlassung eines Lebensmittelunternehmens in der Rechtsform einer GmbH werden bei einer Kontrolle schwere Mängel bei der Lagerung in einem Kühlhaus festgestellt. Als Maßnahme der Gefahrenabwehr erfolgt die Sicherstellung von Lebensmitteln gegenüber der GmbH als Handlungs- und Zustandsstörer.

Als Verdächtige einer lebensmittelrechtlichen Straftat oder Ordnungswidrigkeit kommen der Geschäftsführer als gesetzlicher Vertreter der GmbH (§ 14 Absatz 1 Nummer 1 StGB bzw. § 9 Absatz 1 Nummer 1 OWiG) sowie der Niederlassungsleiter als Teilbetriebsleiter (§ 14 Absatz 2 Satz 1 Nummer 1 StGB bzw. § 9 Absatz 2 Satz 1 Nummer 1 OWiG) und der Leiter des Kühlhauses als eigenverantwortlich ausdrücklich beauftragte Person (§ 14 Absatz 1 Satz 2 Nummer 2 StGB bzw. § 9 Absatz 1 Satz 2 Nummer 2 OWiG) als Täter in Betracht.[1]

Lebensmittelkontrolleure/Veterinäre müssen grundsätzlich zur Durchführung von Ermittlungen im Bußgeldverfahren befähigt sein (§ 1 Absatz 2 Nr. 9 LKonV), also auch zu Identitätsfeststellungen.

---

1) Zum Bußgeldbescheid gegen gesetzliche und beauftragte Vertreter (§ 9 OWiG) von juristischen Personen und Personenvereinigungen siehe Kapitel 10.8.

Gesetzliche und beauftragte Vertreter von Unternehmen

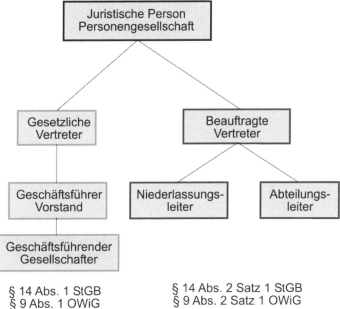

```
        ┌─────────────────────────┐
        │     Juristische Person   │
        │   Personengesellschaft   │
        └─────────────────────────┘
           /                    \
┌──────────────┐          ┌──────────────┐
│  Gesetzliche │          │  Beauftragte │
│   Vertreter  │          │   Vertreter  │
└──────────────┘          └──────────────┘
       |                    /         \
┌──────────────┐  ┌──────────────┐  ┌──────────────┐
│ Geschäftsführer│ │Niederlassungs-│ │  Abteilungs- │
│   Vorstand    │ │    leiter     │ │    leiter    │
└──────────────┘  └──────────────┘  └──────────────┘
       |
┌──────────────────┐
│ Geschäftsführender│
│   Gesellschafter  │
└──────────────────┘

§ 14 Abs. 1 StGB          § 14 Abs. 2 Satz 1 StGB
§ 9 Abs. 1 OWiG           § 9 Abs. 2 Satz 1 OWiG
```

Gesetzliche Vertreter von Unternehmen wie z. B. Geschäftsführer einer GmbH, Vorstandsmitglieder einer AG oder geschäftsführende Gesellschafter einer oHG oder KG könnten auch nachträglich aus dem elektronischen Handelsregister festgestellt werden.[1]) Hieraus lassen sich aber weder ihre Zuständigkeit im Unternehmen, „Strohmannverhältnisse" noch ihre personenbezogenen Daten, insbesondere ihre zustellungsfähige Anschrift ermitteln. Beauftragte Vertreter wie Betriebs- oder Teilbetriebsleiter, Filial-, Niederlassungs- oder Abteilungsleiter sind darin überhaupt nicht eingetragen. Die Feststellung des **Firmenorganigramms,** d. h. die Ermittlung von Verdächtigen in der Firmenhierarchie stellt in jedem Straf- oder Bußgeldverfahren gegen mittlere und größere Unternehmensstrukturen eine erhebliche Problematik dar, weil in diesen Verfahren keine Mitwirkungspflicht besteht. Es empfiehlt sich daher gleich während der Kontrolle beim Anfangsverdacht lebensmittelrechtlicher

---

1) Zur Bedeutung des Handelsregisters im Bußgeldverfahren zur Ermittlung gesetzlicher Vertreter von Unternehmen siehe Kapitel 10.4 ff.

Straftaten oder Ordnungswidrigkeiten die Aufklärung und Niederschrift der internen Zuständigkeiten. Erfolgen hierzu keine Angaben, so können unverdächtige Personen als Zeugen befragt werden (§ 161a Absatz 1 StPO). Firmenorganigramme können nur durch förmliche Vorlageanordnungen (§ 95 Absatz 1 StPO in Verbindung mit § 46 Absatz 1 OWiG) der Verwaltungsbehörde verlangt werden.[1])

Identitätsfeststellung von Personen

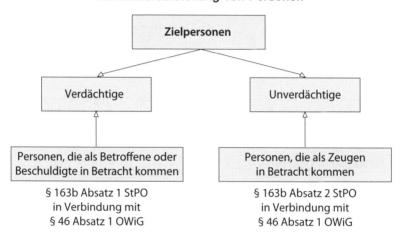

§ 163b Absatz 1 StPO
in Verbindung mit
§ 46 Absatz 1 OWiG

§ 163b Absatz 2 StPO
in Verbindung mit
§ 46 Absatz 1 OWiG

Die Identitätsfeststellung ist bereits vor Einleitung eines Straf- oder Bußgeldverfahrens sowohl bezüglich verdächtiger Personen zulässig, die als Täter einer Straftat oder Ordnungswidrigkeit in Betracht kommen (§ 163b Absatz 1 Satz 1 Halbsatz 1 StPO, ggf. in Verbindung mit § 46 Absatz 1 OWiG), als auch gegen Unverdächtige, die als Zeugen in Betracht kommen (§ 163b Absatz 2 Satz 1 Halbsatz 1 StPO, ggf. in Verbindung mit § 46 Absatz 1 OWiG). Dazu ist zunächst der Zweck der Maßnahme zu eröffnen (§ 163b Absatz 1 Satz 1 Halbsatz 2 bzw. Absatz 2 Satz 1 Halbsatz 2 StPO, ggf. in Verbindung mit § 46 Absatz 1 OWiG). Die Anordnung einer Identitätsfeststellung ist auch gegen den Willen des Betroffenen durchsetzbar. Der Verdächtige darf festgehalten werden, wenn die Identität sonst nicht oder nur unter erheblichen Schwierigkeiten festgestellt werden kann (§ 163b Absatz 1 Satz 2 StPO, ggf. in Verbindung mit § 46 Absatz 1 OWiG). Unter diesen Voraussetzungen sind auch die Durchsu-

---

1) Zum Vorlageverlangen (§ 95 StPO in Verbindung mit § 46 Absatz 1 OWiG) von Firmenorganigrammen durch die Verwaltungsbehörde im Bußgeldverfahren siehe Kapitel 11.1.2.

chung der Person und mitgeführter Sachen sowie die Durchführung erkennungsdienstlicher Maßnahmen zulässig (§ 163b Absatz 1 Satz 3 StPO, ggf. in Verbindung mit § 46 Absatz 1 OWiG). Die Durchführung solcher Eingriffsmaßnahmen erfolgt regelmäßig aufgrund eines Ermittlungsersuchens an eine Polizeidienststelle oder eigene Vollziehungsbedienstete. Auch Unverdächtige dürfen zur Identitätsfeststellung unter besonderer Beachtung des Grundsatzes der Verhältnismäßigkeit festgehalten und notfalls durchsucht, nicht aber gegen ihren Willen erkennungsdienstlich behandelt werden (§ 163b Absatz 2 Satz 2, 3 StPO, ggf. in Verbindung mit § 46 Absatz 1 OWiG).

Beispiel:

Im vorhergehenden Beispiel befragt ein Lebensmittelkontrolleur/Veterinär einen Mitarbeiter, wer für die Lagerung beanstandeter Lebensmittel zuständig ist. Die Personalien des Unverdächtigen können zu dessen Identitätsfeststellung als Zeuge erhoben werden. Die Personalien des daraufhin festgestellten tatverdächtigen Leiters des Kühlhauses dürfen zu dessen Identitätsfeststellung als möglicher Beschuldigter oder Betroffener erhoben werden.

Die Personalien dürfen als personenbezogene Daten nur soweit erhoben werden, als sie zum Zweck eines Straf- oder Bußgeldverfahrens auch tatsächlich erforderlich sind, um den Beschuldigten bzw. Betroffenen von anderen Personen unterscheiden und während des Verfahrens erreichen zu können. Dazu sind nach der Wertung in § 111 Absatz 1 OWiG Vor-, Nach-, gegebenenfalls Geburtsnamen, Ort oder Tag der Geburt, Familienstand, Beruf, Wohnort, Wohnung und gegebenenfalls ausländische Staatsangehörigkeit notwendig.

Die Weigerung der Personalienangabe zum Zweck der Identitätsfeststellung nach § 163b StPO und die Angabe falscher Personalien stellt bei Verdächtigen wie Unverdächtigen eine mit bis zu 1000 Euro Geldbuße bedrohte Ordnungswidrigkeit nach § 111 OWiG dar.

4 Dokumentation zur Beweissicherung

Der einer Straftat oder Ordnungswidrigkeit Beschuldigte braucht an der eigenen Überführung nicht mitzuwirken und kann daher zum Tatvorwurf schweigen oder ihn bestreiten. Die Beweislast liegt daher in einem Strafverfahren allein bei der Staatsanwaltschaft, in einem Bußgeldverfahren bei der Verwaltungsbehörde. Der Beschuldigte gilt so lange als unschuldig, bis seine Schuld rechtskräftig festgestellt ist (Artikel 6 Absatz 2 MRK). Eine professionelle Beweissicherung ist daher zur Widerlegung dieser Unschuldsvermutung notwendig. Die Feststellungen der Lebensmittelüberwachung sind dazu so aktenkundig zu machen, dass sie auch in einem lange nach dem Verstoß stattfindenden gerichtlichen Straf- oder Bußgeldverfahren noch zur Verfügung stehen. Es führt zum Beweismittelverlust, wenn die Ermittlungsergebnisse über lebensmittelrechtlichen Zuwiderhandlungen nicht für das Gericht nachvollziehbar schriftlich festgehalten sind. Lebensmittelkontrolleure/Veterinäre müssen zur Dokumentation der Außendiensttätigkeiten befähigt sein (§ 1 Absatz 2 Nr. 12 LKonV).

Zur Beweisführung sind Aktenvermerke und Fotodokumentationen wichtig. Der als Verteidiger eines Beschuldigten oder Betroffenen beauftragte Rechtsanwalt muss bereits bei der Akteneinsicht[1]) beurteilen können, ob mit einer Überführung seines Mandanten hinsichtlich der vorgeworfenen Verstöße aufgrund der aktenkundigen Beweissicherung zu rechnen ist. Der Lebensmittelkontrolleur/Veterinär kann anhand des Akteninhalts vor einer notwendigen gerichtlichen Zeugenaussage sein Gedächtnis auffrischen und sich als Zeuge anhand der Fotodokumentation erläutern. Häufig ist eine Zeugenaussage aber nicht mehr erforderlich, weil der Aktenvermerk der Lebensmittelkontrolleure/Veterinäre vor Gericht verlesen und aufgenommene Lichtbilder in Augenschein genommen werden können.

---

1) Zur Akteneinsicht im Straf- und Bußgeldverfahren (§ 147 StPO, ggf. in Verbindung mit § 46 Absatz 1 OWiG, § 49 OWiG) siehe Kapitel 8.

4.1 Gerichtlich verlesbare Aktenvermerke der Lebensmittelüberwachung

Protokolle sowie in einer Urkunde enthaltene Erklärungen der Strafverfolgungsbehörden bzw. Verwaltungsbehörde im Bußgeldverfahren (§ 46 Absatz 2 OWiG) über Ermittlungshandlungen können in einem gerichtlichen Straf- oder Bußgeldverfahren verlesen werden, soweit diese nicht eine Vernehmung zum Gegenstand haben (§ 256 Absatz 1 Nummer 5 StPO, ggf. in Verbindung mit § 46 Absatz 1 OWiG). Der ermittelnde Lebensmittelkontroller/Veterinär braucht dann nicht als Zeuge zu erscheinen. Der Aktenvermerk der Lebensmittelüberwachung muss daher eine so qualifizierte und für die Verfahrensbeteiligten nachvollziehbare Niederschrift enthalten, dass daraus alle wesentlichen Feststellungen zu entnehmen sind. Unzulässig ist es, be- oder entlastende Umstände in persönlichen Aufzeichnungen festzuhalten und sie nicht aktenkundig zu machen. Dies muss bis zur ersten Akteneinsicht, spätestens aber bis zur Strafanzeige an die Staatsanwaltschaft bzw. Ordnungswidrigkeiten-Anzeige an die Verwaltungsbehörde geschehen sein.

Der für ein Straf- oder Bußgeldverfahren vorgesehene Aktenvermerk der Lebensmittelüberwachung muss wesentlich mehr Darlegungen als im Verwaltungsverfahren enthalten (siehe dazu das folgende Muster am Ende des Kapitels 4).

Wichtig sind Feststellungen zu folgenden Punkten:

- **Tatort der Zuwiderhandlung**

  Die Anklage bzw. der Strafbefehl wegen einer Lebensmittelstraftat oder der Bußgeldbescheid wegen einer Ordnungswidrigkeit muss den Tatort (§ 9 StGB, § 6 OWiG) enthalten, d. h. die Betriebsräume, in denen Feststellungen getroffen wurden (z. B. Küche, Lager, Kühlraum, Herstellungs- und Behandlungsräume).

  Dazu ist eine Bezugnahme auf die einschlägigen Lichtbilder aus der Fotodokumentation[1] sehr anschaulich. Hat die Überwachung in mehreren Räumen eines größeren Betriebs stattgefunden, so ist eine tabellarische Aufzeichnung für alle Räume übersichtlich. Für die Darstellung der einzelnen Räume ist eine Kopie des Grundrisses hilfreich, der vom Bauordnungsamt auf Anforderung (§ 161 Absatz 1 Satz 1 StPO, ggf. in Verbindung mit § 46 Absatz 1 OWiG) ohne Schwierigkeiten zu bekommen ist.

---

1) Zur Fotodokumentation siehe Kapitel 4.2.

- **Tatzeit der Zuwiderhandlung**

Berichte der Lebensmittelüberwachung enthalten meist nur den Zeitpunkt der Feststellung von Zuwiderhandlungen, nicht aber den für die Strafzumessung bzw. Zumessung der Geldbuße weit wichtigeren gesamten Tatzeitraum (§ 8 StGB, § 7 OWiG).

Wenn es die Feststellungen erlauben, sollte unbedingt der Anfangszeitpunkt einer Dauerstraftat bzw. Dauerordnungswidrigkeit festgehalten werden. So führt eine nachgewiesene unzulässige Lagerung von sechs Monaten zu einer wesentlich höheren Strafe oder Geldbuße, als wenn der Lebensmittelunternehmer später unwiderlegt behaupten kann, die Einlagerung sei gerade erst vor der Kontrolle der Räume erfolgt.

- **Tatbestandsmerkmale der Straftat oder Ordnungswidrigkeit**

Eine Darstellung des Tatgeschehens in einer Anklageschrift, einem Strafbefehl oder Bußgeldbescheid ist nur möglich, wenn im Aktenvermerk der Lebensmittelüberwachung alle Tatbestandsmerkmale enthalten sind.

So genügt es etwa zu lebensmittelhygienerechtlichen Verstößen nicht, nur unhygienische Zustände darzustellen. Zum Tatbestand der Ordnungswidrigkeit nach § 10 Nummer 1 in Verbindung mit § 3 Satz 1 LMHV gehört gemäß § 2 Absatz 1 Nummer 1 LMHV[1]) auch die mögliche Beeinflussung von Lebensmitteln durch diese Zustände (siehe Muster am Ende Kapitel 11.1 und 11.3). Allgemeine Darstellungen und nur zusammenfassende Bewertungen ohne zugrunde liegende Tatsachen genügen nicht. Die Beschreibung muss so genau sein, dass sie auch in einem gerichtlichen Verfahren ohne Unterstützung des Lebensmittelkontrolleurs/Veterinärs nachvollziehbar ist. Jeder einzelnen Zuwiderhandlung muss daher die konkrete mögliche Beeinflussung von Lebensmitteln einzeln zugeordnet werden. Lebensmittelkontrolleure/Veterinäre müssen hierzu befähigt sein (§ 1 Absatz 2 Nr. 12 LKonV).Unzureichend ist daher auch das alleinige Voranstellen eines die Beeinflussungsmöglichkeit allgemein behauptenden Satzes vor der tabellenmäßigen Aufstellung der Zuwiderhandlungen gegen die VO (EG) Nummer 852/2004. Dies wird in der Vollzugspraxis nicht selten übersehen, weil die Feststellungen nur im Bußgeldverfahren, nicht aber im Verwaltungsverfahren wegen einer Zuwiderhandlung gegen Vorschriften der VO (EG) Nummer 852/2004 nicht notwendig sind.

---

1) Zum Tatbestandsmerkmal der nachteiligen Beeinflussung von Lebensmitteln siehe Kapitel 2.5

Beispiel:

Der Holzrost zwischen Spüle und Arbeitstischen ist in den Zwischenräumen schmierig, riecht faulig, an der Unterseite modrig. Ungenügend: „Verschmutzter" Holzrost oder „Unhygienischer Zustand" des Holzrosts. Kurzbeschreibungen genügen allenfalls, wenn der Zustand aus einem Lichtbild ersichtlich ist, auf das die Beschreibung verweist.

Im gerichtlichen Straf- und Bußgeldverfahren muss das Gericht aufgrund aktenkundig nachvollziehbarer Tatsachenfeststellungen <u>selbst</u> Schlussfolgerungen ziehen können.

 TIPP!

Die bloße Wiedergabe des abstrakten Gesetzeswortlauts wie „nachteilige Beeinflussung von Lebensmitteln", von **Bewertungen** wie „unhygienische Zustände" ohne **Anknüpfungstatsachen** ist daher ungenügend.

Unverständliche Abkürzungen ohne Erläuterungen oder bloße Schlussfolgerungen verhindern eine gerichtliche Tatsachenfeststellung und sind deswegen grundsätzlich zu vermeiden.

Für die Vollzugspraxis ideal wäre ein bundeseinheitliches Formular, das auf einer Datei in Form einer Tabelle beruht. Diese könnte sowohl im Strafverfahren von der Staatsanwaltschaft als auch im Bußgeldverfahren von der Verwaltungsbehörde bei der Anhörung und im Bußgeldbescheid Verwendung finden und eine erhebliche Arbeitserleichterung bewirken.

• **Straf- und Bußgeldvorschriften**

In jedem Aktenvermerk sollten alle einschlägigen Straf- und Bußgeldvorschriften einschließlich der zugehörigen verwaltungsrechtlichen Ausfüllungsvorschriften von Blanketttatbeständen und vor allem in EU-Verordnungen vollständig ausgeführt werden. Verkürzte Darstellungen wie § 60 Absatz 2 LFGB oder § 10 Nummer 1 LMHV sind zu vermeiden. Die vollständige Zitierung ermöglicht eine Selbstkontrolle der Lebensmittelüberwachung und verhindert Anzeigen an die Staatsanwaltschaft oder Bußgeldstelle von Sachverhalten, die entweder überhaupt nicht als Ordnungswidrigkeit mit Geldbuße bedroht oder bereits als Straftat der Staatsanwaltschaft anzuzeigen sind. In der Vollzugspraxis kommt es nicht selten zu unnötigen Unstimmigkeiten zwischen Lebensmittelüberwachung und Bußgeldstelle wegen des Inhalts und der Vollständigkeit von Ordnungswidrigkeitenanzeigen.

- **Beweismittel**

Es empfiehlt sich stets auch die Angabe der Beweismittel für die Anklageerhebung der Staatsanwaltschaft bzw. den Bußgeldbescheid der Verwaltungsbehörde. Hier können der Aktenvermerk selbst als Dokument, die Fotodokumentation und Angaben der angetroffenen Personen aufgeführt werden.

- **Äußerungen während der Kontrolle**

Während der Kontrolle erfolgen oft unaufgeforderte Äußerungen von Personen außerhalb einer straf- oder bußgeldrechtlichen Anhörung. Diese werden kaum festgehalten, obwohl sie oft für den Nachweis des subjektiven Tatbestands von Straftaten und Ordnungswidrigkeiten[1] außerordentlich wertvoll sind. So fallen nicht selten im Gespräch unaufgeforderte Äußerungen oder erfolgen Auskünfte aufgrund einer Befragung[2] oder eines mündlichen Auskunftsverlangens,[3] die einen Nachweis zum Kenntnisstand der Geschäftsführung erlauben.

Beispiel:

Der Leiter der Fleischabteilung eines Supermarkts äußert unaufgefordert, er habe den Geschäftsführer schon mehrfach zur Beseitigung untragbarer Zustände aufgefordert. Dieser habe aber auf schlechte finanzielle Verhältnisse hingewiesen und ihn immer wieder vertröstet. Damit ist vorsätzliches Handeln des Leiters der Fleischabteilung und des Geschäftsführers nachweisbar.

Der Lagerleiter einer Konservenfabrik erklärt auf ein mündliches Auskunftsverlangen, die Umetikettierung von Lebensmittelverpackungen sei zu einem bestimmten Zeitpunkt erfolgt. Der Betriebsleiter habe dies auf Anordnung des Geschäftsführers so verlangt. Damit ist vorsätzliches Handeln des Lagerleiters und des Betriebsleiters nachweisbar.

Wer sein eigenes Verhalten und das seiner Vorgesetzten oder Untergebenen erklären will, räumt damit auch oftmals die Verwirklichung des Tatbestands einer lebensmittelrechtlichen Straftat oder Ordnungswidrigkeit ein. Erfahrungsgemäß werden solche Angaben später nicht mehr wiederholt oder Kenntnisse bestritten.

---

1) Zum subjektiven Tatbestand von Straftaten und Ordnungswidrigkeiten siehe Kapitel 2.5.
2) Zur Befragung von Personen im Verwaltungsverfahren siehe Kapitel 3.5.
3) Zum Auskunftsverlangen an Lebensmittelunternehmer und ihre Vertreter (§ 42 Absatz 2 Satz 1 Nummer 5 LFGB) siehe Kapitel 3.6.

4 Dokumentation zur Beweissicherung

 TIPP!

Festgehaltene Äußerungen sollten möglichst als wörtliches Zitat, nicht in indirekter Rede wiedergegeben werden.

- **Angetroffene Verdächtige**

  Der Aktenvermerk sollte unbedingt darauf eingehen, **welche Personen** als mögliche Täter festgestellter lebensmittelrechtlicher Straftaten und Ordnungswidrigkeiten während der Kontrolle in den Betriebsräumen in **welcher Funktion** angetroffen wurden. Gerade dies unterbleibt in der Vollzugspraxis sehr häufig, weil diese Feststellungen für die Gefahrenabwehr und das Verwaltungsverfahren nicht notwendig sind. Auch „Strohmannverhältnisse" bei Weiterführung des Betriebs durch einen früheren Inhaber als Geschäftsführer nach einer Gewerbeuntersagung (§ 35 GewO) in Form eines angeblich untergeordneten Arbeitsverhältnisses werden so offenbar.

Beispiel:

Aus dem Handelsregister und der Gewerbeanmeldung ist die Tochter des früheren Inhabers als jetzige Inhaberin ersichtlich. Nach den Feststellungen des Lebensmittelkontrolleurs/Veterinärs vor Ort ist die Tochter dort nie anwesend, während der frühere Inhaber von den Mitarbeitern trotz seines Arbeitnehmerverhältnisses immer noch als „Chef" angesprochen wird und allein für Auskünfte zur Verfügung steht.

Die durch **Identitätsfeststellung**[1] erhobenen Personalien ersparen später der Staatsanwaltschaft bzw. Verwaltungsbehörde aufwendige Nachermittlungen zur Person und zustellungsfähiger Anschrift möglicher Täter. Nicht selten kann der spätere Einwand des angeblichen Versagens eines untergeordneten Mitarbeiters („Bauernopfer") auf diese Weise widerlegt werden.

Beispiel:

Der von Angestellten herbeigerufene Geschäftsführer erklärt, die beanstandete fehlende Trennung von nicht verkehrsfähigen Lebensmitteln sei ihm bekannt, er halte sie auch für völlig ausreichend. Der Lebensmittelkontrolleur/Veterinär hält Personalien und Äußerung im Prüfungsbericht fest. Die spätere Berufung vor Gericht auf die bisher unbekannte Unfähigkeit des zuständigen Mitarbeiters und das Bestreiten eigenen vorsätzlichen Handelns ist damit abgeschnitten.

---

1) Zur Identitätsfeststellung (§ 163b StPO ggf. in Verbindung mit § 46 Absatz 1 OWiG) siehe Kapitel 3.10.

Unbrauchbar ist die Feststellung, jemand habe sich als „**Verantwortlicher** zu erkennen gegeben". Ein Straf- oder Bußgeldverfahren richtet sich nur gegen Personen, die den Tatbestand einer Straftat oder Ordnungswidrigkeit zur Tatzeit verwirklicht haben, als Täter. Wer dagegen zum Kontrollzeitpunkt als Handlungs- oder Zustandsstörer und damit als Adressat von Maßnahmen der Gefahrenabwehr in Betracht kommt, ist ohne Bedeutung.

• **Angetroffene Zeugen**

Zeugen sind Personen, die sachdienliche Wahrnehmungen gemacht, aber nicht selbst den Tatbestand von Straftaten oder Ordnungswidrigkeiten verwirklicht haben. Auch auf diese sollte der Aktenvermerk eingehen.

Beispiel:

Mitarbeiter, die Angaben dazu machen können, wie lange ein unzulässiger Zustand bereits andauert, welche rechtswidrigen Weisungen welche Vorgesetzten erteilt oder welche Bedenken sie selbst welchem Vorgesetzten gegenüber vorgetragen haben.

 TIPP!

Ergibt sich die Person eines solchen Zeugen während der Überwachung, sollte sofort eine Identitätsfeststellung (§ 163b Absatz 2 StPO ggf. in Verbindung mit § 46 Absatz 1 OWiG) durchgeführt und der Zeuge mit Namen und zustellungsfähiger Anschrift festgehalten werden.[1])

Zeugen können später von der Staatsanwaltschaft im strafrechtlichen Ermittlungsverfahren oder im Bußgeldverfahren von der Verwaltungsbehörde vorgeladen werden. Sie sind zum Erscheinen und zur Aussage verpflichtet (§ 161a Absatz 1 Satz 1 StPO, ggf. in Verbindung mit § 46 Absatz 1 OWiG). Sie können aber auch sofort an Ort und Stelle mündlich angehört werden. Die gesetzliche Aussagepflicht gilt auch dann. Befürchtete Konsequenzen für einen Beschäftigten seitens des Arbeitgebers führen nicht zu einem Zeugnisverweigerungsrecht. Dagegen stünde dem Zeugen das arbeitsgerichtliche Verfahren zur Verfügung. Die Angaben eines Zeugen können vorläufig aufgezeichnet (§ 168a StPO, ggf. in Verbindung mit § 46 Absatz 1 OWiG) und anschließend in den Aktenvermerk übernommen werden. Ein möglicher Verlust des Arbeitsplatzes ist kein gesetzlicher Grund, von Beweissicherungsmaßnahmen Abstand zu nehmen.

---

1) Zur Identitätsfeststellung (§ 163b StPO ggf. in Verbindung mit § 46 Absatz 1 OWiG) siehe Kapitel 3.10.

Abschließend empfiehlt sich eine Bestätigung der Übereinstimmung zwischen der vorläufigen Aufzeichnung und dem endgültigen unterzeichneten Aktenvermerk (siehe Ordnungswidrigkeitenanzeige Muster Ende Kapitel 4): „Für die Richtigkeit der Aufzeichnung und Übertragung und zur gerichtlichen Verlesung in einem Straf- oder Bußgeldverfahren gemäß § 256 Absatz 1 Nummer 5 StPO in Verbindung mit § 46 Absatz 1 OWiG".

Der Aktenvermerk dient im Bußgeldverfahren nur zur Verfolgung lebensmittelrechtlicher Ordnungswidrigkeiten und könnte daher mit „**Ordnungswidrigkeiten-Anzeige**" überschrieben werden (vgl. Muster Ende Kapitel 4). Er ist nicht mit dem verwaltungsrechtlichen „**Mängelbericht**" zu verwechseln, der dem Lebensmittelunternehmer oder seinem Beauftragten gegen Unterschrift ausgehändigt wird. Auch die Begutachtung durch die Sachverständigen im Bereich der Bundeswehr (Nrn. 33, 37 DBBwLFGB) ersetzt eine Ordnungswidrigkeiten-Anzeige nicht und ist mit dem Mängelbericht der zivilen Lebensmittelüberwachung vergleichbar.

Die Ordnungswidrigkeiten-Anzeige ist ein internes, ausschließlich für die Verwaltung derselben Behörde zur Einleitung oder weiteren Durchführung des Bußgeldverfahrens bestimmtes Dokument. Es ist deswegen vom Betroffenen weder zu unterschreiben noch ihm – auch nur als Ausdruck oder Durchschrift – auszuhändigen. Die Bußgeldstelle sollte jede Ordnungswidrigkeitenanzeige sofort auf Vollständigkeit überprüfen und ggf. auf eine unverzügliche Ergänzung durch die Lebensmittelüberwachung hinwirken. Diese ist nur jetzt noch möglich, solange der festgestellte Sachverhalt noch frisch im Gedächtnis und noch nicht verblasst ist. Im gerichtlichen Verfahren sind nicht aktenkundige Feststellungen kaum noch aus der Erinnerung nachholbar.

4.2 Lichtbilder von Hygieneverstößen

Die Aufnahme einer Fotodokumentation[1]) dient als sogenanntes Augenscheinsobjekt zur Darstellung nicht verkehrsfähiger Lebensmittel, des Zustandes von Räumen, Einrichtungen, Transportmitteln und lebensmittelrechtlicher Hygieneverstöße. Ihre Wirkung in einem gerichtlichen Straf- oder Bußgeldverfahren kann nicht hoch genug eingeschätzt werden, da auch ein ausführlicher Aktenvermerk der Lebensmittelüberwachung allein das Ausmaß von Zuwiderhandlungen nicht annähernd so drastisch zeigen kann. Dies gilt vor allem für ekelerregende Zustände. Daher ist eine Verbindung beider Beweismittel in der Form empfehlenswert, dass die tabellarische Aufzeichnung des Aktenvermerks bei jeder Einzelfeststel-

---

1) Zur Aufnahme einer Fotodokumentation zur Beweissicherung siehe Kapitel 3.5.

lung auf ein oder mehrere dazugehörige Fotos ergänzend Bezug nimmt (siehe Muster eines Aktenvermerks Ende Kapitel 4). Die Erfahrung zeigt, dass betroffene Lebensmittelunternehmer in späteren gerichtlichen Verfahren in ihrer Darstellung stark herunterspielen sowie eigene Fotodokumentationen zu ihrer Entlastung vorlegen und dabei im Gegensatz zur Lebensmittelüberwachung nicht an die wahrheitsgemäße Darstellung der bei der Kontrolle festgestellten Zustände gebunden sind. Lebensmittelkontrolleure/Veterinäre müssen zur Dokumentation solcher Außendiensttätigkeiten befähigt sein (§ 1 Absatz 2 Nr. 12 LKonV).

Die Fotodokumentation sollte ggf. mit Übersichtsaufnahmen der betreffenden Räume beginnen, in denen Lebensmittel gelagert, hergestellt oder behandelt bzw. Tiere gehalten oder verarbeitet werden. Bei größeren Unternehmen können die zu einem Raum gehörenden Fotos sehr anschaulich mit einer Zuordnung eines Übersichtsplans verbunden werden, der am einfachsten dem bei der Bauaufsichtsbehörde vorhandenen Grundrissplan zu entnehmen ist. Im Hinblick auf die absehbare Ablösung der papiergeführten Akten durch die Einführung der elektronischen Aktenführung im Bußgeldverfahren (vgl. § 110b OWiG) sollten nur digitale Kameras verwendet werden. Auch digitale Videosequenzen mit Verweis auf die entsprechende Datei in der Akte sind ohne Weiteres möglich. Entwicklungsbedürftige Filme sollten als technisch überholt keine Verwendung mehr finden. Für die aktenkundige Fotodokumentation ist nicht jede Aufnahme erforderlich, vielmehr kann eine Auswahl der jeweils besten Aufnahmen in den Ausdruck des Aktenvermerks der Lebensmittelüberwachung einfließen. Dabei steht auch Ausschnittvergrößerungen und Einfügungen von Hinweispfeilen durch eine Bildbearbeitung nichts entgegen. Jede sonstige Art von verändernden Bearbeitungen, etwa Farbveränderungen dargestellter Lebensmittel oder Räume müssen im Interesse der Glaubwürdigkeit der Beweisführung selbstverständlich unterbleiben. Bildbearbeitungen z. B. zur Aufhellung eines wegen der Lichtverhältnisse am Tatort zu dunklen Fotos dürfen nur dann erfolgen, wenn in den Akten ausdrücklich darauf hingewiesen wird. Grundsätzlich sollte dann das bearbeitete neben dem originalen Foto abgebildet sein.

Eine eingeblendete Bestätigung von Datum und Uhrzeit der Aufnahme sowie der Bestätigung der unveränderten Echtheit in den Akten ist nicht notwendig, aber nicht selten zu beobachten. Datum und Uhrzeit sind vor allem bei verschiedenen Kontrolltagen hilfreich, wenn mit den Aufnahmen Zustand und ggf. Veränderung von Räumen, Einrichtungen, Geräten und Lebensmitteln über einen gewissen Zeitraum dargestellt werden sollen. Für eine Bestätigung der Echtheit der Aufnahmen bietet sich eine Äußerung im dazugehörigen Aktenvermerk mit folgendem Wortlaut an: „Die

Lichtbilder wurden während der Kontrolle digital aufgezeichnet, unverändert gespeichert und ausgedruckt." (vgl. Muster Ende Kapitel 4). Eine Fotodokumentation muss möglichst umgehend zu den Akten gelangen. Mit der Möglichkeit digitaler Aufnahmen gibt es auch keinen Grund mehr für die gelegentliche frühere Entschuldigung, die Filme seien zur Zeit der Akteneinsicht noch nicht entwickelt gewesen und hätten daher erst im gerichtlichen Verfahren vom Lebensmittelkontrolleur/Veterinär als Zeugen vorgelegt werden können. Nachdem der Aktenvermerk der Lebensmittelüberwachung im gerichtlichen Straf- und Bußgeldverfahren verlesbar ist (§ 256 Absatz 1 Nummer 5 StPO ggf. in Verbindung mit § 46 Absatz 1 OWiG),[1]) würden solche Aufnahmen mangels Ladung des Lebensmittelkontrolleurs/Veterinärs als Zeugen auch keinen Eingang mehr in die Beweisführung finden.

---

1) Zur Verlesbarkeit eines Aktenvermerks der Lebensmittelüberwachung im Straf- und Bußgeldverfahren siehe Kapitel 4.1.

**Aktenvermerk für die Verwaltungsbehörde über bußgeldrechtliche
Feststellungen der Lebensmittelüberwachung**

Landratsamt Neukirchen   Neukirchen, 12.08.2011

Lebensmittelüberwachung
Sg. 30 Lü 3

Vollzug des Lebensmittelund Futtermittelgesetzbuches (LFGB)
Gaststättenküche „Werdenfelser Hof", Goethestraße 15, 88888 Neukirchen

Zentrale Bußgeldstelle
im Hause

Ordnungswidrigkeitenanzeige

Bei einer nicht angekündigten Kontrolle am 11.08.2011 gegen 16.00 Uhr wurde in
den Betriebsräumen des Lebensmittel verarbeitenden Betriebs festgestellt, dass
der gesamte Küchenbereich nicht ausreichend gereinigt war.

Angetroffen wurde der Koch Klaus Berger, geb.10.6.1964 in Linz, wohnhaft Rosen-
straße 17, 88888 Neukirchen. Er erklärte unaufgefordert: „Ich habe den Chef
(gemeint ist Inhaber Dieter Frank) seit einem halben Jahr immer wieder auf die
notwendige Grundreinigung hingewiesen. Er hat das aber immer abgelehnt und auf
die angespannte wirtschaftliche Lage des Betriebs hingewiesen. Ich soll froh sein,
dass ich einen Arbeitsplatz habe." Auf Frage nach Schulungsmaßnahmen äußerte
er: „So etwas hat es hier noch nie gegeben." Die Personalien des nicht anwesenden
Inhabers wurden über die Gewerbeanmeldung erhoben: Dieter Frank, geb.
13.7.1954 in Mannheim, wohnhaft Leibnizstraße 12, 88882 Altstein.

Mangel Lfd. Nummer Küchenraum Nummer	**Mängelbeschreibung**	**Lichtbild Ort: Lfd.**
01	a) Feststellung bei der Kontrolle	
	Unter der Spüle befanden sich Reste von Salat und Gemüse mit zahlreichen Anfaulungen.	01 – 03
	b) Nachteilige Beeinflussungsmöglichkeit von Lebensmitteln	
	Unmittelbar neben der Spüle gelagertes Frischgemüse konnte durch Mikroorganismen verunreinigt werden.	

4 Dokumentation zur Beweissicherung

Mangel Lfd. Nummer Küchenraum Nummer	Mängelbeschreibung	Lichtbild Ort: Lfd.
02	a) Feststellung bei der Kontrolle	
	Der Holzrost zwischen Spüle und Arbeitstischen ist in den Zwischenräumen durch Altöle schmierig, riecht faulig, ist an der Unterseite modrig.	04
	b) Nachteilige Beeinflussungsmöglichkeit von Lebensmitteln	
	Auf dem Holzrost bearbeitetes Frischgemüse konnte mit alten Lebensmittelresten, insbesondere Altölen in Berührung kommen.	
...		
15	a) Feststellung bei der Kontrolle	
	Gläserschrank/Thekenbereich: Die Gläser sind zum Teil unsauber gespült, verstaubt oder weisen frühere Benutzungsspuren auf.	16
	b) Nachteilige Beeinflussungsmöglichkeit von Lebensmitteln	
	Rückstände von früherer Verwendung der Gläser und Staub können in neu eingefüllte Getränke gelangen.	
16	a) Feststellung bei der Kontrolle	
	Geschirrspüle: Die Geschirrkörbe sind teilweise verrostet, der Schutzbelag löst sich ab.	17
	b) Nachteilige Beeinflussungsmöglichkeit von Lebensmitteln	
	Rost und ablösender Schutzbelag können bei Wiederverwendung von gereinigtem Geschirr mit Lebensmitteln in unmittelbare Berührung kommen.	

Ordnungswidrig handelt, wer

vorsätzlich entgegen § 3 Satz 1 Lebensmittel-Hygieneverordnung Lebensmittel behandelt. Lebensmittel dürfen nur so hergestellt, behandelt oder in Verkehr gebracht werden, dass sie bei Beachtung der im Verkehr erforderlichen Sorgfalt der Gefahr einer nachteiligen Beeinflussung (§ 2 Absatz 1 Nummer 1 LMHV) nicht ausgesetzt sind (§ 3 Satz 1 LMHV). Im Übrigen gelten die Begriffsbestimmungen des Artikels 2 Absatz 1 der VO (EG) Nummer 852/2004 des Europäischen Parlaments und des Rats vom 29. April 2004 über Lebensmittelhygiene (Abl. EU Nummer L 139 S. 1, Nummer L 226 S. 3) entsprechend (§ 2 Absatz 2 Nummer 1 LMHV).

Verletzte Bußgeldvorschriften

§ 10 Nummer 1 Lebensmittel-Hygieneverordnung (LMHV) vom 08. August 2007 (BGBl. I S. 1816).

Beweismittel:

a) Angaben bei der mündlichen Anhörung vom 11.08.2011
b) Ermittlungsbericht der Lebensmittelüberwachung vom 11.08.2011
c) Lichtbilder vom 11.08.2011 über den Zustand der Betriebsräume

Die Lichtbilder wurden während der Kontrolle digital aufgezeichnet, unverändert gespeichert und ausgedruckt.

Für die Richtigkeit der Aufzeichnung und Übertragung und zur gerichtlichen Verlesung in einem Straf- oder Bußgeldverfahren gemäß § 256 Absatz 1 Nummer 5 StPO in Verbindung mit § 46 Absatz 1 OWiG:

Neundorf,
Lebensmittelkontrolleurin

5 Verfahren beim Verdacht von Straftaten

Der Lebensmittelkontrolleur/Veterinär ist als Bediensteter der Verwaltungsbehörde (§ 35 OWiG) nur beim Verdacht von Ordnungswidrigkeiten zur Einleitung eines Bußgeldverfahrens durch interne Aufgabenzuweisung stets zuständig. Für den Bereich lebensmittelrechtlicher Straftaten besteht dagegen keine einheitliche Zuständigkeit. Für den Bereich der Bundeswehr ist die Zuständigkeit für die Verfolgung und Ahndung von Ordnungswidrigkeiten der Wehrbereichsverwaltung (WBV) zugewiesen.[1)]

5.1 Zuständigkeitsfeld des Lebensmittelkontrolleurs/ Veterinärs

Der Lebensmittelkontrolleur/Veterinär kann abgesehen von seinen präventiven Aufgaben zur Gefahrenabwehr im Interesse der Letztverbraucher auch repressive Aufgaben zur Verfolgung lebensmittelrechtlicher Straftaten und Ordnungswidrigkeiten besitzen.[2)] Während die Aufgaben bei der Lebensmittelüberwachung gesetzlich zugewiesen sind, entscheidet der Behördenleiter oder der von ihm beauftragte Amts- bzw. Sachgebietsleiter im Rahmen seiner Organisationshoheit, ob und inwieweit eine interne Zuständigkeit zur Verfolgung von Ordnungswidrigkeiten zugewiesen wird. Dies ist meist zur Erteilung von Verwarnungen mit Verwarnungsgeld (§ 56 OWiG) und Einleitung von Bußgeldverfahren (§ 47 Absatz 1 Satz 1 OWiG) der Fall. Im Bereich lebensmittelrechtlicher Straftaten hat der Behördenleiter dagegen keine Entscheidungsbefugnis über die Zuständigkeit eines Lebensmittelkontrolleurs/Veterinärs zur Einleitung von Strafverfahren. Vielmehr legt jedes Bundesland selbst in der auf § 152 Absatz 2 Satz 1 GVG beruhenden landesrechtlichen Ausführungsverordnung fest, ob der Lebensmittelkontrolleur/Veterinär Ermittlungsperson der Staatsanwaltschaft mit entsprechenden Befugnissen zur Einleitung von strafrechtlichen Ermittlungsverfahren und Beweissicherung ist.

---

1) Verordnung über die Zuständigkeit des Bundesamtes für Wehrverwaltung und der Wehrbereichsverwaltungen für die Verfolgung und Ahndung von Ordnungswidrigkeiten nach dem Lebensmittel- und Futtermittelgesetzbuch und dem Tierschutzgesetz vom 12. September 2006 (BGBl. I S. 2135).

2) Zur Abgrenzung der präventiven Aufgaben zur Gefahrenabwehr und der repressiven Aufgaben im Straf- und Bußgeldverfahren siehe auch Kapitel 1.2.

Dies führt zu für den Verbraucherschutz kaum nachvollziehbaren regionalen Unterschieden.

*   **Lebensmittelkontrolleur/Veterinär ohne Befugnisse als Ermittlungsperson**

    Weist eine landesrechtliche Ausführungsverordnung zu § 152 Absatz 2 Satz 1 GVG den Lebensmittelkontrolleur/Veterinär nicht ausdrücklich als Ermittlungsperson der Staatsanwaltschaft aus, so hat dieser nur die Befugnis zur Einleitung von Bußgeldverfahren wegen Ordnungswidrigkeiten, nicht aber zur Einleitung von Strafverfahren wegen lebensmittelrechtlicher oder anderer Straftaten.

    Beim Anfangsverdacht einer Straftat bleibt ihm daher keine andere Möglichkeit als die Benachrichtigung der nächsten Polizeidienststelle mit der Bitte um Aufnahme von Ermittlungen zur Beweissicherung. Diese ist dazu nicht nur befugt, sondern auch verpflichtet (§ 163 Absatz 1 StPO). Ein Weisungsrecht des Lebensmittelkontrolleurs/Veterinärs gegenüber Polizeibeamten bei der Strafverfolgung besteht nicht. Eigene Maßnahmen sind ihm nur im Bereich der Gefahrenabwehr, nicht aber zur Aufklärung von Straftaten erlaubt.

    Leitet der Lebensmittelkontrolleur/Veterinär ein Bußgeldverfahren ein (§ 47 Absatz 1 Satz 1 OWiG), obwohl der klare Anfangsverdacht einer Straftat besteht, kann er sich der Strafvereitelung (§ 258 Absatz 1 StGB) schuldig machen. Bei Mischtatbeständen[1]) nach § 59/§ 60 Absatz 1 LFGB und entsprechender Rechtsverordnungen (z. B. § 10 LMKV, § 23/§ 24 Tier-LMHV) darf kein Bußgeldverfahren wegen einer fahrlässigen Ordnungswidrigkeit eingeleitet oder gar eine Verwarnung mit Verwarnungsgeld (§ 56 OWiG)[2]) angeboten werden, wenn vorsätzliches Handeln des Lebensmittelunternehmers wegen eines Wiederholungsfalles oder seiner eigenen Angaben offenkundig ist. Die Ermittlungen können aber wegen mit einer Straftat zusammenhängender Ordnungswidrigkeiten aufgenommen werden, wenn nachträglich auch Strafanzeige erfolgt und die Strafverfolgung dadurch gesichert ist.

*   **Lebensmittelkontrolleur/Veterinär als Ermittlungsperson der Staatsanwaltschaft**

    Enthält die Ausführungsverordnung eines Bundeslandes zu § 152 Absatz 2 Satz 1 GVG den Lebensmittelkontrolleur/Veterinär als Ermittlungsperson der Staatsanwaltschaft, so ist er sowohl zur Einleitung

---

1) Zu „Mischtatbeständen" nach § 59/§ 60 Absatz 1 LFGB siehe Kapitel 2.2.
2) Zur Erteilung einer Verwarnung mit Verwarnungsgeld (§ 56 OWiG) siehe Kapitel 6.

strafrechtlicher Ermittlungsverfahren als auch zur Aufklärung des wahren Sachverhalts durch strafprozessuale Maßnahmen der Beweissicherung befugt. Er ist aber kein Polizeibeamter im Sinne des § 163 StPO. Dies muss auch gelten, wenn er als Polizeibeamter zur Lebensmittelüberwachung abgeordnet ist.[1]) Lebensmittelkontrolleure/Veterinäre müssen zu Ermittlungen zur Anzeige von Straftaten befähigt sein (§ 1 Absatz 2 Nummer 10 LKonV). Die Einstellung eines eingeleiteten strafrechtlichen Ermittlungsverfahrens – auch wegen Geringfügigkeit – ist in jedem Fall der Staatsanwaltschaft zugewiesen und steht dem Lebensmittelkontrolleur/Veterinär nicht zu.[2])

Eine ausdrückliche gesetzliche Bestimmung über die Einbindung des Lebensmittelkontrolleurs/Veterinärs in die Organisation einer Behörde, insbesondere einer Ordnungs- oder Kreisverwaltungsbehörde ist bisher nicht ersichtlich. Man wird daher davon auszugehen haben, dass ein Lebensmittelkontrolleur/Veterinär mit den Befugnissen als Ermittlungsperson der Staatsanwaltschaft in zwei gleichzeitigen Beziehungen steht.

- **Hauptamt als Bediensteter der Verwaltungsbehörde**

Jeder Lebensmittelkontrolleur/Veterinär ist zunächst Bediensteter einer Landesbehörde oder Kommune.

Dieses Hauptamt umfasst den Bereich der Gefahrenabwehr und der Verfolgung lebensmittelrechtlicher Ordnungswidrigkeiten, nicht aber die Verfolgung lebensmittelrechtlicher Straftaten. Demzufolge kann der Behördenleiter oder der unmittelbare Dienstvorgesetzte dem Lebensmittelkontrolleur/Veterinär Weisungen erteilen. Dies umfasst auch die Ermessensausübung, ein Bußgeldverfahren einzuleiten (§ 47 Absatz 1 Satz 1 OWiG) oder die Einleitung zu unterlassen.

---

1) So z. B. der frühere Wirtschaftskontrolldienst (WKD) in Baden-Württemberg.

2) Einstellung eines strafrechtlichen Ermittlungsverfahrens durch die Staatsanwaltschaft mangels Tatverdachts (§ 170 Absatz 2 StPO), geringen Verschuldens (§ 153 Absatz 1 StPO) oder zur Ausräumung des öffentlichen Interesses an der Strafverfolgung (§ 153a Absatz 1 StPO) siehe Kapitel 5.6.

Einbindung des Lebensmittelkontrolleurs/Veterinärs in die Verwaltungsbehörde

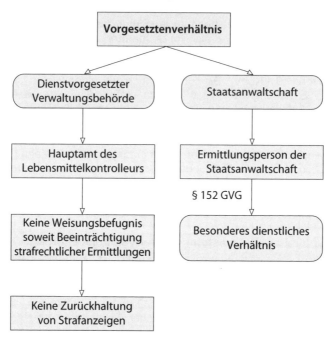

- **Besonderes dienstliches Verhältnis zur Staatsanwaltschaft**

  Die zusätzliche Stellung als Ermittlungsperson der Staatsanwaltschaft (§ 152 Absatz 2 Satz 1 GVG) verschafft dem Lebensmittelkontrolleur/ Veterinär ein weiteres besonderes und unmittelbares Dienstverhältnis zur Staatsanwaltschaft. Insoweit haben der Behördenleiter und der Dienstvorgesetzte der Anstellungsbehörde kein Weisungsrecht zur Einleitung und Gestaltung einer strafrechtlichen Ermittlungsverfahrens. Dies gilt insbesondere für die Unterlassung der Strafverfolgung. Strafanzeigen der Lebensmittelüberwachung dürfen daher nicht zurückgehalten werden. Weisungen zur Durchführung strafrechtlicher Ermittlungen stehen dagegen der Staatsanwaltschaft zu.

Wünschenswert wäre eine noch konkretere gesetzliche Festlegung des Zuständigkeitsfeldes von Lebensmittelkontrolleuren/Veterinären über den Begriff der Ermittlungsperson der Staatsanwaltschaft in § 152 Absatz 2 Satz 1 GVG hinaus.

5.2 Anzeigepflicht der Lebensmittelüberwachung?

Eine in der Vollzugspraxis der Lebensmittelkontrolleure/Veterinäre immer wieder kontrovers beurteilte Problematik ist die Frage nach einer Anzeigepflicht beim Anfangsverdacht einer Straftat und der Konsequenz einer möglichen Strafbarkeit wegen Strafvereitelung nach § 258 StGB.

Im Gegensatz zum Ordnungswidrigkeitenrecht gilt im Strafrecht nicht das Opportunitäts- oder Zweckmäßigkeitsprinzip, sondern das Legalitätsprinzip mit Verfolgungszwang. Während die Verwaltungsbehörde beim Anfangsverdacht einer Ordnungswidrigkeit nach der Gebotenheit der Ahndung ein Entschließungsermessen über deren Verfolgung und Ahndung besitzt (§ 47 Absatz 1 OWiG), unterliegt die Staatsanwaltschaft dem gesetzlichen Verfolgungszwang wegen jeder Straftat (§ 160 Absatz 1 StPO). Das Opportunitätsprinzip kommt aber insoweit zur Anwendung, als die Staatsanwaltschaft ein eingeleitetes Strafverfahren wegen geringen Verschuldens (§ 153 Absatz 1 StPO) folgenlos oder wegen fehlenden öffentlichen Interesses an der Strafverfolgung gegen Auflagen oder Weisungen (§ 153a Absatz 1 StPO) wieder einstellen kann.

Ein strikter Verfolgungszwang gilt für **Polizeibeamte.** Die Behörden und Beamten des Polizeidienstes haben nach § 163 Absatz 1 Satz 1 StPO Straftaten zu erforschen und alle keinen Aufschub gestattenden Anordnungen zu treffen, um die Verdunkelung der Sache zu verhüten. Der Lebensmittelkontrolleur/Veterinär ist aber definitiv kein Polizeibeamter, sondern bei entsprechender Aufführung in einer landesrechtlichen Verordnung zu § 152 Absatz 2 GVG **Ermittlungsperson der Staatsanwaltschaft.** Eine ausdrückliche Vorschrift über einen Verfolgungszwang oder ein Einleitungsermessen besteht nicht. Die strafrechtliche Literatur ist nahezu einhellig der zutreffenden Auffassung, dass ein Verfolgungszwang für Ermittlungspersonen der Staatsanwaltschaft aller Art grundsätzlich nicht besteht. Damit kann auch keine Strafbarkeit wegen Strafvereitelung gemäß § 258 StGB bestehen, es sei denn, der Lebensmittelkontrolleur/ Veterinär kommt einer konkreten Weisung oder einem Ermittlungsauftrag der Staatsanwaltschaft in einem bereits eingeleiteten strafrechtlichen Ermittlungsverfahren entgegen § 152 Absatz 1 GVG nicht nach.

Aus Sicht der Lebensmittelüberwachung wäre es wünschenswert, diese Grundsätze auch gesetzlich klarzustellen. Die Ableitung einer fehlenden Anzeigepflicht aus dem Umkehrschluss zum Polizeibeamten kann für die Vollzugspraxis nicht befriedigen. Bestehen in einem Bundesland wegen fehlender gesetzlicher Bestimmungen Verwaltungsrichtlinien über eine Anzeigepflicht in bestimmten Fällen strafbaren Verhaltens z. B. erheblichen Ausmaßes der Zuwiderhandlung, Wiederholungsfällen oder besonderen Gewinnstreben, so sind diese für die Lebensmittelüberwachung verbindlich und können bei Verletzung den Vorwurf der Strafvereitelung (§ 258 StGB) begründen.

5.3 Anzeigeerstattung durch die Lebensmittelüberwachung

Soweit ersichtlich bestehen für die Strafanzeige der Lebensmittelüberwachung weder gesetzliche Bestimmungen noch Ausführungsbestimmungen oder Verwaltungsrichtlinien. Da die Strafanzeige in dem besonderen Dienstverhältnis zwischen Lebensmittelkontrolleur/Veterinär und Staatsanwaltschaft erstattet wird, richtet sich der Lebensmittelkontrolleur/Veterinär als Ermittlungsperson der Staatsanwaltschaft (§ 152 Absatz 2 Satz 1 GVG) unmittelbar an die Staatsanwaltschaft als Strafverfolgungsbehörde. Nur die Staatsanwaltschaft kann abweichend davon bestimmen, Anzeigen verfahrensunabhängig zunächst an die Polizei zu weiteren Ermittlungen zu richten.

Strafanzeigepflicht des Lebensmittelkontrolleurs/Veterinärs?

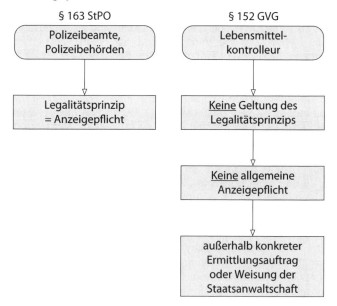

Es handelt sich also nicht um eine Strafanzeige des Behördenleiters. Verfehlt ist auch die Anzeigeerstattung von Straftaten an eine zentrale Bußgeldstelle der Behörde zur weiteren Entscheidung[1]) nach dem Vorbild der Ordnungswidrigkeiten-Anzeige. Die Behörde erhält von der unmittelbaren Strafanzeige der Lebensmittelüberwachung aber eine Ausfertigung für verwaltungsrechtliche Zwecke der Gefahrenabwehr.

Anzeige des Lebensmittelkontrolleurs/Veterinärs

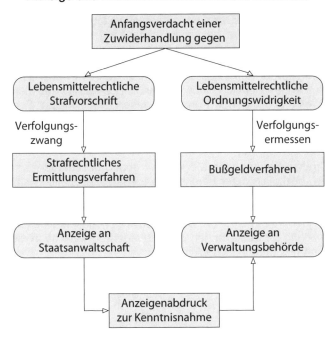

Für die Lebensmittelüberwachung der Bundeswehr besteht eine Anzeigeerstattungspflicht durch die Wehrbereichsverwaltung (WBV) beim Verdacht auf eine Straftat (Nummer 21 Absatz 1 DBBwLFGB), die nicht auf lebensmittelrechtliche Straftatbestände beschränkt ist. Diese Bestimmung wird so zu verstehen sein, dass ein Anfangsverdacht im Sinne des § 152 StPO durch tatsächliche Anhaltspunkte, nicht nur Vermutungen bestehen muss.

---

1) Die Abgabe der Verwaltungsbehörde nach § 41 Absatz 1 OWiG beim Verdacht einer Straftat betrifft nur den Fall von Anhaltspunkten für eine Straftat, die erst nach Einleitung des Bußgeldverfahrens erkannt werden (vgl. Kapitel 5.5).

Die Strafanzeige sollte an die für den Dienstort der Lebensmittelüberwachung nach dem Tatort zuständige Staatsanwaltschaft erstattet werden, auch wenn sich der Hauptsitz des Lebensmittelunternehmers im Bezirk einer anderen Staatsanwaltschaft befindet. Die Strafverfolgungsbehörden können dann in ihrer Zuständigkeit über die weitere Durchführung des strafrechtlichen Ermittlungsverfahrens entscheiden. Ein bei einer Staatsanwaltschaft zentral geführtes Sammelverfahren findet dann statt, wenn sich Straftaten im Bereich mehrerer Staatsanwaltschaften auswirken. Ist der Lebensmittelüberwachung z. B. aufgrund einer Mitteilung nach § 42 Absatz 5 LFGB bekannt, dass eine Staatsanwaltschaft bereits ein Ermittlungsverfahren eingeleitet hat, sollte hierauf bei der Strafanzeige unter Nennung des Aktenzeichens hingewiesen werden.

Amtliche Muster für den Inhalt der Strafanzeige in Verwaltungsrichtlinien bestehen soweit ersichtlich nicht. Der inhaltliche Aufbau des dienstlichen Musters sollte auf folgende Punkte eingehen (siehe Muster Ende Kapitel 5.3):

- **Angezeigte Person(en)**

  Die Strafanzeige ist nach Möglichkeit gegen bestimmte Personen zu richten, bezüglich derer bereits eine Identitätsfeststellung stattgefunden hat (§ 163b Absatz 1 StPO).[1] Zur Weiterführung der Ermittlungen sind der vollständige Name einschließlich Geburtsnamen oder früherer Name, Geburtstag und -ort, ggf. Staatsangehörigkeit hilfreich. Besonders wichtig für Zustellungen im Strafverfahren wäre auch die Privatanschrift des mutmaßlichen Täters.

  Hat die Anzeige Lebensmittelstraftaten in einem mittleren oder größeren Unternehmen zum Gegenstand, muss sie auf diejenigen Personen eingehen, die im Sinne des § 14 StGB für das Unternehmen gehandelt haben. Darzustellen sind also die Funktion der Verdächtigen, z. B. als zuständiger Geschäftsführer, Betriebs-, Niederlassungs-, Filial- oder Abteilungsleiter. Auch der Lebensmittelüberwachung bekannte „Strohmannverhältnisse" unter Angabe der diese Annahme stützenden Tatsachen sind wichtig, um sowohl den „Strohmann" als auch den hinter ihm stehenden wirklichen Lebensmittelunternehmer verfolgen zu können. Ist eine Zuordnung festgestellter Straftaten zu bestimmten Personen noch nicht möglich, richtet sich die Anzeige noch „gegen Unbekannt", indem noch nicht näher ermittelte „Verantwortliche der Firma …" beschuldigt werden.

---

1) Zur Identitätsfeststellung von Verdächtigen (§ 163b Absatz 1 StPO) siehe Kapitel 3.10.

TIPP!

Nicht sinnvoll ist eine Strafanzeige gegen ein Unternehmen selbst. Personengesellschaften und juristische Personen können keine Straftatbestände verwirklichen.

Im Gegensatz zum Verwaltungsrecht gilt im Strafrecht nicht das Störer-, sondern das Täterprinzip. Eine zentrale Aufgabe des strafrechtlichen Ermittlungsverfahrens ist die Aufklärung, welcher mutmaßliche Täter welchen Straftatbestand verwirklicht hat.

- **Bisherige Ermittlungen der Lebensmittelüberwachung**

  Mittelpunkt der Anzeige sind die bisherigen Ermittlungen der Lebensmittelüberwachung im Verwaltungsverfahren, aus denen sich der Anfangsverdacht einer Straftat ergibt. Die getroffenen Maßnahmen sollten dabei konkret mit der einschlägigen Rechtsgrundlage aus §§ 41 bis 43 LFGB unter jeweiliger Bezugnahme auf die beigefügten Anlagen dargelegt werden. Die entsprechenden Aktenvorgänge sind zur Entscheidungsbildung der Staatsanwaltschaft mit vorzulegen, wobei Kopien oder Ausdrucke aus den Verwaltungsakten genügen und die Originalakten bei der Behörde verbleiben. Da im Strafverfahren die Schriftform und nicht die elektronische Aktenführung maßgeblich ist, müssen auch digital erstellte Fotodokumentationen[1] im Ausdruck übersendet werden, sofern die Staatsanwaltschaft wegen eigener technischer Möglichkeiten nicht ausdrücklich darauf verzichtet. Die Beilage einer CD-ROM kann sonst nur zusätzlich erfolgen.

- **Anhaltspunkte für eine Straftat**

  Die Anzeige kann weiter darauf eingehen, aus welchen Anhaltspunkten die Lebensmittelüberwachung auf eine lebensmittelrechtliche Straftat schließt. Hier sollte der betreffende Straftatbestand des § 58 f. LFGB bzw. der einschlägigen Rechtsverordnungen einschließlich der verwaltungsrechtlichen Ausfüllungsvorschriften genau zitiert sein.[2] Beim Verdacht allgemeiner Straftaten sollte zumindest nicht auf einen Hinweis verzichtet werden. Dies sind insbesondere die Tatbestände des Betrugs (§ 263 StGB) gegenüber den Letztverbrauchern beim Inverkehrbringen nicht verkehrsfähiger Lebensmittel unter Verschweigen dieser Umstände und die Urkundenfälschung (§ 267 StGB) beim Umetikettieren fremder Verpackungsaufdrucke.

---

1) Zur Aufnahme von Fotografien durch die Lebensmittelkontrolle siehe Kapitel 3.4.

2) Zum Aufbau von Blanketttatbeständen im Lebensmittelrecht siehe Kapitel 2.1.

5 Verfahren beim Verdacht von Straftaten

• Hinweis auf Ordnungswidrigkeiten

In der Strafanzeige sollte unbedingt auf Ordnungswidrigkeiten hingewiesen werden, deren Übernahme durch die Staatsanwaltschaft zu
ihrem strafrechtlichen Ermittlungsverfahren nach § 42 OWiG in
Betracht kommt. Auch Ordnungswidrigkeiten, die durch die Straftat
nach § 21 Absatz 1 Satz 2 OWiG verdrängt werden, sollten vollständig
aufgeführt werden. Lässt sich nämlich die Straftat nicht nachweisen
oder wird das strafrechtliche Ermittlungsverfahren nach § 153
Absatz 1 StPO eingestellt, leben diese Bußgeldvorschriften wieder
auf. Die Sache kann dann zur Verfolgung dieser Ordnungswidrigkeiten
an die Verwaltungsbehörde abgegeben werden (§ 43 OWiG) und fällt
nicht unbeabsichtigt unter die Einstellung.

 TIPP!

Abschließend empfiehlt sich die Bitte um Mitteilung des Aktenzeichens der
Staatsanwaltschaft und des Verfahrensausgangs sowie Anhörung vor einer
beabsichtigten Einstellung des strafrechtlichen Ermittlungsverfahrens gemäß
§§ 153, 153a StPO.[1])

Abweichend vom System der Strafanzeige der Lebensmittelüberwachung an die Staatsanwaltschaft haben sich in der Vollzugspraxis besondere Formen der unmittelbaren Zusammenarbeit bewährt, die jedoch die
Stellung der Ermittlungsperson der Staatsanwaltschaft voraussetzen.
Beim Verdacht während der Überwachung festgestellter lebensmittelrechtlicher Straftaten nach § 58 LFGB und Mischtatbeständen nach
§ 59/§ 60 Absatz 1 LFGB kann der Lebensmittelkontrolleur/Veterinär aufgrund allgemeiner Weisung der Staatsanwaltschaft gehalten sein, sich
sofort mit der Strafverfolgungsbehörde telefonisch in Verbindung zu setzen und deren rechtliche Würdigung und Entscheidung über die weiteren
Ermittlungen herbeizuführen. Dies setzt die Vereinbarung eines ständig
möglichen telefonischen Kontakts voraus, was nur bei größeren Staatsanwaltschaften und insbesondere Schwerpunkt-Staatsanwaltschaften
möglich sein dürfte.

Beispiel:

Ein Lebensmittelkontrolleur/Veterinär stellt während einer Überwachungsmaßnahme in einem Kühlhaus das mutmaßliche Inverkehrbringen überlagerten Fleisches fest. Er nimmt sofort telefonisch Kontakt mit der Staatsanwaltschaft auf,
die ihn nach Schilderung des Sachverhalts anweist, weitere strafrechtliche
Ermittlungen durchzuführen.

---

1) Zur Einstellung eines strafrechtlichen Ermittlungsverfahrens durch die Staatsanwaltschaft siehe Kapitel 5.6.

In geringfügigen Fällen kann die Staatsanwaltschaft auch unmittelbar nach Schilderung des Sachverhalts die Einstellung gegen eine Auflage wegen fehlenden öffentlichen Interesses an der Strafverfolgung anordnen (§ 153a Absatz 1 StPO). Die Einnahme einer Geldauflage kann dabei dem Lebensmittelkontrolleur/Veterinär unmittelbar übertragen werden, so dass ein strafrechtliches Ermittlungsverfahren sehr zeitnah abgeschlossen werden kann.

Anzeige der Lebensmittelüberwachung an die Staatsanwaltschaft wegen einer Lebensmittelstraftat

Landratsamt Neukirchen   Lebensmittelüberwachung

Landratsamt Neukirchen, Postfach 5678, 88888 Neukirchen

	Dienstgebäude	Hegelstraße 32, 88888 Neukirchen
Staatsanwaltschaft Kaiserstadt	Zimmer	0234
Schillerstraße 56	Sachbearbeiter(in)	Frau Neundorf
88000 Kaiserstadt	Telefon	(0823) 8878 -887
	Telefax	(0823) 8878 -334
	E-Mail	lklra@neukirchen.de

	Bitte bei Antwort angeben	
Ihr Zeichen, Ihre Nachricht vom	Unser Zeichen, Unsere Nachricht vom 0987665/11	**Datum** 16.08.2011

Strafanzeige einer Lebensmittelstraftat gegen

Herrn Franz Schubert, geb. Maier, geb. 12.05.1961 in Kleinstadt, verheiratet, Kaufmann, wohnhaft: Kantstraße 54, 88048 Altstein

1. Sachverhalt:

Der Beschuldigte betreibt seit April 2004 ein Lebensmittel-Importgeschäft in 88048 Altstein, Brahmsstraße 12. Bei einer Probenahme durch die Lebensmittelüberwachung am 10.07.2011 in der Lagerhalle wurden stichprobenartig fünf Flaschen „Bio-Apfelsaft" der Marke „Bellamele" gezogen. Diese enthalten nach dem Gutachten der Chemischen Untersuchungsanstalt vom 29.07.2011 (Blatt 12) unzulässig hohe Mengen von Pflanzenschutzmitteln.

2. Verdacht einer Straftat:

Die Geschäftsunterlagen wurden nach § 42 Absatz 2 Satz 1 Nummer 3 LFGB eingesehen und mit Zustimmung des Lebensmittelunternehmers in amtlichen Gewahrsam genommen. Aus den Unterlagen ergibt sich, dass der Gewerbetreibende selbst im Besitz eines lebensmittelrechtlichen Gutachtens war, aus dem sich die Belastung mit Pflanzenschutzmitteln ergibt.

Telefo nvermittlung (0823) 8878 -0	Besuchszeiten Mo.-Mi. 7.30-16.30 Uhr Do. 7.30-17.30 Uhr Fr. 7.30-12.00 Uhr	Öffentliche Verkehrsmittel Stadtbus Linie 4 Haltestelle Landratsamt	**Bankverbindungen** Sparkasse Neukirchen IBAN DE 128002000830204123456
Internet www.neukirchen.de			Volksbank Neukirchen IBAN DE 80030000403320654321

Auf Befragen gemäß der Auskunftspflicht nach § 42 Absatz 2 Satz 1 Nummer 5 LFGB erklärte der Beschuldigte, dieses Gutachten sei ihm bekannt, weil es ihm vom Lieferanten übergeben worden sei.

Wir gehen daher vom Verdacht einer Straftat nach § 9 Absatz 1 Nummer 1 in Verbindung mit § 59 Absatz 1 Nummer 6 LFGB aus. Über das dortige Aktenzeichen und den Ausgang des Verfahrens bitten wir um Mitteilung.

Für den Fall einer beabsichtigten Einstellung des Verfahrens wegen einer Straftat gemäß § 170 Absatz 2 StPO weisen wir auf die mögliche Verfolgung einer Ordnungswidrigkeit nach § 59 Absatz 1 Nummer 6 in Verbindung mit § 60 Absatz 1 LFGB durch die Verwaltungsbehörde hin und bitten um Prüfung einer diesbezüglichen Abgabe nach § 43 OWiG.

Vor einer beabsichtigten Einstellung des Verfahrens §§ 153, 153a StPO bitten wir um Anhörung gemäß Nummer 90 Absatz 1 RiStBV.

Anlage:
Vorgenommene Ermittlungen (15 Blatt)

Neundorf
Lebensmittelkontrolleurin

5.4 Hinzuziehung der Polizei durch die Lebensmittelüberwachung

Manche Staatsanwaltschaften sehen keine direkte Anzeigeerstattung durch die Lebensmittelüberwachung vor, sondern die generelle Übergabe an die Polizei zur weiteren Bearbeitung der strafrechtlichen Ermittlungen. Erst die Polizeidienststelle legt dann die Anzeige nach Abschluss ihrer Ermittlungen der Staatsanwaltschaft vor. In diesem Fall bleibt der Lebensmittelkontrolleur/Veterinär unabhängig davon im Rahmen des § 152 Absatz 2 Satz 1 GVG weiter Ermittlungsperson der Staatsanwaltschaft und natürlich für die Lebensmittelüberwachung im Bereich der Gefahrenabwehr zuständig.

Eine unmittelbare Hinzuziehung der Polizei ist während der Durchführung der Überwachung beim Anfangsverdacht umfangreicher, vor allem organisierter lebensmittelrechtlicher Straftaten und insbesondere allgemeiner Straftaten geboten, die nicht in das vertraute Gebiet des Lebensmittelkontrolleurs/Veterinärs fallen.

Beispiele:

Bei der Kontrolle eines Gaststättenbetriebes ergibt sich der Verdacht der Körperverletzung von Letztverbrauchern durch die Verabreichung verunreinigter Lebensmittel.

Bei der Kontrolle einer Kühlhalle ergibt sich der Verdacht des Betrugs und der Urkundenfälschung zum Nachteil der Letztverbraucher durch Austausch der Etikettierungen der Hersteller durch nachgemachte Etiketten.

Ergibt sich der Verdacht sonstiger Straftaten, für die keine Zuständigkeit der Lebensmittelüberwachung besteht, sollte zur Einleitung entsprechender strafrechtlicher Ermittlungen auf jeden Fall eine Polizeidienststelle in Kenntnis gesetzt werden. Schließlich ist eine Hinzuziehung der Polizei im Einzelfall notwendig, wenn Betretungsrechte, Einsichtnahmen, Fotoaufnahmen oder Probenahmen mit unmittelbarem Zwang durchzusetzen sind oder mit strafbaren Widerstandshandlungen (§ 113 StGB) des Lebensmittelunternehmers oder seiner Mitarbeiter zu rechnen ist.

5.5 Abgabe von Bußgeldverfahren durch die Verwaltung

Der Verdacht einer Lebensmittelstraftat kann sich auch erst nachträglich bei der Verwaltungsbehörde ergeben, wenn die Lebensmittelüberwachung den überprüften Sachverhalt zunächst nur als Ordnungswidrigkeit eingestuft hat. Dies kommt vor allem bei Mischtatbeständen[1]) vor, die zunächst als fahrlässige Ordnungswidrigkeit nach § 60 Absatz 1 in Verbindung mit § 59 LFGB angesehen wurden und sich nachträglich als vorsätzliche Straftat gemäß § 59 LFGB erweisen.

Beispiele:

Der Lebensmittelkontrolleur/Veterinär stellt bei der Überwachung Lebensmittel mit nicht zugelassenen Zusatzstoffen fest (§ 6 Absatz 1 Nummer 1 Buchstabe a LFGB) und geht zunächst von einer fahrlässigen Ordnungswidrigkeit nach § 59 Absatz 1 Nummer 1 LFGB aus.

► Der Lebensmittelunternehmer erklärt bei der Anhörung im Bußgeldverfahren gegenüber der zentralen Bußgeldstelle, er wisse dies und halte die Verwendung auch für zulässig.

► Aus einer Anfrage bei der für den Geschäftssitz des Lebensmittelunternehmers zuständigen Lebensmittelüberwachung ergibt sich, dass bereits Belehrungen erfolgten, Verwarnungen erteilt oder Bußgeldverfahren durchgeführt wurden und die Kenntnis des Betroffenen in einem Wiederholungsfall vorliegt.

Es ergibt sich der Anfangsverdacht vorsätzlichen Handelns und damit einer Straftat nach § 60 Absatz 1 LFGB.

---

1) Zum Aufbau von Mischtatbeständen siehe Kapitel 2.2.

Während die Verwaltungsbehörden ausschließlich für die Verfolgung und Ahndung von Ordnungswidrigkeiten zuständig sind (§ 35 f. OWiG), ist die Staatsanwaltschaft in der Regel nur zur Strafverfolgung berufen (§ 160 StPO). Liegt Tateinheit zwischen Straftat und Ordnungswidrigkeit vor, so wird nur das Strafgesetz angewendet (§ 21 Absatz 1 Satz 1 OWiG).[1]) Die Staatsanwaltschaft ist im Strafverfahren grundsätzlich auch zur Verfolgung von Ordnungswidrigkeiten befugt (§ 40 OWiG).

• **Abgabe an die Staatsanwaltschaft wegen Verdachts einer Straftat**

Liegen konkrete Anhaltspunkte für eine Straftat vor, so hat die Verwaltungsbehörde die Sache nach § 41 Absatz 2 OWiG an die Staatsanwaltschaft abzugeben. Die Abgabepflicht räumt der Verwaltungsbehörde kein Ermessen ein. Sie besitzt jedoch einen Beurteilungsspielraum, ob ein Straftatbestand im Sinne des § 58 f. LFGB ggf. in Verbindung mit mit einer Rechtsverordnung verwirklicht sein kann. Ist dies zweifelsfrei der Fall, kann die Weiterbearbeitung im Bußgeldverfahren den Sachbearbeiter dem Verdacht der Strafvereitelung (§ 258 StGB) aussetzen. In Zweifelsfällen kann eine Rückfrage bei der Staatsanwaltschaft hilfreich sein, an deren Entschließung, ob eine Tat als Straftat verfolgt wird oder nicht, die Verwaltungsbehörde nach § 44 OWiG gebunden ist. Sieht die Staatsanwaltschaft davon ab, ein Strafverfahren einzuleiten, so gibt sie eine abgegebene Sache gemäß § 41 Absatz 2 OWiG an die Verwaltungsbehörde zurück. Diese behält dann die Verfahrensherrschaft im Bußgeldverfahren (§ 46 Absatz 2 OWiG).

• **Übernahme durch die Staatsanwaltschaft wegen Zusammenhangs**

Besteht zwischen einer Straftat und einer Ordnungswidrigkeit ein persönlicher oder sachlicher Zusammenhang, kann die Staatsanwaltschaft die Ordnungswidrigkeit auch im Strafverfahren mit verfolgen (§ 42 OWiG). Damit sollen Parallelermittlungen in einem Straf- und einem Bußgeldverfahren vermieden werden. Hat die Staatsanwaltschaft die Verfolgung der Ordnungswidrigkeit übernommen, so haben die mit der Ermittlung von Ordnungswidrigkeiten betrauten Angehörigen der sonst zuständigen Verwaltungsbehörde aufgrund § 63 Absatz 1 Satz 1 OWiG dieselben Rechte und Pflichten wie die Beamten des Polizeidienstes im Bußgeldverfahren. Die sonst zuständige Verwaltungsbehörde kann dann Beschlagnahmen, Notveräußerungen, Durchsuchungen und Untersuchungen gemäß § 63 Absatz 1 Satz 2 OWiG nach den für Ermittlungspersonen der Staatsanwaltschaft gel-

---

1) Zur Tateinheit mehrerer Ordnungswidrigkeiten (§ 19 OWiG) untereinander siehe Kapitel 9.5.

tenden Vorschriften der Strafprozessordnung anordnen. Erhebt die Staatsanwaltschaft die öffentliche Klage (Anklage, Strafbefehlsantrag), so erstreckt sie diese nach § 64 OWiG auch auf die Ordnungswidrigkeit, sofern die Ermittlungen hierfür genügenden Anlass bieten.

Beispiel:

Die Staatsanwaltschaft führt ein strafrechtliches Ermittlungsverfahren wegen fahrlässiger Körperverletzung von Letztverbrauchern (§ 229 StGB). Sie übernimmt auf Anregung der Verwaltungsbehörde auch Lebensmittelhygieneverstöße, die im Zusammenhang mit der Lebensmittelüberwachung aufgedeckt wurden.

- **Abgabe der Staatsanwaltschaft an die Verwaltungsbehörde**

Umgekehrt kann auch im Strafverfahren der Fall eintreten, dass die Staatsanwaltschaft zunächst ein Ermittlungsverfahren nur wegen der verfolgten Straftat einstellt und schließlich nur der Verdacht einer Ordnungswidrigkeit verbleibt, für die der Staatsanwaltschaft die Zuständigkeit fehlt. Sie gibt dann die Sache nach § 43 Absatz 1 OWiG an die Verwaltungsbehörde zur weiteren Bearbeitung als Bußgeldverfahren ab. Die Verwaltungsbehörde ist an die rechtliche Beurteilung der Staatsanwaltschaft nicht gebunden, da sie im Bußgeldverfahren deren Befugnisse besitzt (§ 46 Absatz 2 OWiG).

Beispiel:

Die Staatsanwaltschaft stellt strafrechtliche Ermittlungen wegen fahrlässiger Körperverletzung (§ 229 StGB) gegen einen Lebensmittelunternehmer ein. Sie gibt die Sache wegen verbleibender lebensmittelrechtlicher Ordnungswidrigkeiten an die zuständige Verwaltungsbehörde ab.

Die Abgabe eines Bußgeldverfahrens an die Staatsanwaltschaft gemäß § 41 Absatz 1 OWiG erfolgt durch dienstliches Schreiben. Eine Abgabenachricht an den Betroffenen ergeht dabei nicht, um die Ermittlungen der Staatsanwaltschaft nicht zu gefährden. Der nunmehrige Beschuldigte erhält rechtliches Gehör durch die Vernehmung der Staatsanwaltschaft. Amtliche Muster für das Abgabeschreiben an die Staatsanwaltschaft aufgrund Verwaltungsrichtlinien bestehen soweit ersichtlich nicht. Es orientiert sich inhaltlich an der Strafanzeige der Lebensmittelüberwachung an die Staatsanwaltschaft. Auf die dortigen Erläuterungen wird daher Bezug genommen.[1])

---

1) Zur Strafanzeige der Lebensmittelüberwachung an die Staatsanwaltschaft siehe Kapitel 5.3.

Verfolgungskompetenz

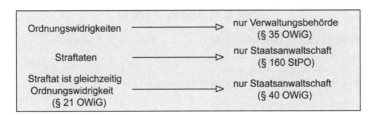

Bußgeldverfahren   Strafverfahren

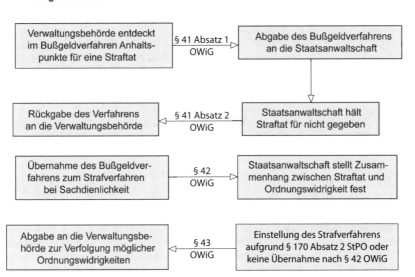

Abgabe eines Bußgeldverfahrens an die Staatsanwaltschaft nach § 41 Absatz 1 OWiG

Landratsamt Neukirchen

Zentrale Bußgeldstelle

Landratsamt Neukirchen, Postfach 5678, 88888 Neukirchen

Landratsamt Neukirchen, Postfach 5678, 88888 Neukirchen

Staatsanwaltschaft Kaiserstadt
Schillerstraße 56
88000 Kaiserstadt

Dienstgebäude	Feuerbachstraße 43
	88888 Neukirchen
Zimmer	0432
Sachbearbeiter(in)	Frau Weber
Telefon	(0823) 8878-342
Telefax	(0823) 8878-340
E-Mail	zbslra@neukirchen.de

Ihr Zeichen, Ihre Nachricht vom	Bitte bei Antwort angeben Unser Zeichen, Unsere Nachricht vom 0987665/11	Datum 16.08.2011

Abgabe eines Bußgeldverfahrens wegen Verdachts einer Straftat (§ 41 Absatz 1 OWiG)

Anlage:
Vorgenommene Ermittlungen (15 Blatt)

Betroffener:
Herr Franz Schubert, geb. Maier, geb. 12.05.1961 in Kleinstadt, verheiratet, Kaufmann, wohnhaft: Kantstraße 54, 88882 Altstein

Bisherige Ermittlungen:
Der Betroffene betreibt seit April 2004 ein Lebensmittel-Importgeschäft in 88882 Altstein, Brahmsstraße 12. Bei einer Probenahme durch die Lebensmittelüberwachung am 10.07.2011 in der Lagerhalle wurden stichprobenartig fünf Flaschen „Bio-Apfelsaft" der Marke „Bellamele" gezogen. Diese enthalten nach dem Gutachten der Chemischen Untersuchungsanstalt vom 29.07.2011 (Blatt 12) unzulässig hohe Mengen an Pflanzenschutzmitteln. Aufgrund dieser Feststellungen

Telefonvermittlung	Besuchszeiten	Öffentliche Verkehrsmittel	Bankverbindungen
(0823) 8878-0	Mo.-Mi. 7.30-16.30 Uhr	Stadtbus Linie 4	Sparkasse Neukirchen
	Do. 7.30-17.30 Uhr	Haltestelle Landratsamt	IBAN DE 128002000830204123456
Internet	Fr. 7.30-12.00 Uhr		Volksbank Neukirchen
www.lra-neukirchen.de			IBAN DE 8003000403320654321

wurde gegen den Betroffenen wegen einer fahrlässigen Ordnungswidrigkeit nach § 9 Absatz 1 Nummer 1 in Verbindung mit § 59 Absatz 1 Nummer 6, § 60 Absatz 1 LFGB ein Bußgeldverfahren eingeleitet.

Verdacht einer Straftat:

Zwischenzeitlich wurde uns bekannt, dass derselbe „Bio-Apfelsaft" vom Betroffenen bereits an seinem früheren Unternehmenssitz in 65765 Felsenstein, Landkreis Burgberge, in Verkehr gebracht und in gleicher Weise beanstandet worden ist. Dies ergibt sich aus den anliegenden Eintragungen im Gewerbezentralregister. Der Betroffene hat daher die neuerliche Zuwiderhandlung offensichtlich vorsätzlich begangen. Er ist daher einer Straftat nach § 9 Absatz 1 Nummer 1 in Verbindung mit § 59 Absatz 1 Nummer 6 LFGB verdächtig.

Für den Fall einer beabsichtigten Einstellung des Verfahrens wegen einer Straftat gemäß § 170 Absatz 2 StPO weisen wir auf die mögliche Verfolgung einer Ordnungswidrigkeit nach § 59 Absatz 1 Nummer 6 in Verbindung mit § 60 Absatz 1 LFGB durch die Verwaltungsbehörde hin und bitten um Prüfung einer diesbezüglichen Abgabe nach § 43 OWiG.

Vor einer beabsichtigten Einstellung des Verfahrens §§ 153, 153a StPO bitten wir um Anhörung gemäß Nummer 90 Absatz 1 RiStBV.

Weber

5.6 Zusammenarbeit der Lebensmittelüberwachung mit der Staatsanwaltschaft

Die Staatsanwaltschaft ist als Strafverfolgungsbehörde verpflichtet, wegen aller verfolgbaren Straftaten einzuschreiten, sofern zureichende tatsächliche Anhaltspunkte vorliegen (§ 152 Absatz 2 StPO). Sobald sie durch eine Anzeige oder auf anderem Wege von dem Verdacht einer Straftat Kenntnis erhält, hat sie zu ihrer Entschließung darüber, ob die öffentliche Klage zu erheben ist, den Sachverhalt zu erforschen (§ 160 Absatz 1 StPO). Die Kenntnis der Staatsanwaltschaft über eine Lebensmittelstraftat kann auf der Anzeige der Lebensmittelüberwachung (§ 158 StPO) oder der Polizei (§ 163 StPO) oder der Abgabe einer Bußgeldsache durch die Verwaltungsbehörde (§ 41 Absatz 1 OWiG) beruhen.

**Verfahren der Staatsanwaltschaft bei der Verfolgung von
Lebensmittelstraftaten**

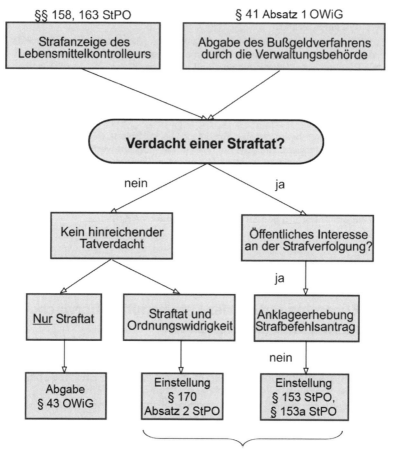

§§ 158, 163 StPO

Strafanzeige des
Lebensmittelkontrolleurs

§ 41 Absatz 1 OWiG

Abgabe des Bußgeldverfahrens
durch die Verwaltungsbehörde

Verdacht einer Straftat?

nein — ja

Kein hinreichender
Tatverdacht

Öffentliches Interesse
an der Strafverfolgung?

ja

Nur Straftat

Straftat und
Ordnungswidrigkeit

Anklageerhebung
Strafbefehlsantrag

nein

Abgabe
§ 43 OWiG

Einstellung
§ 170
Absatz 2 StPO

Einstellung
§ 153 StPO,
§ 153a StPO

Vorherige Anhörung der anzeigenden Behörde
Nr. 90 RiStBV

Die Staatsanwaltschaft überprüft zunächst, ob sich der Anfangsverdacht
einer lebensmittelrechtlichen Straftat und eventueller Ordnungswidrigkeiten bestätigt. Ist dies nicht der Fall, stellt sie das gesamte Verfahren mangels Tatverdacht aus tatsächlichen Gründen ein (§ 170 Absatz 2 StPO).
Lässt sich nur eine Ordnungswidrigkeit feststellen, gibt sie die Sache

wegen fehlender eigener Zuständigkeit an die zuständige Verwaltungsbehörde zur weiteren Verfolgung im Bußgeldverfahren ab (§ 43 OWiG).

Liegt ein hinreichender Tatverdacht zur Anklageerhebung (Strafbefehlsantrag) wegen einer Lebensmittelstraftat vor (§ 170 Absatz 1 StPO), prüft die Staatsanwaltschaft, ob ein öffentliches Interesse an der Strafverfolgung besteht oder das strafrechtliche Ermittlungsverfahren nicht wegen geringer Schuld (§ 153 Absatz 1 StPO) oder gegen Auflagen oder Weisungen zur Beseitigung des öffentlichen Interesses an der Strafverfolgung (§ 153a Absatz 1 StPO) eingestellt werden kann. Solche Anträge werden häufig und frühzeitig durch Verteidiger von Lebensmittelunternehmern gestellt. Die Zustimmung der Lebensmittelüberwachung zur Einstellung ist nicht vorgesehen, da die Staatsanwaltschaft alleinige verfahrensleitende Behörde ist (§ 152 Absatz 2 StPO).[1]) Einstellungen durch die Staatsanwaltschaft erfolgen bei Lebensmittelstraftaten wegen der relativ geringen Strafdrohungen in § 58 f. LFGB nicht selten.

Für die Lebensmittelüberwachung ist es wichtig, dass keine Einstellungen erfolgen, die aus Sicht der Gefahrenabwehr unvertretbar erscheinen. Vielfach lassen beschuldigte Lebensmittelunternehmer Umstände vortragen, zu denen der Staatsanwalt im Gegensatz zur Lebensmittelüberwachung außer dem Akteninhalt keine zusätzlichen Informationen besitzt. Die für die Staatsanwaltschaft maßgeblichen Richtlinien für das Strafverfahren und das Bußgeldverfahren (RiStBV) sehen daher die Anhörung von Behörden vor, die Strafanzeige erstattet haben oder sonst am Ausgang des Strafverfahrens interessiert sind. Dies gilt vor allem vor einer beabsichtigten Einstellung eines Strafverfahrens.[2]) Um dieses Interesse zu verdeutlichen, sollte sowohl bei der Vorlage von Strafanzeigen der Lebensmittelüberwachung als auch bei der Abgabe durch die Verwaltungsbehörde hierauf hingewiesen werden (vgl. die Muster einer Strafanzeige am Ende Kapitel 5.3 und Abgabe einer Bußgeldsache am Ende Kapitel 5.5.).

---

1) Die Verwaltungsbehörde (§ 35 OWiG) ist nur für das Bußgeldverfahren zuständig und daher am strafrechtlichen Ermittlungsverfahren überhaupt nicht beteiligt.

2) Nummer 90 Absatz 1 RiStBV Anhörung von Behörden und öffentlichen Körperschaften:
Hat eine Behörde oder öffentliche Körperschaft die Strafanzeige erstattet oder ist sie sonst am Ausgang des Verfahrens interessiert, so soll ihr der Staatsanwalt, bevor er das Verfahren einstellt, die Gründe mitteilen, die für die Einstellung sprechen, und ihr Gelegenheit zur Äußerung geben; zur Vereinfachung können Ablichtungen aus den Akten beigefügt werden. Stellt der Staatsanwalt entgegen einer widersprechenden Äußerung ein, so soll er auch die Einwendungen würdigen, die gegen die Einstellung erhoben worden sind.

TIPP!

Für die Lebensmittelüberwachung wie die Verwaltungsbehörde ist es hilfreich, bei der zuständigen Staatsanwaltschaft einen Ansprechpartner zu besitzen.[1])

Im Gegensatz zum sonstigen Wirtschaftsstrafrecht gibt es kaum Schwerpunktstaatsanwaltschaften für Lebensmittelstrafsachen. Diese gehören gerade bei kleineren Staatsanwaltschaften zur allgemeinen Kriminalität, so dass keine spezielle Fachabteilung besteht. Lebensmittelrechtliche Vorkenntnisse können dann nicht stets vorausgesetzt werden. Auch muss mit dem gelegentlichen Wechsel des Referatsstaatsanwalts gerechnet werden. Daher ist für die Zusammenarbeit eine zumindest jährliche **verfahrensunabhängige Dienstbesprechung** zu empfehlen, die in manchen Ländern sogar durch Verwaltungsrichtlinie ausdrücklich vorgesehen ist. Dabei ist auch eine Teilnahme von Polizeibehörden sinnvoll, insbesondere in Bundesländern, in denen die Lebensmittelüberwachung keine Ermittlungsperson der Staatsanwaltschaft ist (§ 152 Absatz 2 Satz 1 GVG).

Als Themen für eine solche Dienstbesprechung bieten sich an:

- Ansprechpartner bei der Staatsanwaltschaft mit telefonischer Erreichbarkeit
- Klärung einer Anzeigepflicht der Lebensmittelüberwachung
- Inhalt der Strafanzeigen der Lebensmittelüberwachung
- Inhalt der Abgabeverfügung der Verwaltungsbehörde
- Stellungnahmen der Lebensmittelüberwachung nach Strafanzeigen
- Anhörung der Verwaltungsbehörde vor Einstellungen durch die Staatsanwaltschaft

Über das Ergebnis einer Dienstbesprechung sollte eine gemeinsame Niederschrift gefertigt werden, nach deren Ergebnis die Beteiligten verfahren können.

5.7 Mitteilung der Staatsanwaltschaft über strafrechtliche Ermittlungen

Die Staatsanwaltschaft unterrichtet die zuständige Lebensmittelüberwachungsbehörde (§ 38 Absatz 1 Satz 1 LFGB) unverzüglich von Amts wegen über die Einleitung des Strafverfahrens bezüglich der betroffenen lebensmittelrechtlichen Straftaten (§ 42 Absatz 5 Satz 1 LFGB),

---

1) Zur vorgezogenen Zusammenarbeit zwischen Lebensmittelkontrolle und Staatsanwaltschaft während der Überwachung siehe Kapitel 5.3

damit aufgrund dieser Kenntnis möglichst frühzeitig Maßnahmen zur Gefahrenabwehr durchgeführt werden können. In Betracht kommen dann die Unterbindung weiteren Inverkehrbringens von nicht zum menschlichen Verzehr geeigneten Lebensmitteln, der Rückruf bereits ausgelieferter Lebensmittel, die Unterrichtung und Warnung der Bevölkerung nach dem Verbraucherinformationsgesetz (VIG) und die Anordnung von Betriebsschließungen.

Hier kann ein Zielkonflikt zwischen der Gefährdung von Ermittlungsmaßnahmen der Staatsanwaltschaft und der Notwendigkeit rascher Gefahrabwehrmaßnahmen durch die Lebensmittelüberwachung auftreten. Der beschuldigte Lebensmittelunternehmer könnte vorgewarnt werden und Beweismittel vor deren Sicherstellung im strafrechtlichen Ermittlungsverfahren vernichten oder beiseite schaffen. Die Staatsanwaltschaft wird daher in der Unterrichtung auf die mögliche Gefährdung ihrer Ermittlungen und auf eine notwendige Abstimmung zwischen Strafverfolgungs- und Gefahrabwehrbehörden hinweisen. Es empfiehlt sich dann eine zeitgleiche Durchführung der Maßnahmen im Betrieb des Lebensmittelunternehmers.

Eine Mitteilung der Staatsanwaltschaft ist überflüssig, wenn das Strafverfahren durch die Abgabe der Sache durch die Verwaltungsbehörde aus einem Bußgeldverfahren (§ 41 Absatz 1 OWiG) erfolgte (§ 42 Absatz 5 Satz 2 LFGB)[1]) und die Behörde deswegen von den Gefahrtatbeständen bereits selbst Kenntnis besitzt.

Eine Übermittlung personenbezogener Daten durch die Staatsanwaltschaft unterbleibt, soweit und solange ihr Zwecke des Strafverfahrens oder besondere bundesgesetzliche oder entsprechende landesgesetzliche Verwendungsregelungen entgegenstehen (§ 42 Absatz 5 Satz 3 LFGB). Hier kommen etwa das Steuergeheimnis (§ 30 Absatz 1, 4 AO) und das Sozialgeheimnis (§ 35 Absatz 1 SGB I, § 67 ff. SGB X) in Betracht.

---

1) Zur Abgabe der Sache durch die Verwaltungsbehörde an die Staatsanwaltschaft wegen Verdachts einer Straftat gemäß § 41 Absatz 1 OWiG siehe Kapitel 5.5.

6 Erteilung von Verwarnungen

Die Erteilung einer Verwarnung ist ein freiwilliges Verfahren, das dem Vorhalt geringfügiger Ordnungswidrigkeiten dient und mit einem Verwarnungsgeld bis 35 Euro verbunden werden kann. Dieses Verfahren eignet sich also nur für den Bagatellbereich, besitzt aber insbesondere bei der Lebensmittelüberwachung größte Verbreitung.

6.1 Durchführung des Verwarnungsverfahrens

Eine Verwarnung kann als folgenloser Vorhalt einer lebensmittelrechtlichen Ordnungswidrigkeit auch durch die Lebensmittelüberwachung an Ort und Stelle erteilt werden (§ 56 Absatz 1 Satz 2 OWiG). Diese Alternative hat keine praktische Bedeutung, da sie sich mit Belehrungen oder Ermahnungen und der Ankündigung der Einleitung eines Bußgeldverfahrens im Verwaltungsverfahren überdeckt. In der Vollzugspraxis kommt daher ausschließlich die Verwarnung mit Verwarnungsgeld vor, bei der ein Vorhalt der Ordnungswidrigkeit mit der Erhebung eines Verwarnungsgelds verbunden wird (§ 56 Absatz 1 Satz 1 OWiG).

Beim Verdacht einer Straftat ist die Erteilung einer Verwarnung auch neben einer Strafanzeige unzulässig, da nur das Strafgesetz anzuwenden ist (§ 21 Absatz 1 Satz 1 OWiG).

Zur Erteilung einer Verwarnung sind regelmäßig sowohl die Lebensmittelkontrolleure/Veterinäre als auch die Verwaltung durch den Dienstherrn allgemein ermächtigt (§ 57 f. OWiG). Im Bereich der Bundeswehr ist nur die Wehrbereichsverwaltung (WBV), nicht aber ein bei der Kontrolle vor Ort tätigen Sachverständiger ermächtigt (Nummer 21 Absatz 1 DBBwLFGB). Die Verwarnung mit Verwarnungsgeld erfordert keine Schriftform und ist daher auch durch den Lebensmittelkontrolleur/Veterinär während der Durchführung der Überwachung mündlich möglich. Auf die Freiwilligkeit des Verfahrens ist grundsätzlich hinzuweisen (§ 56 Absatz 2 Satz 1 OWiG).

Beispiel:

Der Lebensmittelkontrolleur/Veterinär entdeckt während der Besichtigung der Geschäftsräume einen geringfügigen Hygieneverstoß, den er dem Lebensmittelunternehmer vorhält. Anschließend stellt er die Frage: „Sind Sie mit einer Verwarnung über 30 Euro einverstanden?"

Das Verwarnungsgeld muss mindestens 5 Euro betragen und darf 35 Euro nicht übersteigen (§ 56 Absatz 1 Satz 1 OWiG). Die konkrete Höhe des Verwarnungsgelds liegt im Ermessen des Erteilenden und sollte sich an der Bedeutung der Ordnungswidrigkeit und dem Vorwurf orientieren, der den Täter trifft.[1]) Genügt die Obergrenze zur Ahndung der Ordnungswidrigkeit nicht, darf keine Verwarnung mehr erteilt werden, vielmehr ist ein Bußgeldverfahren einzuleiten. Bei mehreren in Tatmehrheit stehenden Verstößen (§ 20 OWiG) können jedoch mehrere Verwarnungen mit Verwarnungsgeld erteilt werden, solange der Gesamtverstoß noch als geringfügig zu bewerten ist.[2])

Ein „Verwarnungsgeldkatalog" in Form einer Verwaltungsrichtlinie kann Bestandteil eines in einem Bundesland erlassenen Bußgeldkatalogs sein. Das Verwarnungsverfahren ist stets kostenfrei. Kosten (Gebühren und Auslagen) werden nach § 56 Absatz 3 Satz 2 OWiG ausdrücklich nicht erhoben. Es gibt also entgegen einer verbreiteten Meinung keine „gebührenpflichtige Verwarnung". Gebühren und Auslagen, die im Verwaltungsverfahren entstanden sind, dürfen selbstverständlich nicht mit dem Verwarnungsverfahren verbunden werden. Wirtschaftliche Verhältnisse des Betroffenen sind nicht zu berücksichtigen, da diese bei geringfügigen Geldbußen in der Regel unberücksichtigt bleiben (§ 17 Absatz 3 Satz 2 OWiG).[3]) Auch die Bewilligung von Teilbeträgen in Form einer „Ratenzahlung" ist nur bei der Geldbuße (§ 18 OWiG),[4]) nicht aber beim Verwarnungsgeld vorgesehen.

Die Verwarnung mit Verwarnungsgeld setzt das Einverständnis des Betroffenen voraus (§ 56 Absatz 2 Satz 1 OWiG) und ist daher nicht durchsetzbar. Allerdings ist der Hinweis möglich, dass bei Ablehnung der angebotenen Verwarnung die unmittelbare Einleitung eines mit Kosten verbundenen förmlichen Bußgeldverfahrens folgt. Die dann zu erhebende Gebühr beträgt mindestens 20 Euro (§ 107 Absatz 1 Satz 1 OWiG), die Auslagenpauschale für die Zustellung 3,50 Euro (§ 107 Absatz 3 Nummer 2 OWiG).[5]) Der Bußgeldbescheid wird also gegenüber der Verwarnung mit Verwarnungsgeld mindestens 23,50 Euro „teurer". Beharrt der

1) Die Bedeutung der Ordnungswidrigkeit und der den Täter treffende Vorwurf sind auch gesetzliche Grundlagen der Ahndung für die Geldbuße (§ 17 Absatz 3 Satz 1 OWiG), siehe Kapitel 9.6.
2) Vergleiche § 2 Absätze 7, 8 BKatV für Verkehrsordnungswidrigkeiten.
3) Zur Zumessung der Geldbuße (§ 17 OWiG) siehe Kapitel 9.6.
4) Zur Bewilligung von Zahlungserleichterungen bei der Festsetzung der Geldbuße (§ 18 OWiG) siehe Kapitel 9.9.
5) Zur Kostenentscheidung des Bußgeldbescheides (§§ 105, 107 OWiG) siehe Kapitel 9.9.

Betroffene trotzdem auf seiner Ablehnung, wird die Verwarnung nicht wirksam (§ 56 Absatz 2 Satz 1 OWiG) und das Verwarnungsverfahren endet damit. In diesem Fall sollte zur Beschleunigung unmittelbar durch mündliche Anhörung (§ 55 OWiG)[1] an Ort und Stelle ein Bußgeldverfahren eingeleitet werden. Ist der Betroffene nunmehr mit der Verwarnung einverstanden und bereit, das erhobene Verwarnungsgeld zu bezahlen, kann sofort in das Verwarnungsverfahren zurückgekehrt und dieses unmittelbar abgeschlossen werden.

Beispiel:

Der Lebensmittelkontrolleur/Veterinär erteilt eine Verwarnung mit Verwarnungsgeld. Der Betroffene lehnt sie ab, weil er sich keiner Schuld bewusst sei. Auch der Hinweis, dass dann ein kostenpflichtiger Bußgeldbescheid folge, ändert nichts. Daraufhin erklärt der Lebensmittelkontrolleur/Veterinär, dass er jetzt ein Bußgeldverfahren einleite und der Betroffene sich nun zur vorgeworfenen Ordnungswidrigkeit äußern könne, dazu aber nicht verpflichtet sei. Dieser erklärt sich nun doch mit der Verwarnung mit Verwarnungsgeld einverstanden.

Bleibt es bei der Weigerung des Betroffenen, sollten vor einer Anhörung zur Sache zunächst die Personalien festgestellt werden (§ 163b Absatz 1 StPO in Verbindung mit § 46 Absatz 1 OWiG),[2] um die mangelfreie Zustellung des Bußgeldbescheides zu gewährleisten. Eine Verweigerung der verlangten Angaben zur Person stellt eine in § 111 OWiG mit bis zu 1000 Euro Geldbuße bedrohte weitere Ordnungswidrigkeit dar. Der Betroffene ist bei der ersten Anhörung vor den Angaben zur Sache darüber zu belehren, dass es ihm freistehe, sich zur Beschuldigung zu äußern oder nicht zur Sache auszusagen (§ 136 Absatz 1 Satz 2 StPO in Verbindung mit § 46 Absatz 1 OWiG). Die Angaben können vorläufig aufgezeichnet werden (§ 168a StPO in Verbindung mit § 46 Absatz 1 OWiG).

---

1) Zur Anhörung des Betroffenen im Bußgeldverfahren (§ 55 OWiG) siehe Kapitel 7.2.
2) Zur Identitätsfeststellung von Verdächtigen (§ 163b Absatz 1 StPO i. V. m. § 46 Abs. 1 OWiG) siehe Kapitel 3.10.

Verwarnung des Betroffenen (§ 56 OWiG)

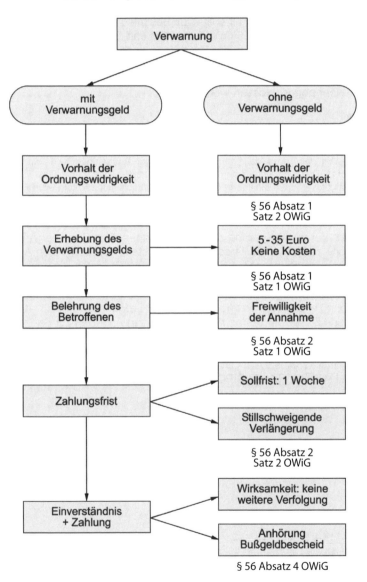

Beispiel:

Der Betroffene verweigert endgültig sein Einverständnis mit einer Verwarnung mit Verwarnungsgeld. Der Lebensmittelkontrolleur/Veterinär erhebt daraufhin mündlich die Personalien und hört den Betroffenen mit dem einleitenden Satz: „Sie können sich jetzt zur Ordnungswidrigkeit äußern, sind dazu aber nicht verpflichtet" an. Dieser erklärt, der vorgeworfene Verstoß komme überall vor und sei auch bei größter Sorgfalt nicht zu vermeiden. Der Lebensmittelkontrolleur/Veterinär hält seine Belehrung und die Äußerung handschriftlich vorläufig fest und überträgt sie anschließend in seine Ordnungswidrigkeiten-Anzeige.

Das Verwarnungsgeld kann entweder sofort oder binnen einer Woche bezahlt werden (§ 56 Absatz 2 Satz 1 OWiG). Ob eine sofortige Zahlung beim Lebensmittelkontrolleur/Veterinär möglich ist, hängt davon ab, ob ihm vom Behördenleiter oder von ihm beauftragten Amts- bzw. Sachgebietsleiter eine Befugnis zur Entgegennahme von Bargeld erteilt ist („Inkassobefugnis"). Dies ist wohl allgemein der Fall. Bei einer schriftlich durch die Verwaltung erteilten Verwarnung ist eine Zahlung nur innerhalb einer Zahlungsfrist möglich.

6.2 Vorteile und Risiken des Verwarnungsverfahrens

Das Verwarnungsverfahren ist wegen seiner Einfachheit in der Vollzugspraxis der Lebensmittelüberwachung außerordentlich beliebt. Auch Lebensmittelunternehmer im Bereich von Kleinbetrieben und im Reisegewerbe schätzen es wegen seiner Kostenfreiheit sehr. Für die Erteilung einer Verwarnung mit Verwarnungsgeld spricht die gegenüber dem förmlichen Bußgeldverfahren sehr schnelle und einfache Erledigungsart bei Bagatellordnungswidrigkeiten. Es bestehen keine Formerfordernisse, eine Verwarnung ist auch mündlich während der Betriebskontrolle ohne weitere Aufklärung des Sachverhalts und Anhörung des Betroffenen möglich. Auch entfällt die Zustellung eines förmlichen Bescheids. Das Verwarnungsverfahren ist wegen seines großen Anwendungsbereichs bei den Verkehrsordnungswidrigkeiten allgemein bekannt und besitzt eine hohe Akzeptanz bei Betroffenen, da Gebühr und Auslagen entfallen (Erfolgsquote erfahrungsgemäß 90%). Auch ein Vollstreckungsverfahren entfällt, da die Zahlung des Verwarnungsgelds bereits Wirksamkeitsvoraussetzung der Verwarnung ist.

Diesen erheblichen Vorteilen des Verwarnungsverfahrens stehen allerdings erhebliche Risiken gegenüber. Die gesetzliche Obergrenze des Verwarnungsgelds von nur 35 Euro (§ 56 Absatz 1 Satz 1 OWiG) führt nur zu einer geringen Beeindruckungs- und Abschreckungswirkung. Die Lebensmittelunternehmer richten sich auf einen solchen Betrag ein und bezahlen ihn aus der „Portokasse". Es verbreitet sich eine Erwartung, jetzt bis zur nächsten Kontrolle „Ruhe" zu haben und sich mit der

„Gebühr" von der Einhaltung lebensmittelrechtlicher Vorschriften freikaufen zu können. Außerdem muss der Lebensmittelunternehmer den berechtigten Eindruck gewinnen, dass sich ordnungswidrig handeln schon deswegen lohnt, weil das Verwarnungsverfahren keine Abschöpfung des aus der Ordnungswidrigkeit gezogenen wirtschaftlichen Vorteils (§ 17 Absatz 4 OWiG) erlaubt. Das Verwarnungsverfahren bewirkt dann keine Pflichtenmahnung, sondern lädt im Gegenteil zur Fortsetzung und Wiederholung der Zuwiderhandlung ein. Lebensmittelrechtliche Ordnungswidrigkeiten dürfen sich aber nicht auch noch lohnen.

Eine Verwarnung mit Verwarnungsgeld kann nur in einer behördeninternen Vorgangsdatei gespeichert werden (§ 49c OWiG), nicht jedoch in für alle Verwaltungsbehörden allgemein zugänglichen Registern, insbesondere nicht im Gewerbezentralregister (GZR).[1]) Lebensmittelunternehmer mit auswärtigem Firmensitz und vor allem im Reisegewerbe (§ 55 GewO) können sich daher nicht selten zu Unrecht als Ersttäter ausgeben. Der Lebensmittelkontrolleur/Veterinär erhält keine Kenntnis von Vorahndungen, so dass Wiederholungsfälle unerkannt bleiben.

Auch die Zahlungsunfähigkeit eines Lebensmittelunternehmers ist kein Argument für eine „freiwillig bezahlte" Verwarnung mit Verwarnungsgeld anstelle einer an sich gebotenen Geldbuße in einem Bußgeldbescheid. Die Rechtsprechung zur Erzwingungshaft (§ 96 OWiG) geht mittlerweile davon aus, dass die Zahlungsunfähigkeit im Bußgeldverfahren nicht mit den Pfändungsgrenzen der Zwangsvollstreckung gleichzusetzen sind. Die Erzwingungshaft zur Durchsetzung einer Geldbuße ist daher auch dann möglich, wenn der Betroffene die eidesstattliche Versicherung abgegeben hat[2]) oder sich in einem Insolvenz- oder Restschuldbefreiungsverfahren befindet.[3]) In allen Fällen ist ihm zuzumuten, die Geldbuße zumindest in Teilbeträgen (vgl. § 18 OWiG) aus dem pfändungsfreien Einkommen bis zum sozialhilferechtlichen Existenzminimum zu bezahlen und seine Lebensführung entsprechend einzuschränken.

Das Verwarnungsverfahren sollte daher seinem gesetzlichen Zweck nach auf geringfügige Ordnungswidrigkeiten beschränkt bleiben, wofür sich insbesondere Zuwiderhandlungen von Arbeitnehmern eignen. Nachdem kein amtlicher Bußgeldkatalog existiert, gibt es auch keine Vorgaben für den Anwendungsbereich der Verwarnung mit Verwarnungsgeld.

---

1) Zur Eintragung im Gewerbezentralregister (GZR) siehe Kapitel 12.
2) Vgl. LG Arnsberg, Beschluss vom 02.02.2006, Az. 2 Qs 19/06, NStZ-RR 2006, 184; VerkMitt 2006 Nummer 57; NZV 2006, 446; LG Berlin, Beschluss vom 03.07.2006, Az. 505 Qs 54/06, NJW 2007, 1541; LG Potsdam, Beschluss vom 14.09.2006, Az. 21 Qs 108/06, ZInsO 2006, 1114.
3) LG Potsdam, Beschluss vom 14.09.2006, Az. 21 Qs 108/06, ZInsO 2006, 1114.

7 Anhörung im Straf-, Bußgeld- und Verwaltungsverfahren

Die Anhörung dient dem rechtlichen Gehör des von einer beabsichtigten Maßnahme Betroffenen (Artikel 103 Absatz 1 GG). Daher ist sowohl im Verwaltungsverfahren vor dem Erlass eines Verwaltungsaktes (§ 28 VwVfG) als auch im strafrechtlichen Ermittlungsverfahren (§ 163a StPO) und vor dem Erlass eines Bußgeldbescheides (§ 55 OWiG) eine Anhörung vorgesehen. Personenbezogene Informationen aus einer Anhörung können auch Beweismittel für ein Straf- oder Bußgeldverfahren sein. Lebensmittelkontrolleure/Veterinäre müssen zu Vernehmungen in Verwaltungs- und Bußgeldverfahren befähigt sein (§ 1 Absatz 2 Nr. 10 LKonV).

7.1 Verwertung von Angaben aus dem Verwaltungsverfahren

Meist sind Anhörungen zunächst wegen einer beabsichtigten Anordnung im Verwaltungsverfahren (§ 28 VwVfG) erforderlich. Diese Anhörung ist nicht mit dem Auskunftsverlangen (§ 42 Absatz 2 Satz 1 Nummer 5 LFGB) zu verwechseln, das als verwaltungsrechtliche Maßnahme zur Aufklärung eines Gefahrenverdachts während der Lebensmittelüberwachung dient.[1]

Da die präventive Gefahrenabwehr gegenüber der repressiven Ahndung von Zuwiderhandlungen als Straftat oder Ordnungswidrigkeit vorrangig ist, wird die verwaltungsrechtliche Anhörung nach § 28 VwVfG auch dann zuerst stattfinden, wenn bereits der konkrete Verdacht einer lebensmittelrechtlichen Straftat oder Ordnungswidrigkeit besteht. Eine besondere Form ist nicht vorgesehen. Das rechtliche Gehör kann daher durch den Lebensmittelkontrolleur/Veterinär an Ort und Stelle mündlich gewährt und in einem Aktenvermerk festgehalten werden. Anhörungen können aber auch schriftlich erfolgen, was etwa vor Erlass eines schriftlichen Verwaltungsaktes angebracht ist. Aus der Anhörung muss deutlich werden, dass sie bezüglich eines beabsichtigten Verwaltungsaktes stattfindet. Stellungnahmen oder gar Fragen, die nur für den Tatnachweis einer lebensmittelrechtlichen Straftat oder Ordnungswidrigkeit bedeutsam sein

---

1) Zum Auskunftsverlangen bei der Lebensmittelüberwachung (§ 42 Absatz 2 Satz 1 Nummer 5 LFGB) siehe Kapitel 3.6.

können, sind selbstverständlich unzulässig und schon wegen Umgehung der Belehrungspflicht im Straf- und Bußgeldverfahren nach § 136 Absatz 1 Satz 2 StPO ggf. in Verbindung mit § 46 Absatz 1 OWiG verboten. Vermischungen zwischen den Anhörungsformen sind daher unbedingt zu unterlassen, da sie zumindest im Strafverfahren zu einem Verwertungsverbot führen. Möglich sind jedoch gestaffelte Anhörungen, bei denen zunächst die verwaltungsrechtliche abgeschlossen wird und nach Belehrung die straf- bzw. bußgeldrechtliche folgt (siehe folgendes Muster einer gestaffelten Anhörung am Ende des Kapitels 7.2).

Der Beteiligte eines Verwaltungsverfahrens hat zwar keine Äußerungspflicht, aber Gelegenheit zur Äußerung. Ein besonderes Aussage- oder Auskunftsverweigerungsrecht besteht deswegen nicht.

Niemand braucht sich jedoch wegen einer Straftat oder Ordnungswidrigkeit selbst zu belasten. Eine diesbezügliche Belehrung ist im Gegensatz zum Straf- und Bußgeldverfahren aber nicht vorgesehen. Äußerungen des angehörten Lebensmittelunternehmers können daher auch in einem Straf- und Bußgeldverfahren Verwendung finden.

**Anhörung des Lebensmittelunternehmers als Beteiligter –
Beschuldigter/Betroffener**

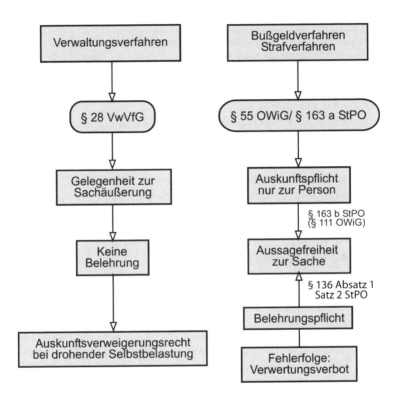

Unaufgeforderte Äußerungen anwesender Personen während der Lebensmittelüberwachung stellen keine Anhörungen dar, da es an einer entsprechenden Maßnahme der Behörde fehlt. Sie können stets, auch vorläufig aufgezeichnet und in einem Straf- und Bußgeldverfahren gegen den Beschuldigten bzw. Betroffenen verwendet werden. Nicht selten erfolgen hier wertvolle Äußerungen etwa zum Unternehmensaufbau und zur Zuständigkeit und zum Kenntnisstand innerhalb einer mehrköpfigen Geschäftsleitung und leitender oder sonst entscheidungsbefugter Mitarbeiter (vgl. § 14 StGB, § 9 OWiG). Solche Äußerungen werden in der Regel bei einer Anhörung im Straf- oder Bußgeldverfahren nicht wiederholt. Trotzdem hält die Lebensmittelüberwachung derartige Angaben oft nur deswegen nicht fest, weil sie für das Verwaltungsverfahren, in dem sich Verwaltungsakte gegen das Unternehmen selbst und nicht gegen darin tätige Personen richten, ohne Bedeutung sind.

Beispiel:

Während der Besichtigung von Einrichtungen eines fleischverarbeitenden Betriebes erklärt der zuständige Abteilungsleiter Huber, er habe die festgestellten Missstände dem Geschäftsführer Maier schon vor einem halben Jahr mitgeteilt. Dieser sei daraufhin persönlich erschienen, habe sich alles angesehen, aber nur auf die angespannte wirtschaftliche Situation des Unternehmens und die Konkurrenzsituation hingewiesen.

Der Lebensmittelkontrolleur/Veterinär hält die Äußerungen in einem Aktenvermerk fest und berücksichtigt sie bei der Einleitung von Bußgeldverfahren gegen den

▶ Abteilungsleiter Huber (§ 9 Absatz 2 Satz 1 Nummer 2 OWiG) und

▶ Geschäftsführer Maier (§ 9 Absatz 1 Nummer 1 OWiG)

als Beteiligte (§ 14 OWiG) an der lebensmittelrechtlichen Ordnungswidrigkeit.

7.2 Mündliche Anhörung während der Lebensmittelkontrolle

Eine mündliche Anhörung an Ort und Stelle empfiehlt sich immer dann, wenn sich bereits während der Kontrolle der hinreichende Verdacht lebensmittelrechtlicher Straftaten oder Ordnungswidrigkeiten ergibt. Diese Anhörung kann in Form einer mündlichen Vernehmung erfolgen, die zunächst handschriftlich oder durch Diktat auf einen Tonträger vorläufig aufgezeichnet und anschließend in eine Niederschrift übertragen wird (§ 168a StPO ggf. in Verbindung mit § 46 Absatz 1 OWiG). Im Bereich der Bundeswehr sind mündliche Anhörungen durch die bei der Kontrolle vor Ort tätigen Sachverständigen nicht möglich (vgl. Nummer 21 Absatz 1 DBBwLFGB).

7.2.1 Belehrung über die Aussagefreiheit im Straf- und Bußgeldverfahren

Rechtsgrundlage der Vernehmung im Strafverfahren ist § 163a Absatz 1 StPO bzw. § 55 OWiG in Verbindung mit § 163a Absatz 1 StPO im Bußgeldverfahren. Spätestens bei Beginn der ersten Vernehmung ist dem Beschuldigten im Strafverfahren bzw. dem Betroffenen im Bußgeldverfahren zu eröffnen, welche Tat ihm zur Last gelegt wird und welche Strafvorschriften bzw. Bußgeldvorschriften in Betracht kommen (§ 136 Absatz 1 Satz 1 StPO ggf. in Verbindung mit § 46 Absatz 1 OWiG). Diese

Eröffnung des Tatvorwurfes kann durch Bezugnahme auf die zuvor fest-gestellten und während der Kontrolle bereits besprochenen Verstöße abgekürzt werden. Anschließend ist der Beschuldigte bzw. Betroffene verständlich über sein Aussageverweigerungsrecht zu belehren. Niemand braucht an der eigenen Überführung wegen einer Straftat oder Ord-nungswidrigkeit gegen seinen Willen mitzuwirken. Inhalt der Belehrung ist nach § 136 Absatz 1 Satz 2 StPO ggf. in Verbindung mit § 46 Absatz 1 OWiG der Hinweis, dass es dem Beschuldigten bzw. Betroffenen nach dem Gesetz freistehe, sich zu der Beschuldigung zu äußern oder nicht zur Sache auszusagen. Bei einer strafrechtlichen Vernehmung ist zusätz-lich darauf hinzuweisen, dass der Beschuldigte jederzeit, auch schon vor seiner Vernehmung, einen von ihm zu wählenden Verteidiger befragen kann (§ 136 Absatz 1 Satz 2 StPO). Er ist in diesem Fall ferner darüber zu belehren, dass er einzelne Beweiserhebungen zu seiner Entlastung bean-tragen kann (§ 136 Absatz 1 Satz 3 StPO).

Die gelegentlich festzustellende *„informatorische Befragung"* des Lebensmittelunternehmers in einem Straf- oder Bußgeldverfahren beruht dagegen auf keiner Rechtsgrundlage und sollte daher wegen des Grund-rechts auf informationelle Selbstbestimmung (Artikel 2 Absatz 1 GG) grundsätzlich vermieden werden. Sie ist von der Rechtsprechung[1] nur insoweit anerkannt, als noch kein Anfangsverdacht einer Straftat oder Ordnungswidrigkeit gegen eine bestimmte Person als mutmaßlicher Täter vorliegt und darf keinesfalls zur Umgehung der Belehrungspflicht nach § 136 Absatz 1 Satz 2 StPO missbraucht werden.

Es ist möglich, eine Anhörung im strafrechtlichen Ermittlungsverfahren oder Bußgeldverfahren an eine Anhörung im Verwaltungsverfahren anzu-schließen. Der Angehörte muss jedoch eindeutig erkennen können, wann die Anhörung zum beabsichtigten Verwaltungsakt beendet ist und das rechtliche Gehör zum Vorwurf einer Straftat oder Ordnungswidrigkeit beginnt. Dies ist durch eine nachvollziehbare Trennung beider Maßnah-men und verständliche Belehrung über die Aussagefreiheit an dieser Stelle zu verdeutlichen. Jede Vermischung der Anhörungen unter Umge-hung der Belehrungspflicht nach § 136 Absatz 1 Satz 2 StPO stellt nicht nur einen schwerwiegenden Verfahrensfehler und Eingriff in die Rechte des Angehörten dar, sondern kann zumindest im strafrechtlichen Ermitt-lungsverfahren zu einem Verwertungsverbot führen.[2] Jede Täuschung

---

1) Vgl. z. B. BayObLG, Beschluss vom 21.05.2003, Az. 2 ObOWi 219/03, NZV 2003, 435 für eine polizeiliche Befragung eines alkoholisierten Verkehrsteilnehmers.

2) BGH, Beschluss vom 27.02.1992, Az. 5 StR 190/91, NJW 1992, 1463; NStZ 1992, 294; NZV 1992, 242; BayObLG, Beschluss vom 02.11.2004, Az. 1 St RR 109/04, NStZ-RR 2005, 175; NZV 2005, 494.

und Drohung mit unzulässigen Maßnahmen hat nach § 136a Absatz 1 Sätze 1, 3, Absatz 3 StPO ein Verwertungsverbot sogar dann zur Folge, wenn der Beschuldigte bzw. Betroffene der Verwertung zustimmt. Für die Begründung einer Anordnung als Verwaltungsakt dürfen die unter Verstoß der Belehrungspflicht in einem Straf- oder Bußgeldverfahren erlangten Angaben dagegen herangezogen werden, da das Verwaltungsverfahren keine Belehrungspflicht kennt.[1])

7.2.2 Aufzeichnung der mündlichen Anhörung

Mündliche Anhörungen haben gegenüber der schriftlichen Form durch Anhörungsbogen den großen Vorteil, dass sich der Vernehmende ein persönliches Bild vom Wahrheitsgehalt der Angaben machen, den Angehörten befragen und mit dem bisherigen Ermittlungsstand durch **Vorhalte** konfrontieren kann. Zunächst sollte sich der Beschuldigte bzw. Betroffene immer selbst im Zusammenhang äußern und dann gestellte Fragen beantworten können. Entsprechen seine Angaben jedoch offensichtlich nicht der Wahrheit, können ihm die entgegenstehenden Feststellungen der Lebensmittelüberwachung sofort vorgehalten werden.

Beispiel:

Der Lebensmittelkontrolleur/Veterinär hört den Mitarbeiter eines Lebensmittelunternehmers mündlich zu einer Ordnungswidrigkeit an und belehrt ihn ordnungsgemäß. Der Betroffene bestreitet dabei seine innerbetriebliche Verantwortung und Kenntnis. Auf Frage muss er einräumen, es gebe sonst keine für die Abteilung zuständige Person. Auf Vorhalt der Angaben eines anderen Mitarbeiters muss er zugeben, von der Zuwiderhandlung doch gewusst zu haben.

Bei der ergänzenden Befragung eines Beschuldigten oder Betroffenen ist auf **offene Fragestellung** zu achten. Zu vermeiden sind Suggestivfragen, die eine Antwort bereits vorwegnehmen.

Beispiel:

Richtig: Sind Sie als Küchenchef auch für die Lagerung von Lebensmitteln zuständig?

Falsch: Als Küchenchef sind Sie dann auch für die Lagerung von Lebensmitteln zuständig?

---

1) BayVGH, Beschluss vom 14.11.2002, Az. 22 C 02.2687, GewArch 2003, 78; NVwZ 2003, 495; LRE 46, 144 für eine Gewerbeuntersagung wegen Verstoßes gegen lebensmittelrechtliche Bestimmungen über das Inverkehrbringen; VGH Baden-Württemberg, Beschluss vom 16.07.2007, Az. 10 S 608/07, NJW 2007, 2571; NZV 2008, 55, für ein Verwaltungsverfahren zur Entziehung der Fahrerlaubnis wegen strafbaren Betäubungsmittelkonsums im Straßenverkehr.

Zu vermeiden sind auch Kettenfragen, bei denen einige Fragen zusammengefasst sind. Niemand kann sich bei einer mündlichen Anhörung mehrere Fragen merken und darauf antworten.

Vorhalte sind ein wichtiges Vernehmungsmittel. Sie müssen allerdings auf gesicherten Tatsachen beruhen und dürfen nicht auf Täuschung des Angehörten ausgerichtet sein. Dies kann zu einem Verwertungsverbot führen (§ 136a Absatz 1 Sätze 1, 3, Absatz 3 StPO).

Sehr wichtig ist es bei jeder Anhörung wegen einer Straftat oder Ordnungswidrigkeit, auch auf die **wirtschaftlichen Verhältnisse** des Beschuldigten bzw. Betroffenen einzugehen. Die wirtschaftliche Leistungsfähigkeit ist sowohl für die Höhe eines Tagessatzes einer Geldstrafe (§ 40 Absatz 2 StGB) als auch für die Zumessung einer nicht geringfügigen Geldbuße (§ 17 Absatz 3 Satz 2 OWiG) von Bedeutung. Das rechtliche Gehör hat sich daher auch auf die Rechtsfolgen einer Straftat oder Ordnungswidrigkeit zu erstrecken (§ 160 Absatz 3 StPO ggf. in Verbindung mit § 46 Absatz 1 OWiG).

Die Aufnahme der Niederschrift untergliedert sich in die Angaben zur Person und zur Sache. Soll vorab eine verwaltungsrechtliche Anhörung aufgezeichnet werden, empfiehlt sich zunächst die Darstellung der für beide Verfahren gleichen Angaben zur Person (siehe folgendes Muster einer gestaffelten verwaltungs- und bußgeldrechtlichen Anhörung am Ende des Kapitels 7.2).

 TIPP!

Wichtig ist für die Zustellung in einem Straf- und Bußgeldverfahren die Aufnahme der **Privatanschrift,** nicht diejenige der bereits bekannten Firmenanschrift.

Die Erreichbarkeit durch Telekommunikationsmittel (Mobiltelefon, E-Mail-Adresse) gehört zwar nicht zu den Pflichtangaben zur Person, ist aber als freiwillige Angabe für Rückfragen hilfreich. Durch klare optische Abgrenzungen folgen dann die verwaltungsrechtlichen und danach straf- bzw. bußgeldrechtlichen Anhörungen (siehe folgendes Muster einer gestaffelten Anhörung Ende Kapitel 7.2). Die Trennung beider Teile wird durch die Eröffnung des Tatvorwurfs und die Belehrung über das Schweigerecht im Straf- bzw. Bußgeldverfahren deutlich.

Die Niederschrift der Äußerungen des Beschuldigten bzw. Betroffenen ist nicht im Konjunktiv und indirekter Rede, sondern als persönliche Angabe im Indikativ und in Ich-Form darzustellen. Die Vernehmung gibt also die Äußerungen des Vernommenen möglichst originalgetreu wieder.

Beispiel:

> Die mir seit Jahresanfang bekannten Mängel im Kühlraum habe ich aus zeitlichen und finanziellen Gründen noch nicht beheben können, werde dies aber innerhalb der mir gesetzten Frist nachholen.
>
> Nicht: Herr Müller erklärte, die Verstöße im Kühlraum seien ihm seit Jahresanfang bekannt. Aus zeitlichen und finanziellen Gründen habe er sie noch nicht beheben können, werde dies aber innerhalb der ihm gesetzten Frist nachholen.

Will der im Straf- oder Bußgeldverfahren Angehörte Angaben aus einer vorangegangenen verwaltungsrechtlichen Anhörung wiederholen, so steht dem natürlich nichts entgegen. Dies kann mit dem Satz „Ich möchte meine obigen Angaben wiederholen" eingefügt werden. Die vorausgegangene verwaltungsrechtliche Anhörung wird dann zum Bestandteil auch der straf- oder bußgeldrechtlichen. Unbedingt zu vermeiden ist die Verwendung von Fachsprache der Lebensmittelüberwachung, insbesondere unbestimmter Rechtsbegriffe aus dem LFGB, nationalen oder EU-Verordnungen. Solche Anhörungen klingen vorformuliert und daher völlig unglaubwürdig.

Beispiel:

> Der angehörte Inhaber einer Dorfgaststätte soll angeblich geäußert haben: „Ich räume ein, in der Küche mehrere mir vorgehaltene Flächen in Bereichen, in denen Lebensmittel behandelt werden, nicht ausreichend gereinigt und dadurch diese Lebensmittel der Gefahr nachteiliger Beeinflussung ausgesetzt zu haben."

Die straf- oder bußgeldrechtliche Anhörung schließt mit den Angaben zu den wirtschaftlichen Verhältnissen. Wichtig sind die monatlichen Nettoeinkünfte, bei Verheirateten auch das Einkommen des Ehegatten sowie Unterhaltspflichten und Schulden ohne Gegenwert als Abzugsposten (vgl. Muster einer gestaffelten Anhörung Ende Kapitel 7.2).

Die Niederschrift der Anhörung ist entweder zur Genehmigung vorzulesen oder zur Durchsicht und Unterschrift vorzulegen (§ 168a Absatz 3 Satz 1 StPO ggf. in Verbindung mit § 46 Absatz 1 OWiG). Bei einer nur vorläufigen Niederschrift in Form einer handschriftlichen Notiz oder einem Tonträgerdiktat genügt das Vorlesen oder Abspielen dieser Aufzeichnungen (§ 168a Absatz 3 Satz 4 StPO ggf. in Verbindung mit § 46 Absatz 1 OWiG). Hierauf kann der Angehörte auch verzichten (§ 168a Absatz 3 Satz 6 StPO ggf. in Verbindung mit § 46 Absatz 1 OWiG). Diese Möglichkeit wird er wählen, wenn er noch während eines Diktats auf Tonträger oder mitgesprochener Eingabe in ein Notebook um Zuhören und sofortige Unterbrechung bei Diktat- bzw. Eingabefehlern gebeten wird.

Beispiel:

Ich nehme jetzt Ihre Angaben auf und bitte Sie, dabei genau zuzuhören. Sollte etwas nicht richtig sein, unterbrechen Sie mich bitte sofort.

Die endgültige Niederschrift ist unverzüglich, d. h. ohne schuldhaftes Zögern (vgl. § 121 Absatz 1 Satz 1 BGB) herzustellen (§ 168a Absatz 2 Satz 2 StPO ggf. in Verbindung mit § 46 Absatz 1 OWiG). Die vorläufigen Aufzeichnungen (Tonträger, handschriftliche Notizen) sind zu den Akten zu nehmen oder, wenn sie sich nicht dazu eignen, bei der Geschäftsstelle mit den Akten aufzubewahren (§ 168a Absatz 2 Satz 3 StPO ggf. in Verbindung mit § 46 Absatz 1 OWiG). Tonaufzeichnungen dürfen erst gelöscht werden, wenn das Verfahren rechtskräftig abgeschlossen oder sonst beendet ist (§ 168a Absatz 2 Satz 4 StPO ggf. in Verbindung mit § 46 Absatz 1 OWiG). Eine Unterschrift oder Genehmigung der endgültigen Niederschrift durch den Vernommenen ist nicht notwendig. Dieser erhält auch keine Ausfertigung seiner Anhörung.[1] Das Dokument ist nur zur Akte zu nehmen, nicht aber dem Beschuldigten bzw. Betroffenen zur Unterschrift oder gar Genehmigung zuzusenden.

7.2.3 Einsatz von Dolmetschern

Beherrscht der mündlich angehörte Beschuldigte oder Betroffene die deutsche Sprache nicht soweit, dass er der Maßnahme folgen und sich ausreichend äußern kann, so ist entweder ein Dolmetscher zu beauftragen oder von der mündlichen Anhörung vorläufig abzusehen.[2] Ein beauftragter Dolmetscher muss die Qualifikation zur einwandfreien Wiedergabe verwaltungs- und straf- bzw. bußgeldrechtlicher Rechtsbegriffe besitzen. Dies ist nur von solchen Personen zu erwarten, die auch von Gerichten, Staatsanwaltschaften oder Polizeibehörden zu Übersetzungen herangezogen werden. Es empfiehlt sich daher, auf dort vorhandene Verzeichnisse zurückzugreifen. Der aufgeführte Personenkreis rechnet mit kurzfristigen Beauftragungen und erscheint daher auch auf telefonische Anforderung unverzüglich am Vernehmungsort. Dringend abzuraten ist von Familienangehörigen, die sich als Dolmetscher anbieten oder vom Beschuldigten oder Betroffenen selbst beigezogen werden. Diese verfügen in der Regel nicht über Übersetzungskenntnisse für Rechtsbegriffe in deutscher Sprache. Außerdem besteht keine Gewissheit über eine zutref-

---

1) Zur Akteneinsicht des Beschuldigten, Betroffenen (§ 49 Absatz 1 OWiG) und Verteidigers (§ 147 StPO, ggf. in Verbindung mit § 46 Absatz 1 OWiG) siehe Kapitel 8.

2) LG Verden, Beschluss vom 25.02.1983, Az. 1 Qs 74/83, JurBüro 1983, 1845; LG Ansbach, Beschluss vom 11.07.1979, Az. Qs 36/79 OWi; NJW 1979, 2484; LG München II, Beschluss vom 18.11.1980, Az. 4 Qs 21/80, NStZ 1982, 124; AG Mannheim, Beschluss vom 10.01.1983, Az. 27 OWi 143/80, StV 1983, 146.

fende Übersetzung, so dass später in einem gerichtlichen Verfahren unwiderlegbar behauptet werden könnte, die von der Lebensmittelüberwachung aufgezeichneten Angaben entsprächen nicht denen des Betroffenen.

Der Einsatz eines Dolmetschers hat unmittelbare Auslagen zur Folge, da auch im Bußgeldverfahren ein Vergütungsanspruch gemäß § 59 OWiG nach den Sätzen des JVEG besteht. Dieser ist dem beauftragten Dolmetscher nach dem Zeitaufwand und entstandenen Fahrtkosten unmittelbar und ohne Rücksicht auf den Ausgang des Verfahrens zu erstatten. Kosten eines zur Anhörung des Betroffenen zugezogenen Dolmetschers können in einem Bußgeldverfahren als Auslagen der Verwaltungsbehörde festgesetzt werden (§ 107 Absatz 3 Nummer 5 OWiG). Sie werden der Behörde jedoch nicht erstattet, wenn ein erlassener Bußgeldbescheid durch eine gerichtliche Bußgeldentscheidung ersetzt wird oder eine Beschuldigtenvernehmung im eingeleiteten strafrechtlichen Ermittlungsverfahren stattfindet. Auslagen für Dolmetscher, die nur im Verwaltungsverfahren zum Einsatz kommen, können als verfahrensfremde Kosten weder im Straf- noch im Bußgeldverfahren angesetzt werden.

Mündliche Anhörung als Betroffener durch die Lebensmittelkontrolle
Verwaltungsverfahren – Bußgeldverfahren

Landratsamt Neukirchen

– Lebensmittelüberwachung –

Kantstraße 23,   Neukirchen, 10.10.2011
88888 Neukirchen

Anhörung eines Lebensmittelunternehmers
durch die Lebensmittelüberwachung

1. Zur Person:

Dieter Frank, geb. 13.7.1954 in Mannheim, Gastwirt,
wohnhaft: Leibnizstraße 12, 88882 Altstein
(Telefon mobil 0160345677, E-Mail-Adresse Frank@dieter.de)

2. Anhörung als Beteiligter des Verwaltungsverfahrens (§ 28 Absatz 1 VwVfG):

Die lebensmittelhygienerechtlichen Verstöße in Küche und Vorratsraum wurden mit
Herrn Frank besprochen. Dieser erklärte, die Verstöße zu kennen, aber wegen der
geringen Umsätze und hohen Kosten noch nicht zur Reinigung und Instandsetzung
gekommen zu sein. Die erforderlichen Maßnahmen könne er jetzt aber zeitlich und
finanziell schaffen.

Zu den besprochenen Reinigungsmaßnahmen wurde Herrn Frank eine Frist bis zur
angekündigten Nachkontrolle am 20.09.2011 gesetzt.

3. Anhörung als Betroffener des Bußgeldverfahrens (§ 55 OWiG in Verbindung
mit § 163a StPO):

Der Betroffene wurde anschließend auf den Tatbestand der Ordnungswidrigkeiten
nach § 10 Nummer 1, § 3 Satz 1, § 2 Absatz 2 LMHV in Verbindung mit VO (EG)
Nummer 852/2004 hingewiesen und über sein Aussageverweigerungsrecht als
Betroffener im Bußgeldverfahren (§ 55 OWiG in Verbindung mit § 163a StPO)
belehrt und erklärte:

Ich möchte meine obigen Angaben wiederholen. Die besprochenen Hygienemängel
kenne ich seit gut einem halben Jahr. Ich habe sie aus finanziellen Gründen wegen
der Renovierung des großen Saals im letzten Jahr noch nicht beheben können,
werde dies aber innerhalb der mir gesetzten Frist nachholen. Auf Frage: Von den mir
jetzt erläuterten betriebseigenen Schulungsmaßnahmen habe ich nichts gewusst.
Darüber muss ich mich jetzt informieren.

Mein monatliches Nettoeinkommen beträgt ca. 1200 Euro. Meine Frau arbeitet bei
mir mit, hat aber kein eigenes Einkommen. Wir haben zwei schulpflichtige Kinder.

Vorläufig aufgezeichnet durch Abkürzungen gemäß § 168a Absatz 2 Satz 1 StPO in Verbindung mit § 46 Absatz 1 OWiG. Vorgelesen und genehmigt, endgültig aufgezeichnet am selben Tag (Vorläufige Aufzeichnungen sind nachgeheftet).

Für die Richtigkeit der Aufzeichnung und Übertragung:

Neundorf, Lebensmittelkontrolleurin

7.3 Kombinierte Betroffenen/Zeugen-Anhörungen

Gelegentlich ist zu beobachten, dass die Verwaltungsbehörde ihre Aufgabe zur Ermittlung eines Täters dadurch zu umgehen versucht, dass sie ein Unternehmen schriftlich nach der Person des „**Verantwortlichen**" befragt. Hierfür gibt es selbstverständlich keine Rechtsgrundlage, weil dem Straf- und Ordnungswidrigkeitenrecht nicht das Störerprinzip der Gefahrenabwehr, sondern das Täterprinzip zugrunde liegt. Im Strafverfahren kann jemand nur Beschuldigter oder Zeuge, im Bußgeldverfahren nur Betroffener oder Zeuge sein. Welche Stellung jemand im Bußgeldverfahren einnimmt, entscheidet die Verwaltungsbehörde, nicht das Unternehmen, in dessen Geschäftsbetrieb die Ordnungswidrigkeit begangen worden sein soll. Unzulässig sind im Bußgeldverfahren auch kombinierte „Betroffenen/Zeugen-Anhörungen", in denen sich der Adressat – nicht die Verwaltungsbehörde – entscheiden kann, entweder als Betroffener sich selbst als Täter zu erkennen zu geben oder als Zeuge die Person des Täters mitzuteilen.

Sowohl Anschreiben an Unternehmen nach dem „Verantwortlichen" als auch kombinierte „Betroffenen/Zeugen-Anhörungen" führen unabhängig von ihrer Rechtswidrigkeit dazu, dass die Verwaltungsbehörde die Verfahrenshoheit aus der Hand gibt. Sie lässt sich vom am Verfahrensausgang interessierten Unternehmen vielmehr vorgeben, wer nach dessen Ansicht verfolgt werden darf. Diese Situation wird nicht selten dazu ausgenutzt, einen ehemaligen Geschäftsführer oder untergeordneten Mitarbeiter als „Verantwortlichen" zu präsentieren, während die wahren, aber nicht ermittelten Täter der Ordnungswidrigkeit unbehelligt bleiben. Es ist daher keine Frage der Anhörung, wem der Anhörungsbogen „geschickt" werden soll. Die Ermittlung des Täters innerhalb einer betrieblichen Organisation erfolgt entweder bereits durch die Lebensmittelüberwachung oder durch Überprüfung der Gewerbeanmeldung und ggf. des elektronischen Handelsregisters nach den gesetzlichen Vertretern des Unternehmens (vgl. § 9 Absatz 1 OWiG).[1]) Sonstige beauftragte Vertreter (vgl. § 9

---

1) Zur Ermittlung der gesetzlichen und beauftragten Vertreter (§ 9 OWiG) als mutmaßliche Täter einer im Betrieb oder Unternehmen begangenen Ordnungswidrigkeit siehe Kapitel 11.1.2.

Absatz 2 OWiG) wie Markleiter oder Abteilungsleiter von Teilbereichen wie einer Lebensmittelabteilung, Lager- oder Küchenchefs können durch den Lebensmittelkontrolleur/Veterinär durch Identitätsfeststellung vor Ort (§ 163b Absatz 1 StPO in Verbindung mit § 46 Absatz 1 OWiG) als weitere Täter ermittelt werden.[1])

7.4 Schriftliche Anhörung des Betroffenen

Eine schriftliche Anhörung des Betroffenen kommt im Bußgeldverfahren durch die Verwaltungsbehörde in Betracht (§ 55 OWiG in Verbindung mit § 163b StPO).[2]) Gegenüber einer mündlichen Vernehmung durch die Lebensmittelüberwachung hat diese Form den Nachteil, dass weder Fragen noch Vorhalte an den Betroffenen möglich sind. Eine große Anzahl der Äußerungsbögen wird nicht einmal zurückgesendet, wozu auch keine gesetzliche Verpflichtung besteht.[3]) Vielfach ist dann nach Aktenlage zu entscheiden. Kommt der Äußerungsbogen in Rücklauf, so liegen die Ausführungen des Betroffenen nicht selten neben der Sache. Die schriftliche Anhörung eignet sich daher vor allem für durchschnittliche Bußgeldverfahren, da sie auf jeden Fall ausreichend Gelegenheit zu rechtlichem Gehör gibt (§ 55 Absatz 1 Satz 2 OWiG). In bedeutsamen Fällen, in denen eine hohe Geldbuße zu erwarten ist, empfiehlt sich dagegen eine förmliche mündliche Vernehmung in der Dienststelle der Verwaltungsbehörde,[4]) vor allem bei beabsichtigter Verständigung mit dem Betroffenen über die Höhe der Geldbuße.

Der Anhörungsbogen muss in gleichem Umfang wie der Bußgeldbescheid aus sich heraus verständlich sein und alle vorgeworfenen Einzelfälle mit Tatzeit, Tatort und Tathergang enthalten (vgl. § 66 Absatz 1 Nummer 3 OWiG), um dem Betroffenen eine echte Gelegenheit zu geben, die gegen ihn vorliegenden Verdachtsgründe zu beseitigen und die zu seinen Gunsten sprechenden Tatsachen geltend zu machen (§ 136 Absatz 2 StPO in Verbindung mit § 46 Absatz 1 OWiG). Die bloße Wiedergabe des Gesetzestextes stellt daher kein ausreichendes rechtliches Gehör dar.

---

1) Zur Identitätsfeststellung von Verdächtigen (§ 163b Absatz 1 StPO in Verbindung mit § 46 Absatz 1 OWiG) siehe Kapitel 3.10.

2) Im strafrechtlichen Ermittlungsverfahren werden schriftliche Anhörungen durch die Staatsanwaltschaft durchgeführt. Anhörungen durch die Verwaltungsbehörde wegen Straftaten sind mangels Zuständigkeit unzulässig.

3) Entgegen dem Text mancher Anhörungsbögen stellt die unterlassene Rücksendung keine ordnungswidrige Personalienverweigerung im Sinne des § 111 OWiG dar.

4) Zur förmlichen mündlichen Anhörung in der Dienststelle der Verwaltungsbehörde siehe Kap. 7.7.

Verweisungen auf den Inhalt, insbesondere Blattzahlen der Bußgeldakte, genügen ebenfalls nicht. Der Tatvorwurf sollte daher auch aus verfahrensökonomischen Gründen genauso wie in einem späteren Bußgeldbescheid abgefasst werden. Die Angabe der Beweismittel ist nur für den Bußgeldbescheid vorgesehen (§ 66 Absatz 1 Nummer 4 OWiG) und daher im Anhörungsbogen nicht notwendig.

Der Anhörungsbogen ist als dienstliches Schreiben an die Privatanschrift des Betroffenen, nicht an eine Firmenanschrift zu senden. Lässt sich die Privatanschrift nicht ermitteln, so kann er zur Gewährleistung des personenbezogenen Datenschutzes mit dem Vermerk „Persönlich/Vertraulich" an ein Unternehmen gerichtet werden. Spätestens für die mangelfreie Zustellung des Bußgeldbescheides (§ 51 Absatz 2 OWiG) muss aber die Privatanschrift, ggf. aus den Angaben im Äußerungsbogen feststehen. Hat der Betroffene bereits einen **Verteidiger** gewählt, sind Anhörungswie Äußerungsbogen gleichwohl an ihn, nicht an einen Rechtsanwalt als Verteidiger zu senden. Dieser erhält jedoch einen Abdruck zur Kenntnisnahme, um seinen Mandanten zur Frage einer Äußerung richtig beraten zu können.

Als **Äußerungsfrist** genügt grundsätzlich eine Woche. Dabei handelt es sich nicht um eine gesetzliche, sondern eine Behördenfrist, die im Einzelfall aus begründetem Anlass wie Urlaubsabwesenheit verlängert werden kann. Kommt der Äußerungsbogen eine Woche nach Fristablauf nicht in Rücklauf, ist davon auszugehen, dass der Betroffene die Gelegenheit rechtlichen Gehörs nicht wahrnehmen will, und daher nach Aktenlage zu entscheiden.

Der zurückzusendende Äußerungsbogen ist in die Pflichtangaben zur Person und die freiwilligen Angaben zur Sache unterteilt. Die Pflichtangaben dienen nur zur Identitätsfeststellung des Adressaten als Betroffener, nicht zur Klärung seiner Täterschaft. Wer seine Personalien wahrheitsgemäß angibt, gibt sich nicht als Täter der vorgeworfenen Ordnungswidrigkeit zu erkennen, sondern kommt seiner gesetzlichen Mitwirkungspflicht nach § 163b Absatz 1 StPO in Verbindung mit § 46 Absatz 1 OWiG nach. Hilfreiche Angaben, die nicht zur Identifizierung der Person des Betroffenen notwendig sind, wie z. B. Mobiltelefonnummer und E-Mail-Adresse, müssen als freiwillig gekennzeichnet sein.

Die freiwilligen Angaben zur Sache müssen rechtliches Gehör sowohl zum Tatvorwurf als auch den Rechtsfolgen geben (vgl. § 160 Absatz 3 Satz 1 StPO in Verbindung mit § 46 Absatz 1 OWiG). Die Angaben zu den wirtschaftlichen Verhältnissen sind für die Zumessung der Geldbuße bei nicht geringfügigen Ordnungswidrigkeiten (§ 17 Absatz 3 Satz 2 OWiG) erforderlich.[1]) Daher sind Fragen nach dem monatlichen Nettoeinkommen, Unterhaltspflichten und Schulden ohne Gegenwert von Bedeutung, um glaubhaften Angaben folgen oder bei fehlenden oder unglaubwürdigen Ausführungen die wirtschaftlichen Verhältnisse schätzen zu können. Auf die Konsequenz der Schätzung bei fehlenden oder ungeeigneten Angaben sollte der Betroffene daher gleich im Äußerungsbogen hingewiesen werden.

---

1) Zur Zumessung der Geldbuße wegen einer Ordnungswidrigkeit (§ 17 Absatz 3 OWiG) siehe Kapitel 9.2.

**Schriftliche Anhörung des Betroffenen mit Anhörungs- und Äußerungsbogen
Inverkehrbringen unsicherer Lebensmittel (Inhaber einer Einzelfirma)**

Landratsamt Neukirchen

Zentrale Bußgeldstelle

Landratsamt Neukirchen, Postfach 5678, 88888 Neukirchen

Frau
Silvia Werner
Droste-Hülshoff-Straße 112
88881 Freiberg

Dienstgebäude	Feuerbachstraße 43
	88888 Neukirchen
Zimmer	0432
Sachbearbeiter(in)	Frau Weber
Telefon	(0823) 8878 -342
Telefax	(0823) 8878 -340
E-Mail	zbslra@neukirchen.de

Ihr Zeichen, Ihre Nachricht vom	Bitte bei Antwort angeben Unser Zeichen, Unsere Nachricht vom OWi-0987665/11	Datum 16.10.2011

Anhörung als Betroffene wegen einer Ordnungswidrigkeit

Sehr geehrte Frau Werner,

nach unseren Feststellungen haben Sie folgende Ordnungswidrigkeit begangen:

Sie haben am 10.10.2011 als Inhaberin der Firma Lemex-Lebensmittelgroßhandel, Freiberg, Lortzingstraße 12, 30 kg argentinisches Rindfleisch an die Firma Globus-Verbrauchermärkte GmbH in Neustadt ausgeliefert. Dabei erkannten Sie aufgrund mangelnder Sorgfalt nicht, dass die Lebensmittel wegen Überlagerung zwischen sechs und neun Monaten nicht mehr zum Verzehr durch den Menschen geeignet waren.

Ordnungswidrig handelt,

wer fahrlässig entgegen § 11 Absatz 2 Nummer 1 Lebensmittel- und Futtermittelgesetzbuch (LFGB) ein Lebensmittel in den Verkehr bringt. Es ist verboten, andere als dem Verbot des Artikel 14 Absatz 1 in Verbindung mit Absatz 2 Buchstabe b der VO (EG) Nummer 178/2002 unterliegende Lebensmittel die für den Verzehr durch den Menschen ungeeignet sind, in den Verkehr zu bringen (§ 11 Absatz 2 Nummer 1 LFGB).

Telefonvermittlung	Besuchszeiten	Öffentliche Verkehrsmittel	Bankverbindungen
(0823) 8878 -0	Mo.-Mi. 7.30-16.30 Uhr	Stadtbus Linie 4	Sparkasse Neukirchen
	Do. 7.30-17.30 Uhr	Haltestelle Landratsamt	IBAN DE 128002000830204123456
Internet	Fr. 7.30-12.00 Uhr		Volksbank Neukirchen
www.lra-neukirchen.de			IBAN DE 80030000403320654321

Verletzte Bußgeldvorschriften:

§ 59 Absatz 1 Nummer 8 in Verbindung mit § 60 Absatz 1 Nummer 1 Lebensmittel- und Futtermittelgesetzbuch (LFGB) in der Fassung der Bekanntmachung 22.08.2011 (BGBl. I S. 1170).

Wegen dieser Zuwiderhandlungen haben wir gegen Sie ein Bußgeldverfahren nach dem Gesetz über Ordnungswidrigkeiten (OWiG) eingeleitet (§ 47 Absatz 1 Nummer 1 OWiG). Durch die Anhörung erhalten Sie Gelegenheit, sich zur Beschuldigung zu äußern.

Wir bitten Sie, den Äußerungsbogen bis spätestens eine Woche ab Zugang zurückzusenden und zwar auch dann, wenn Sie sich nicht zur Sache äußern wollen.

Sollten Sie die Gelegenheit zu rechtlichem Gehör nicht wahrnehmen, müssen Sie damit rechnen, dass wir nach Ablauf der Äußerungsfrist ohne weiteres Anschreiben einen Bußgeldbescheid gegen Sie erlassen werden.

Hinweis:

Sofern uns Ihre Verteidigung durch eine Rechtsanwältin oder einen Rechtsanwalt mitgeteilt ist, erhält die von Ihnen beauftragte Person dieses Schreiben zur Kenntnisnahme.

Anlage:
1 Äußerungsbogen

Mit freundlichen Grüßen

Weber

Az. OWi-0987665/11   *Neukirchen, den 19.10.2011*

Zurück an:
Landratsamt Neukirchen   **Äußerungsbogen zum Vorwurf**
Kantstraße 23   **einer Ordnungswidrigkeit (§ 55 OWiG)**

88888 Neukirchen

Bitte in Druckschrift ausfüllen!

1. Angaben zur Person (Pflichtangaben):

Name (Ehename)   *Werner*

Vornamen   *Silvia*

ggf. Geburtsname   *Rosenbauer*

Anschrift (Straße Nummer,   *Droste -Hülshoff -Straße 112*

PLZ Ort, Kreis)   *99973 Freiberg*

Geburtsdatum   *11.09.1978*

Geburtsort (Kreis)   *Mittweida*

Familienstand   *verheiratet*

Beruf   *Kauffrau*

Telefon (freiwillig)   *(0933) 345678*

E-Mail (freiwillig)   *werner@silvia.de*

2. Angaben zur Sache (Freiwillige Angaben):

Wir haben das Rindfleisch von unserem Vorlieferanten Zentralfleisch Ltd. in Nordstadt gekauft. Mit diesem Unternehmen arbeiten wir seit über fünf Jahren zusammen und hatten noch nie Veranlassung zu Reklamationen. Wir sind sehr verärgert und haben die Geschäftsbeziehung abgebrochen. Unsere Auslieferung an die Globus-Verbrauchermärkte können wir allerdings nicht mehr rückgängig machen, weil sie schon vollständig verkauft ist.

3. Wirtschaftliche Verhältnisse (Freiwillige Angaben):

Hinweis: Sollen Sie Ihre wirtschaftlichen Verhältnisse nicht, nichtvollziehbar oder unglaubhaft angeben, wären wir bei der Zumessung einer Geldbuße gezwungen, diese zu schätzen:

Monatliches Nettoeinkommen   *geordnet*

Schulden ohne Gegenwert

Werner

(Unterschrift)

Schriftliche Anhörung des Betroffenen mit Anhörungs- und Äußerungsbogen
Unterrichtung der Behörde über unsichere Lebensmittel
(Inhaber einer Einzelfirma)

Landratsamt Neukirchen

Zentrale Bußgeldstelle

Landratsamt Neukirchen, Postfach 5678, 88888 Neukirchen

Frau
Silvia Werner
Droste-Hülshoff-Straße 112
88881 Freiberg

Dienstgebäude	Feuerbachstraße 43
	88888 Neukirchen
Zimmer	0432
Sachbearbeiter(in)	Frau Weber
Telefon	(0823) 8878-342
Telefax	(0823) 8878-340
E-Mail	zbslra@neukirchen.de

Ihr Zeichen, Ihre Nachricht vom	Bitte bei Antwort angeben Unser Zeichen, Unsere Nachricht vom OWi-0987665/11	Datum 16.10.2011

Anhörung als Betroffene wegen einer Ordnungswidrigkeit

Sehr geehrte Frau Werner,

nach unseren Feststellungen haben Sie folgende Ordnungswidrigkeit begangen:

Die Firma Zentralfleisch Ltd., Nordstadt hat der von Ihnen betriebenen Firma Lemex, Lebensmittelgroßhandel, Freiberg, am 10.04.2011 auf Ihre Bestellung vom 30.03.2011 mindestens 32 kg argentinisches Rindfleisch geliefert, die Sie in einem Kühlhaus Ihres Unternehmens zum Zweck des Weiterverkaufs an Einzelhändler vorübergehend einlagerten. Wegen fehlender Eignung zum Verzehr durch Überlagerung beanstandeten Sie am 15.04.2011 die Lieferung bei der Firma Zentralfleisch Ltd., die sie daraufhin am 27.04. 2011 zurücknahm und an einen anderen Lebensmittelunternehmer auslieferte. Sie unterließen es wissentlich, das Landratsamt Neukirchen ohne schuldhaftes Zögern nach dem 10.04.2011 schriftlich oder elektronisch unter Angabe Ihres Namens und Ihrer Anschrift darüber unter Angabe des Namens und der Anschrift des Lieferanten zu unterrichten.

Telefonvermittlung (0823) 8878-0 Internet www.lra-neukirchen.de	Besuchszeiten Mo.-Mi. 7.30-16.30 Uhr Do. 7.30-17.30 Uhr Fr. 7.30-12.00 Uhr	Öffentliche Verkehrsmittel Stadtbus Linie 4 Haltestelle Landratsamt	Bankverbindungen Sparkasse Neukirchen IBAN DE 128002000830204123456 Volksbank Neukirchen IBAN DE 8003000403320654321

Ordnungswidrig handelt,

wer vorsätzlich entgegen § 44 Absatz 4 Satz 1 Lebensmittel- und Futtermittelgesetzbuch (LFGB) die zuständige Behörde nicht unterrichtet. Ergänzend zu Artikel 19 Absatz 1 Satz 1 VO (EG) Nummer 178/2002 hat ein Lebensmittelunternehmer, der Grund zu der Annahme hat, dass ein von ihm angeliefertes Lebensmittel (Nummer 1) oder ein von ihm erworbenes Lebensmittel, über das er die tatsächliche unmittelbare Sachherrschaft erlangt hat (Nummer 2) einem Verkehrsverbot nach Artikel 14 Absatz 1 der VO (EG) Nummer 178/2002 unterliegt, unverzüglich die für die Überwachung zuständige Behörde schriftlich oder elektronisch unter Angabe seines Namens und seiner Anschrift darüber unter Angabe des Namens und der Anschrift desjenigen, von dem ihm das Lebensmittel angeliefert worden ist oder von dem er das Lebensmittel erworben hat, zu unterrichten (§ 44 Absatz 4 Satz 1 LFGB).

Verletzte Bußgeldvorschriften:

§ 60 Absatz 2 Nummer 22 Lebensmittel- und Futtermittelgesetzbuch (LFGB) in der Fassung der Bekanntmachung 22.08.2011 (BGBl. I S. 1170).

Wegen dieser Zuwiderhandlungen haben wir gegen Sie ein Bußgeldverfahren nach dem Gesetz über Ordnungswidrigkeiten (OWiG) eingeleitet (§ 47 Absatz 1 Nummer 1 OWiG). Durch die Anhörung erhalten Sie Gelegenheit, sich zur Beschuldigung zu äußern.

Wir bitten Sie, den Äußerungsbogen bis spätestens eine Woche ab Zugang zurückzusenden und zwar auch dann, wenn Sie sich nicht zur Sache äußern wollen.

Sollten Sie die Gelegenheit zu rechtlichem Gehör nicht wahrnehmen, müssen Sie damit rechnen, dass wir nach Ablauf der Äußerungsfrist ohne weiteres Anschreiben einen Bußgeldbescheid gegen Sie erlassen werden.

Hinweis:

Sofern uns Ihre Verteidigung durch eine Rechtsanwältin oder einen Rechtsanwalt mitgeteilt ist, erhält die von Ihnen beauftragte Person dieses Schreiben zur Kenntnisnahme.

Anlage:
1 Äußerungsbogen

Mit freundlichen Grüßen

Weber

Az. OWi-0987665/11   *Neukirchen, den 17.10.2011*

Zurück an:
Landratsamt Neukirchen   **Äußerungsbogen zum Vorwurf einer**
Kantstraße 23   **Ordnungswidrigkeit (§ 55 OWiG)**

88888 Neukirchen   Bitte in Druckschrift ausfüllen!

1. Angaben zur Person (Pflichtangaben):

Name (Ehename)	*Werner*
Vornamen	*Silvia*
ggf. Geburtsname	*Rosenbauer*
Anschrift (Straße Nummer,	*Droste-Hülshoff-Straße 112*
PLZ Ort, Kreis)	*99973 Freiberg*
Geburtsdatum	*11.09.1978*
Geburtsort (Kreis)	*Mittweida*
Familienstand	*verheiratet*
Beruf	*Kauffrau*
Telefon (freiwillig)	*0933/345678*
E-Mail (freiwillig)	*werner@silvia.de*

2. Angaben zur Sache (Freiwillige Angaben):

Diese Unterrichtungspflicht ist mir völlig unbekannt gewesen. Wieso haben Sie mich bei Ihren bisherigen Kontrollen unserer Kühlräume nie darauf hingewiesen? Ich kann nicht dauernd Fachzeitschriften lesen, sondern muss mich um meinen Betrieb kümmern. Bitte stellen Sie das Verfahren ein, ich habe das wirklich nicht gewusst.

3. Wirtschaftliche Verhältnisse (Freiwillige Angaben):

Hinweis: Sollen Sie Ihre wirtschaftlichen Verhältnisse nicht, nicht nachvollziehbar oder unglaubhaft angeben, wären wir bei der Zumessung einer Geldbuße gezwungen, diese zu schätzen:

Monatliches Nettoeinkommen   *geordnet*
Schulden ohne Gegenwert

Werner

(Unterschrift)

**Schriftliche Anhörung des Betroffenen mit Anhörungsbogen
Lebensmittelhygieneverstöße (Inhaber einer Einzelfirma)**

Landratsamt Neukirchen   Zentrale Bußgeldstelle

Landratsamt Neukirchen, Postfach 5678, 88888 Neukirchen

	Dienstgebäude	Feuerbachstraße 43
		88888 Neukirchen
Herrn	Zimmer	0432
Dieter Frank	Sachbearbeiter(in)	Frau Weber
Leibnizstraße 12	Telefon	(0823) 8878 -342
88882 Altstein	Telefax	(0823) 8878 -340
	E-Mail	zbslra@neukirchen.de

	Bitte bei Antwort angeben	
Ihr Zeichen, Ihre Nachricht vom	Unser Zeichen, Unsere Nachricht vom	Datum
	0987665/11	16.10.2011

Anhörung als Betroffener wegen einer Ordnungswidrigkeit

Sehr geehrter Herr Frank,

nach unseren Feststellungen haben Sie folgende Ordnungswidrigkeiten begangen:

I.

Sie haben als Inhaber der Gaststätte „Werdenfelser Hof" in 88888 Neukirchen, Goethestraße 15 am Dienstag, den 13.10.2011 zwischen 10.00 Uhr und 11.30 Uhr Speisen verschiedener Art, darunter Fleischgerichte mit Beilagen zubereitet. Dabei hatten Sie als Lebensmittelunternehmer folgende lebensmittelhygienische Anforderungen einzuhalten:

1. Betriebsstätten, in denen mit Lebensmitteln umgegangen wird, müssen sauber und stets instand gehalten sein
(Artikel 4 Absatz 2 Verordnung (EG) Nummer 852/2004 in Verbindung mit Anhang II Kapitel I Nummer 1).

Von diesen Anforderungen sind Sie bewusst abgewichen, indem Sie in der Küche Fettablagerungen auf und vor dem dort aufgestellten Elektroherd seit längerer Zeit nicht entfernt haben, so dass es zu starken verkrusteten Verschmutzungen kam. Durch mögliche Berührung wurden die dort behandelten Lebensmittel der Gefahr nachteiliger Beeinflussung durch diese Verunreinigungen ausgesetzt.

Telefonvermittlung	Besuchszeiten	Öffentliche Verkehrsmittel	Bankverbindungen
(0823) 8878 -0	Mo.-Mi. 7.30-16.30 Uhr	Stadtbus Linie 4	Sparkasse Neukirchen
	Do. 7.30-17.30 Uhr	Haltestelle Landratsamt	IBAN DE 128002000830204123456
Internet	Fr. 7.30-12.00 Uhr		Volksbank Neukirchen
www.lra-neukirchen.de			IBAN DE 80030000403320654321

2. Betriebsstätten, in denen mit Lebensmitteln umgegangen wird, müssen sauber und stets instand gehalten sein
(Artikel 4 Absatz 2 Verordnung (EG) Nummer 852/2004 in Verbindung mit Anhang II Kapitel I Nummer 1).

Von diesen Anforderungen sind Sie bewusst abgewichen, indem Sie in der Küche aufgrund mangelhafter Reinigung des Fußbodens Verschmutzungen nicht beseitigten, in denen sich mehrere lebende Ameisen und Käfer (Kakerlaken) befanden. Dadurch wurden die dort behandelten Lebensmittel der Gefahr nachteiliger Beeinflussung durch tierische Schädlinge ausgesetzt.

3. Flächen (einschließlich Flächen von Ausrüstungen) in Bereichen, in denen mit Lebensmitteln umgegangen wird, und insbesondere Flächen, die mit Lebensmitteln in Berührung kommen, sind in einwandfreiem Zustand zu halten und müssen leicht zu reinigen und erforderlichenfalls zu desinfizieren sein
(Artikel 4 Absatz 2 Verordnung (EG) Nummer 852/2004 in Verbindung mit Anhang II Kapitel I Nummer 1 Buchstabe f).

Von diesen Anforderungen sind Sie bewusst abgewichen, indem Sie in der Küche die für die Zerteilung und Zubereitung vorgesehene Arbeitsplatte aus Hartholz längere Zeit nicht reinigten. In den vorhandenen Scharten der Oberfläche befanden sich während der Zubereitung von Frischfleisch zahlreiche, bereits verfärbte Fleischreste. Dadurch wurden die dort behandelten Lebensmittel der Gefahr nachteiliger Beeinflussung durch Mikroorganismen und Verunreinigungen ausgesetzt.

4. Reinigungs- und Desinfektionsmittel dürfen nicht in Bereichen gelagert werden, in denen mit Lebensmitteln umgegangen wird
(Artikel 4 Absatz 2 Verordnung (EG) Nummer 852/2004 in Verbindung mit Anhang II Kapitel I Nummer 10).

Von diesen Anforderungen sind Sie bewusst abgewichen, indem Sie im Vorratsraum neben für den Geschäftsbetrieb bestimmten, gefüllten Kartoffelbehältern 2,5 kg Schädlingsbekämpfungsmittel Supertox, 5 l Pflanzenschutzmittel Floran und ca. 15 l verschiedene Lösungsmittel lagerten.[1]

5. Es müssen an geeigneten Standorten genügend Handwaschbecken vorhanden sein. Diese müssen Warm- und Kaltwasserzufuhr haben; darüber hinaus müssen Mittel zum Händewaschen und zum hygienischen Händetrocknen vorhanden sein
(Artikel 4 Absatz 2 Verordnung (EG) Nummer 852/2004 in Verbindung mit Anhang II Kapitel I Nummer 4 Satz 1, 2).

---

1 Dieser Verstoß beruht auf § 2 Nummer 2 LMRStV, der im Gegensatz zu § 10 Nummer 1 in Verbindung mit § 3 Satz 1 LMHV keine Gefahr nachteiliger Beeinflussung im Sinne des § 2 Absatz 1 Nummer 1 LMHV erfordert.

Von diesen Anforderungen sind Sie bewusst abgewichen, indem Sie in der Personaltoilette weder Seife noch Handtücher zur Verfügung stellten. Dadurch wurden die Lebensmittel der Gefahr nachteiliger Beeinflussung durch Mikroorganismen und Verunreinigungen ausgesetzt.

6. Die Wandflächen sind in einwandfreiem Zustand zu halten und müssen leicht zu reinigen sein
(Artikel 4 Absatz 2 Verordnung (EG) Nummer 852/2004 in Verbindung mit Anhang II Kapitel II Nummer 1 Buchstabe b).

Von diesen Anforderungen sind Sie bewusst abgewichen, indem Sie im Kühlraum ca. 1,5 m² heruntergefallene Fliesen nicht erneuerten. Dadurch wurden die dort lagernden Lebensmittel der Gefahr nachteiliger Beeinflussung durch diese Verunreinigungen ausgese tzt.

Diese Verstöße waren Ihnen bereits spätestens Ende Februar 2011 bekannt.

II.

Während der Kontrolle der Betriebsräume haben Sie dem Bediensteten der Lebensmittelüberwachung Krämer trotz Belehrung über die Ordnungswidrigkeit Ihres Verhaltens keine Auskunft über die Herkunft des im Geschäftsbetrieb verarbeiteten Obsts, Salats und Gemüses gegeben.

Ordnungswidrig handelt,

I.

1. (Nummer 4) im Sinne des § 60 Absatz 4 Nummer 2 Buchstabe a des Lebensmittel- und Futtermittelgesetzbuches (LFGB), wer gegen die Verordnung (EG) Nummer 852/2004 verstößt, indem er vorsätzlich entgegen Artikel 4 Absatz 2 in Verbindung mit Anhang II Kapitel I Nummer 10 ein Reinigungs- oder Desinfektionsmittel lagert und

2. (Nummern 1 bis 3, 5 bis 6) wer vorsätzlich entgegen § 3 Satz 1 Lebensmittel-Hygieneverordnung Lebensmittel behandelt. Lebensmittel dürfen nur so hergestellt, behandelt oder in Verkehr gebracht werden, dass sie bei Beachtung der im Verkehr erforderlichen Sorgfalt der Gefahr einer nachteiligen Beeinflussung (§ 2 Absatz 1 Nummer 1 LMHV) nicht ausgesetzt sind (§ 3 Satz 1 LMHV). Im Übrigen gelten die Begriffsbestimmungen des Artikels 2 Absatz 1 der VO (EG) Nummer 852/2004 des Europäischen Parlaments und des Rats vom 29. April 2004 über Lebensmittelhygiene (Abl. EU Nummer L 139 S. 1, Nummer L 226 S. 3) entsprechend.

II.

wer vorsätzlich entgegen § 44 Absatz 2 Satz 1 Lebensmittel- und Futtermittelgesetzbuch (LFGB) eine Auskunft nicht erteilt. Soweit es zur Durchführung der Vorschriften über den Verkehr mit Erzeugnissen im Sinne dieses Gesetzes erforderlich ist, sind die mit der Überwachung beauftragten Personen befugt, von natürlichen und juristischen Personen und nicht rechtsfähigen Personenvereinigungen alle erforderlichen Auskünfte, insbesondere solche über die Herstellung, die zur Verarbeitung gelangenden Stoffe und deren Herkunft zu verlangen.

Verletzte Bußgeldvorschriften

I.

(Nummer 4) § 2 Nummer 2 Lebensmittelrechtliche Straf- und Bußgeldverordnung (LMRStV) vom 07. Februar 2012 (BGBl. I S. 190) und

(Nummern 1 bis 3, 5 bis 6) § 10 Nummer 1 Lebensmittel-Hygieneverordnung vom 08. August 2007 (BGBl. I S. 1816).

II.

§ 60 Absatz 2 Nummer 20 Lebensmittel- und Futtermittelgesetzbuch (LFGB) in der Bekanntmachung vom 22.08.2011 (BGBl. I S. 1170)

Wegen dieser Zuwiderhandlungen haben wir gegen Sie ein Bußgeldverfahren nach dem Gesetz über Ordnungswidrigkeiten (OWiG) eingeleitet (§ 47 Absatz 1 Nummer 1 OWiG). Durch die Anhörung erhalten Sie Gelegenheit, sich zur Beschuldigung zu äußern.

Wir bitten Sie, den Äußerungsbogen bis spätestens eine Woche ab Zugang zurückzusenden und zwar auch dann, wenn Sie sich nicht zur Sache äußern wollen.

Sollten Sie die Gelegenheit zu rechtlichem Gehör nicht wahrnehmen, müssen Sie damit rechnen, dass wir nach Ablauf der Äußerungsfrist ohne weiteres Anschreiben einen Bußgeldbescheid gegen Sie erlassen werden.

Hinweis:

Sofern uns Ihre Verteidigung durch eine Rechtsanwältin oder einen Rechtsanwalt mitgeteilt ist, erhält die von Ihnen beauftragte Person dieses Schreiben zur Kenntnisnahme.

Anlage

1 Äußerungsbogen

Mit freundlichen Grüßen

Weber

Az. OWi-0987665/08

Neukirchen, den 17.10.2011

Zurück an:
Landratsamt Neukirchen
Kantstraße 23

**Äußerungsbogen zum Vorwurf einer
Ordnungswidrigkeit (§ 55 OWiG)**

88888 Neukirchen

Bitte in Druckschrift oder mit
Schreibmaschine ausfüllen!

1. Angaben zur Person (Pflichtangaben):

Name (Ehename)	*Frank*
Vornamen	*Dieter*
ggf. Geburtsname	
Anschrift (Straße Nummer,	*Leibnizstraße 12*
PLZ Ort, Kreis)	*88882 Altstein*
Geburtsdatum	*13.7.1954*
Geburtsort (Kreis)	*Mannheim*
Familienstand	*verheiratet*
Beruf	*Gastwirt*
Telefon (freiwillig)	*0734/234534*
E-Mail (freiwillig)	*Frank@dieter.de*

2. Angaben zur Sache (Freiwillige Angaben):

Die Kontrolle ist nicht angekündigt worden und hat vor den Augen eines Lieferanten stattgefunden. Ich erteile Ihnen deswegen Hausverbot! Die Reinigung war übrigens für den Nachmittag genau dieses Tages vorgesehen. Ich hätte übrigens gar keine Angaben machen müssen, weil ich ein Auskunftsverweigerungsrecht habe. Das mache ich jetzt geltend!

3. Wirtschaftliche Verhältnisse (Freiwillige Angaben):

Hinweis: Sollen Sie Ihre wirtschaftlichen Verhältnisse nicht, nicht nachvollziehbar oder unglaubhaft angeben, wären wir bei der Zumessung einer Geldbuße gezwungen, diese zu schätzen:

Monatliches Nettoeinkommen	*1200 Euro*
Schulden ohne Gegenwert	*400 Euro monatlich Unterhaltspflicht für nichteheliches Kind*

Frank

(Unterschrift)

7.5 Angeblicher Tatbestands- oder Verbotsirrtum

Bei mündlichen wie schriftlichen Anhörungen tragen die Betroffenen immer wieder zu ihrer Entlastung vor, sie hätten bestimmte Umstände nicht gekannt. Diese Einwendung ist zwar bei der Gefahrenabwehr bedeutungslos, spielt aber im Bußgeldverfahren eine wichtige Rolle für die Frage, ob eine Ordnungswidrigkeit vorsätzlich oder nur fahrlässig begangen wurde.[1]) Bei fahrlässiger Tatbestandsverwirklichung steht nur der halbe Höchstbetrag der Geldbuße für vorsätzliches Handeln zur Verfügung (§ 60 Absatz 2 ff. LFGB in Verbindung mit § 17 Absatz 2 OWiG). Bei den Mischtatbeständen des § 59 und § 60 Absatz 1 LFGB[2]) ist nur fahrlässiges Handeln Ordnungswidrigkeit, vorsätzliches dagegen Straftat. In diesem Fall darf das Bußgeldverfahren nicht fortgeführt werden, die Sache ist vielmehr unverzüglich an die Staatsanwaltschaft abzugeben (§ 41 Absatz 1 OWiG.[3])

Die Einwendungen des Betroffenen bei der Anhörung sind daher nach der Bestimmung über den Irrtum in § 11 OWiG zu überprüfen. Entscheidend ist, ob sich der Betroffene über ein Tatbestandsmerkmal – Tatbestandsirrtum, § 11 Absatz 1 OWiG – oder über eine einschlägige Rechtsvorschrift – Verbotsirrtum, § 11 Absatz 2 OWiG – geirrt hat.

7.5.1 Tatbestandsirrtum

Wer bei Begehung einer Handlung einen Umstand nicht kennt, der zum gesetzlichen Tatbestand gehört, handelt nach § 11 Absatz 1 Satz 1 OWiG nicht vorsätzlich. Die im Lebensmittelrecht durchgehend bestehende Möglichkeit der Ahndung wegen fahrlässigen Handelns (§ 10 OWiG) bleibt nach § 11 Absatz 1 Satz 2 OWiG unberührt.

Beispiel:

Der Betroffene behauptet gegenüber dem Lebensmittelkontrolleur/Veterinär, er habe einige gelagerte nicht mehr verkehrsfähige Lebensmittel übersehen. Seine Mitarbeiter hätten ohne sein Wissen gehandelt.

Die zur Fahrlässigkeit führende Einwendung eines Tatbestandsirrtums braucht keineswegs einfach hingenommen zu werden, sondern ist auf eine Schutzbehauptung des Betroffenen zu überprüfen.

---

1) Zur Abgrenzung von Vorsatz und Fahrlässigkeit siehe Kapitel 2.5.
2) Zu den lebensmittelrechtlichen Mischtatbeständen (§ 59/§ 60 Absatz 1 LFGB) siehe Kapitel 2.2.
3) Zur Abgabe einer Sache an die Staatsanwaltschaft wegen Verdachts einer Straftat (§ 41 Absatz 1 OWiG) siehe Kapitel 5.5.

Beispiel:

Der Lebensmittelkontrolleur/Veterinär hält dem Betroffenen im vorhergehenden Beispiel vor, dass genau dieselben Lebensmittel bereits bei der letzten Kontrolle beanstandet wurden, er dies schon damals durch Unterschrift zur Kenntnis genommen hatte und trotzdem nicht eingeschritten sei. Es sei daher zumindest von bedingtem Vorsatz auszugehen. Der Bußgeldbescheid wird wegen vorsätzlichen Handelns erlassen.

7.5.2 Verbotsirrtum

Fehlt dem Täter bei Begehung der Handlung die Einsicht, etwas Unerlaubtes zu tun, namentlich weil er das Bestehen oder die Anwendbarkeit einer Rechtsvorschrift nicht kennt, so handelt er nach § 11 Absatz 2 OWiG nicht vorwerfbar, wenn er diesen Irrtum nicht vermeiden konnte.

Die Vermeidbarkeit des rechtlichen Irrtums setzt eine **Prüfungs- und Erkundigungspflicht** des Lebensmittelunternehmers voraus. Die Einwendung, die Lebensmittelüberwachung oder Verwaltung habe ihn nicht über einschlägige lebensmittelrechtliche Bestimmungen unterrichtet, ist daher das Geständnis des vermeidbaren Verbotsirrtums.

Der Lebensmittelunternehmer hat sich daher von sich aus nach den Rechtsvorschriften, die auf dem betreffenden Gebiet des Lebensmittelrechts zu beachten sind, insbesondere auch nach EU-Verordnungen **vor** Beginn der gewerblichen Tätigkeit aus allgemein zugänglichen Quellen zu erkundigen. Ist er dazu intellektuell nicht in der Lage, muss er sich erforderlichenfalls Rechtsrat bei kompetenter Stelle wie einer Fachbehörde, einem Berufsverband oder Rechtsanwalt einholen. Die Auskunft des Betriebsvorgängers, eines Konkurrenten oder Freundes genügt dazu nicht.

Ein Lebensmittelunternehmer muss sich ferner fortlaufend über neue und geänderte, auch EU-Vorschriften in Kenntnis halten. Bei Einführung neuer Bestimmungen schafft das Opportunitätsprinzip (§ 47 Absatz 1 Satz 1 OWiG) eine Art Karenzzeit für die Ahndung von Zuwiderhandlungen. Nach einer gewissen Zeit müssen neue Bestimmungen aber jedem Lebensmittelunternehmer bekannt sein.

Fehlen dem Betroffenen Kenntnisse der deutschen Sprache oder des deutschen Rechtssystems, so hat er einen Verbotsirrtum trotzdem nach Möglichkeit zu vermeiden. Seiner Erkundigungspflicht muss er auf seine Kosten durch einen qualifizierten Dolmetscher in gleicher Weise wie jeder andere Lebensmittelunternehmer nachkommen. Völlig ungenügend ist es, die Erledigung solcher Aufgaben auf sprachkundige Familienangehörige zu übertragen und sich auf sie zu verlassen.

Die Berufung auf **mangelnde Sprachkenntnisse** entlastet daher grundsätzlich nicht. Auch die Betreiber von Kleinbetrieben wie etwa Dönerbuden können sich auch nicht auf für sie nicht verständliche Vorschriften in deutscher Sprache mit der Begründung berufen, ihr Kundenkreis bestehe ausschließlich aus Personen aus ihrem Heimatland.

Irrtum des Täters (§ 11 OWiG)

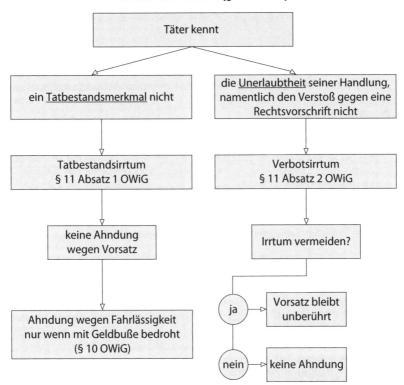

Liegt ein **vermeidbarer Verbotsirrtum** wegen Missachtung der Erkundigungspflicht vor, handelt der Lebensmittelunternehmer entgegen einer verbreiteten Ansicht keineswegs fahrlässig, sondern vorsätzlich. Er verwirklicht den Tatbestand einer Ordnungswidrigkeit nämlich bewusst und gewollt, weil er seine Handlung irrigerweise für erlaubt hält.

Der Fall des **unvermeidbaren Verbotsirrtums** eines Lebensmittelunternehmers nach Ausschöpfung aller erreichbaren Erkenntnisquellen kommt in der Vollzugspraxis bei abweichenden Beurteilungen unbestimmter Rechtsbegriffe wie „angemessen", „geeignet" oder „erforderlich" durch andere Überwachungsbehörden vor.

Beispiel:

Der Betreiber eines Imbissstandes legt die Bescheinigung einer anderen Lebensmittelüberwachungsbehörde vor, die ihm auf Anfrage nach einer früheren Kontrolle ausgestellt wurde. Aus dieser ergibt sich, dass die jetzt beanstandete Einrichtung des Imbissstandes bei der früheren Kontrolle ausdrücklich als geeignet beurteilt wurde.

Beruft sich der Betroffene auf eine angeblich abweichende Beurteilung oder Anordnung einer anderen Lebensmittelüberwachung oder Verwaltung, darf dies nicht einfach als Schutzbehauptung abgetan werden. Solchen Behauptungen ist stets durch eine Anfrage bei der bezeichneten Dienststelle nachzugehen.

Beispiel:

Bei der Kontrolle eines Imbissstandes auf einem Volksfest wird der im Reisegewerbe tätige Lebensmittelunternehmer wegen der Abdeckung von Lebensmitteln beanstandet. Er behauptet, vor zwei Wochen in einem anderen Bundesland schon einmal auf einem Volksfest kontrolliert worden zu sein. Der dortige Lebensmittelkontrolleur/Veterinär habe genau die jetzt beanstandete Abdeckung verlangt. Daraufhin erfolgt eine Nachfrage bei der benannten Behörde, die aber ergibt, dass die behauptete Auskunft so nicht erteilt worden ist.

Bestätigt die dienstliche Stellungnahme einer anderen Fachbehörde die Behauptung des Betroffenen, so muss das Bußgeldverfahren aus rechtlichen Gründen eingestellt werden (§ 170 Absatz 2 Satz 1 StPO in Verbindung mit § 46 Absatz 1 OWiG), weil dem Betroffenen nicht die Überprüfung zuzumuten ist, ob unbestimmte Rechtsbegriffe von verschiedenen Behörden unterschiedlich ausgelegt werden oder der Vollzug eines Bundeslandes von dem eines anderen abweicht. In der Einstellungsverfügung sollte für den Fall künftiger Verstöße auf die Rechtsauffassung der zuständigen Lebensmittelüberwachung unmissverständlich hingewiesen werden.

7.6 Beweisanträge

Der Betroffene kann jederzeit auch im Zusammenhang mit einer Anhörung Beweisanträge zu seiner Entlastung stellen. Während diese im Verwaltungsverfahren für die Behörde unverbindlich sind (§ 24 Absatz 1 VwVfG), sind sie im Bußgeldverfahren nach § 163a StPO in Verbindung mit § 46 Absatz 1 OWiG beachtlich. Ein Beweisantrag besteht aus einem Beweisthema und einem Beweismittel.

Beispiel:

Der Betroffene beantragt, die Auskunft einer anderen Lebensmittelüberwachungsbehörde zum Beweis dazu einzuholen, dass die jetzt beanstandete Ausstattung seines Verkaufswagens von dieser so als zulässig bestätigt worden sei.

Die Verwaltungsbehörde muss entscheiden, ob der Beweisantrag sachdienlich ist und dann die Beweise erheben.

Es ist nicht Aufgabe des Betroffenen, seine Unschuld zu beweisen, sondern der Verwaltungsbehörde, die Unschuldsvermutung zu widerlegen.

Im obigen Beispiel darf sie daher nicht vom Betroffenen verlangen, eine Bestätigung der von ihm benannten Behörde vorzulegen, sondern hat die Auskunft selbst einzuholen. Der Beweisantrag ist zweifelsohne entscheidungserheblich, denn es würde zur Einstellung des Bußgeldverfahrens führen, wenn sich der Betroffene aufgrund der abweichenden Auskunft einer anderen Behörde in einem unvermeidbaren Verbotsirrtum befunden haben sollte.[1]

Hält die Verwaltungsbehörde einen Beweisantrag für nicht sachdienlich, so erlässt sie weder einen Zwischenbescheid noch benachrichtigt sie den Betroffenen oder seinen Verteidiger, sondern entscheidet über den Erlass eines Bußgeldbescheids. Die Ablehnung eines Beweisantrags ist nur mit dem Einspruch gegen den Bußgeldbescheid (§ 67 OWiG), nicht aber selbstständig anfechtbar. Die Gründe für die Ablehnung können in einer Begründung des Bußgeldbescheids (§ 66 Absatz 3 OWiG) aufgeführt werden.

Besondere Bedeutung kann der Antrag des Betroffenen auf die Bestellung eines weiteren privaten Sachverständigen mit der Behauptung besitzen, die Feststellungen des amtlichen Sachverständigen im Verwaltungsverfahren seien unzutreffend und dürften daher nicht im Bußgeldverfahren verwendet werden. Die Verwendung behördlicher Gutachten ist in gerichtlichen Straf- und Bußgeldverfahren sogar unter der vereinfachten Einführung durch Verlesung möglich (§ 256 Absatz 1 Nummer 1 Buchstabe a StPO in Verbindung mit § 46 Absatz 1 OWiG). Ein weiteres Gutachten wäre nur dann zu veranlassen, wenn das Erstgutachten von falschen Anknüpfungstatsachen ausginge, innere Widersprüche aufwiese oder der neue Sachverständige über überlegene Forschungsmethoden verfügte (vergleiche § 244 Absatz 4 StPO in Ver-

---

1) Zum Verbotsirrtum (§ 11 Absatz 2 OWiG) siehe Kapitel 7.5.2.

bindung mit § 46 Absatz 1 OWiG). Derartige Beweisanträge können daher in der Regel abgelehnt werden. Ein grundsätzlicher Anspruch auf ein Zweit-, Gegen- oder Obergutachten besteht keinesfalls. Selbstverständlich steht es dem Betroffenen frei, selbst ein solches Gutachten als „Privatgutachten" erstellen zu lassen. Die Verwaltungsbehörde muss dann entscheiden, welchem sie nach Stellungnahme des behördlichen Sachverständigen sie den Vorzug geben will.

7.7 Vernehmung durch die Verwaltung im Bußgeldverfahren

Eine förmliche mündliche Vernehmung des Betroffenen durch Ladung in die Dienststelle der Verwaltungsbehörde ist nur bei umfangreicheren Bußgeldverfahren und beabsichtigten höheren Geldbußen empfehlenswert, um den Sach- und Rechtsstand zu erörtern. Außerdem kann mit dem Betroffenen eine Verständigung über die Höhe und Zahlungsweise der Geldbuße erzielt werden.[1]) Hat der Betroffene einen Verteidiger gewählt (§ 60 OWiG in Verbindung mit § 137 StPO), so ist dieser durch eine Terminsmitteilung zu beteiligen. Auch die Anwesenheit des ermittelnden Lebensmittelkontrolleurs/Veterinärs kann hilfreich sein.

Der Tatvorwurf wird bereits in der Ladung wie in einem Anhörungsbogen eröffnet, damit sich der Betroffene und ggf. sein Verteidiger auf die Vernehmung vorbereiten können. Der Betroffene kann sich bei der förmlichen mündlichen Anhörung zunächst zum Tatvorwurf und seinen wirtschaftlichen Verhältnissen im Zusammenhang äußern. Anschließend haben der Vernehmende und ggf. ein erschienener Verteidiger Gelegenheit, ergänzende Fragen zu stellen. Dadurch kann der Sachverhalt mit für und gegen den Betroffenen sprechenden Gesichtspunkten weiter aufgeklärt werden. Außerdem sind bei Bestreiten Vorhalte aus den Ermittlungen der Lebensmittelüberwachung möglich. Die Angaben des Betroffenen können auch vorläufig durch Tonträger aufgezeichnet werden (§ 168a StPO in Verbindung mit § 46 Absatz 1 OWiG).

Nach Abschluss der mündlichen Anhörung kann der Sachbearbeiter der Verwaltungsbehörde wesentlich besser beurteilen, in welchem Umfang der Tatvorwurf aufrechtzuerhalten ist oder eine teilweise oder vollständige Einstellung des Bußgeldverfahrens mangels Tatnachweises (§ 170 Absatz 2 StPO in Verbindung mit § 46 Absatz 1 OWiG) bzw. wegen nicht gebotener Ahndung (§ 47 Absatz 1 Satz 2 OWiG) erfolgen muss. Diese

---

1) Zur Verständigung der Verfahrensbeteiligten über die Höhe der Geldbuße siehe Kapitel 9.6.

verbesserte Beurteilungsmöglichkeit erlaubt nicht nur eine bessere Planung des Bußgeldverfahrens, sondern ist auch Grundlage für eine mögliche Verständigung mit dem Betroffenen über die Höhe der Geldbuße (§ 17 OWiG) und ggf. Zahlungserleichterungen nach § 18 OWiG.[1]) Kommt eine Verständigung über die Rechtsfolgen der Ordnungswidrigkeit zustande, kann der Bußgeldbescheid unmittelbar erlassen und dem Betroffenen durch Übergabe zugestellt werden.

---

1) Zur Verständigung der Verfahrensbeteiligten über die Höhe der Geldbuße siehe Kapitel 9.6.

8 Aktenführung und Akteneinsicht

Das Recht der Akteneinsicht ist im Straf- und Bußgeldverfahren anders als im Verwaltungsverfahren geregelt und bedingt daher eine getrennte Aktenführung. Der verwaltungsrechtliche Vorgang unterliegt der Akteneinsicht des Lebensmittelunternehmers als Beteiligten des Verwaltungsverfahrens (§ 13 Absatz 1 Nummer 2 VwVfG) und einem von ihm beauftragten Rechtsanwalt als Bevollmächtigtem (§ 14 VwVfG) auf der Dienststelle, soweit dies zur Rechtsverteidigung durch eine Rechtsanwältin oder einen Rechtsanwalt erforderlich ist (§ 29 Absatz 1 Satz 1, Absatz 3 Satz 1 VwVfG).

Die Akteneinsicht des Betroffenen im Bußgeldverfahren entscheidet die Verwaltungsbehörde aufgrund § 49 Absatz 1 OWiG, über die Akteneinsicht eines Verteidigers gemäß § 147 StPO in Verbindung mit § 46 Absatz 1 OWiG. Hat der Lebensmittelkontrolleur/Veterinär Strafanzeige an die Staatsanwaltschaft erstattet, entscheidet diese über die Einsicht in die Akten des strafrechtlichen Ermittlungsvorgangs auf der Grundlage des § 147 StPO. Unabhängig von der Akteneinsicht des Betroffenen oder Verteidigers im Straf- und Bußgeldverfahren ist die Informationsgewährung durch Akteneinsicht an Dritte nach dem Verbraucherinformationsgesetz (§ 5 Absatz 1 Satz 1 VIG).

Leitet der Lebensmittelkontrolleur/Veterinär zugleich ein Verwaltungsverfahren zur Gefahrenabwehr und ein Bußgeldverfahren zur Ahndung von Zuwiderhandlungen ein, so kann über die Gewährung der Akteneinsicht nach unterschiedlichen Bestimmungen zu entscheiden sein.

Beispiel:

Bei einer Kontrolle werden so erhebliche Hygieneverstöße festgestellt, dass der Lebensmittelkontrolleur/Veterinär die vorläufige Betriebsschließung (Verwaltungsverfahren) anordnet und den Lebensmittelunternehmer wegen der mutmaßlichen Ordnungswidrigkeiten anhört (Bußgeldverfahren). Dieser beauftragt daraufhin einen Rechtsanwalt, der Akteneinsicht beantragt. Die Verwaltungsbehörde entscheidet darüber im

▶ Verwaltungsverfahren nach § 29 VwVfG bzw.

▶ Bußgeldverfahren nach § 147 StPO in Verbindung mit § 46 Absatz 1 OWiG.

8.1 Akteneinsicht des Betroffenen und Verteidigers

Im Bußgeldverfahren kann die Verwaltungsbehörde dem **Betroffenen** selbst nach ihrem Ermessen Akteneinsicht auf der Dienststelle gewähren (§ 49 Absatz 1 OWiG). Ein wichtiger Grund zur Ablehnung eines solchen Antrags dürfte vorliegen, wenn der Verteidiger des Betroffenen schon Akteneinsicht erhalten kann. Eine teilweise Ablehnung dürfte bezüglich des Akteninhalts gerechtfertigt sein, der nur andere im Bußgeldverfahren mitverfolgte Personen betrifft. Die Befugnis zur Akteneinsicht, auf die der Betroffene nicht hingewiesen werden muss, wird in der Vollzugspraxis kaum wahrgenommen. Sie ist kostenfrei, da in § 107 Absatz 5 OWiG nicht erwähnt. Die Einsichtnahme erfolgt unter Aufsicht, zu Erläuterungen oder Kopien ist die Verwaltungsbehörde nicht verpflichtet. Der Betroffene kann sich jedoch Notizen machen.

Beauftragt der Betroffene einen Rechtsanwalt als **Verteidiger,** so nimmt dieser das Recht auf Akteneinsicht regelmäßig sofort wahr, um eine sachgerechte Beratung seines Mandanten sicherstellen zu können. Im Gegensatz zum Verwaltungsverfahren steht ihm nicht nur der beschränkte Akteninhalt (§ 29 Absatz 1 Satz 1 VwVfG), sondern die vollständige Bußgeldakte, die im Falle eines Einspruchs gegen einen Bußgeldbescheid dem Gericht vorzulegen wäre, ohne Einschränkung zur Verfügung (§ 147 Absatz 1 StPO in Verbindung mit § 46 Absatz 1 OWiG). Ein **Informantenschutz** etwa von anzeigenden Arbeitnehmern eines Lebensmittelunternehmers ist daher nicht möglich. Die von der Behörde abgegebene Zusicherung der Vertraulichkeit ist daher nur dann einzuhalten, wenn die begünstigten Personen nicht in der Bußgeldakte erwähnt sind und folglich auch nicht als Zeugen zur Verfügung stehen. Über die Angaben von Informanten ist eine Niederschrift in einem gesonderten internen Vorgang anzulegen, um die Behörde vor Schadenersatzforderungen bei leichtfertig oder vorsätzlich unwahren Anzeigen zu bewahren und in geeigneten Fällen auch den Anzeigerstatter haftbar machen zu können (§ 469 StPO in Verbindung mit § 46 Absatz 1 OWiG).

Eine **vorläufige Beschränkung der Akteneinsicht** wegen Gefährdung des Untersuchungserfolges bis zum Abschluss der Ermittlungen (§ 147 Absatz 2 StPO in Verbindung mit § 46 Absatz 1 OWiG) lässt sich im Bußgeldverfahren kaum begründen. Gegen die Verweigerung der Akteneinsicht ist der Antrag auf gerichtliche Entscheidung als Rechtsbehelf statthaft (§ 147 Absatz 5 Satz 2 StPO in Verbindung mit § 46 Absatz 1 OWiG).

Der Verteidiger hat in der Regel ein **Recht auf Mitgabe** der vollständigen und originalen Bußgeldakte (§ 147 Absatz 4 StPO in Verbindung mit § 46 Absatz 1 OWiG), das bei auswärtigen Rechtsanwälten eine Aktenversendung unumgänglich macht. Nur im Falle der Aktenversendung ist eine Kostenpauschale von 12 Euro vom Verteidiger zu entrichten (§ 107 Absatz 5 Satz 1 OWiG). Da die Akten des Verwaltungsverfahrens zur weiteren Lebensmittelüberwachung in der Behörde verbleiben müssen, ist eine getrennte Aktenführung unbedingt notwendig. Die der Aktenversendung unterliegende Bußgeldakte enthält nur die im Zusammenhang mit dem Tatvorwurf der Ordnungswidrigkeit stehenden Bestandteile der Verwaltungsakten und wird durch Ausdrucke daraus gebildet. Soweit bereits elektronische Aktenführung eingeführt ist (§ 110b OWiG), besteht auch die Möglichkeit der elektronischen Akteneinsicht durch Übersendung von Dateien oder dem Online-Abrufverfahren für Rechtsanwälte (§ 110d Absatz 2 OWiG). Da diese fortschrittlichen Möglichkeiten weitgehend noch nicht durch die notwendigen landesrechtlichen Einführungsverordnungen vorhanden sind, versenden viele Verwaltungsbehörden an Rechtsanwälte – anstelle der Akteneinsicht – kostenfrei einen Satz Kopien bzw. Ausdrucke der vollständigen Bußgeldakte.

Der Verteidiger kann seine Aufgabe zur sachgerechten Beratung eines nicht rechtskundigen Betroffenen nur dann richtig wahrnehmen, wenn er einen rechtzeitigen Zugang zu den vollständigen Bußgeldakten erhält. Vorhandene Beweismittel müssen daher unverzüglich zu den Bußgeldakten gelangen. Dies gilt für alle von der Lebensmittelüberwachung durchgeführten Ermittlungen, insbesondere auch für eine Fotodokumentation von Lebensmitteln, Räumen oder Einrichtungen des überprüften Unternehmens, Aktenvermerke des Lebensmittelkontrolleurs/Veterinärs und Gutachten eines Untersuchungsamts. Die entnommene Probe und zurückgelassene Gegenprobe (§ 43 LFGB) stellen keine Beweismittel des Bußgeldverfahrens dar und unterliegen daher auch nicht der Besichtigung (§ 147 Absatz 1 StPO in Verbindung mit § 46 Absatz 1 OWiG) in diesem Verfahren. Beweismittel ist in diesem Zusammenhang nur das der Akteneinsicht unterliegende Gutachten.

**Akteneinsicht
Bußgeldverfahren – Verwaltungsverfahren**

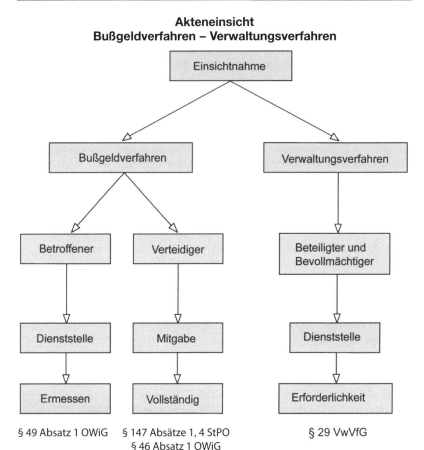

§ 49 Absatz 1 OWiG   § 147 Absätze 1, 4 StPO   § 29 VwVfG
§ 46 Absatz 1 OWiG

Bezüglich einer zur Beweisführung vorgesehenen Fotodokumentation von den Zuständen im Betrieb des Betroffenen darf ein Verteidiger nicht von der Einsicht mit der Begründung ausgeschlossen werden, diese stünde nur als nicht einsehbare Datei zur Verfügung. Er braucht sich wegen § 147 Absatz 4 StPO in Verbindung mit § 46 Absatz 1 OWiG auch nicht darauf verweisen zu lassen, er könne die aufgenommenen Fotos auch jederzeit auf der Dienststelle besichtigen. Die Verwaltungsbehörde muss entweder Ausdrucke aktenkundig machen oder einen vom Verteidiger übersendeten leeren Datenträger mit den darauf kopierten Dateien zurücksenden. Nicht alle gefertigten, sondern nur die aufgrund einer objektiven Auswahl zur Beweisführung vorgesehenen Fotoaufnahmen müssen aktenkundig gemacht werden.

 TIPP!

Es stellt einen Verstoß gegen den Grundsatz eines fairen Verfahrens dar, wenn vorhandene be- wie entlastende Beweismittel nicht unverzüglich zu den Buß-geldakten gelangen und erst nach einem Einspruch gegen den Bußgeldbescheid oder sogar erst vor Gericht nachgereicht werden.

Dies liegt auch nicht im Interesse der Verwaltungsbehörde, da der Verteidiger sonst von einer Beweissicherung ausgehen muss, die eine Überführung des Betroffenen nicht erlaubt, und dann später vor Gericht überrascht wird.

Aktenführung
Bußgeldverfahren – Verwaltungsverfahren

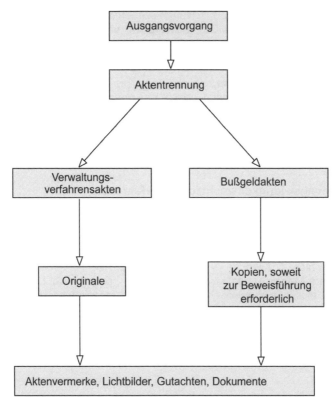

Mit der Gewährung der Akteneinsicht an den Verteidiger empfiehlt es sich, eine angemessene Frist zur Stellungnahme zu setzen, um damit das Bußgeldverfahren zu beschleunigen. Hierzu genügt in einfachen Fällen eine Woche, in umfangreicheren zwei und in sehr komplexen Verfahren höchstens ein Monat. Verstreicht diese Frist fruchtlos, sollte unverzüglich nach Aktenlage entschieden werden.

8.2 Akteneinsicht an Dritte

Jeder beliebige Dritte hat nach Maßgabe des Verbraucherinformationsgesetzes (VIG) Anspruch auf freien Zugang zu allen Daten auch über Verstöße gegen das LFGB selbst, auf dessen Grundlage erlassene Rechtsverordnungen und unmittelbar geltende Rechtsakte der EU sowie Maßnahmen und Entscheidungen, die im Zusammenhang mit solchen Verstößen getroffen worden sind (§ 1 Absatz 1 Nummer 1 VIG). Der Informationszugang kann durch Auskunftserteilung, **Gewährung von Akteneinsicht** oder in sonstiger Weise erfolgen (§ 5 Absatz 1 VIG).

Dieser Anspruch besteht nicht während der Dauer eines

▶ **Verwaltungsverfahrens,** es sei denn, es handelt sich um in § 1 Absatz 1 Satz 1 Nummer 1 oder 2 VIG genannte Informationen,

▶ **Gerichtsverfahrens,** d. h. eines verwaltungsgerichtlichen, straf- oder bußgeldrechtlichen gerichtlichen Verfahrens,

▶ **strafrechtlichen Ermittlungsverfahrens,** wozu die Lebensmittelüberwachung, Polizei oder Staatsanwaltschaft zuständig sein können, oder

▶ **ordnungswidrigkeitsrechtlichen Verfahrens**

hinsichtlich der Informationen, die Gegenstand des Verfahrens sind (§ 2 Nummer 1b VIG). Ein entsprechender Antrag eines Dritten (§ 3 VIG) ist daher wegen Unzulässigkeit abzulehnen. Eine Stellungnahme des durch den Antrag auf Informationszugang Betroffenen (§ 4 Absatz 1 Satz 1 VIG) ist daher nicht notwendig. Der Antrag ist in der Regel innerhalb einer Frist von einem Monat zu bescheiden (§ 4 Absatz 2 Satz 1 VIG). Die Entscheidung ist ein Verwaltungsakt, gegen den ein Widerspruchsverfahren (§ 68 VwGO) stattfindet (§ 4 Absatz 4 VIG).

9 Erlass des Bußgeldbescheids

Der Aufbau eines Bußgeldbescheids ist streng vom Bescheid des Verwaltungsverfahrens zu unterscheiden. Während dieser in den Entscheidungssatz und die Begründung untergliedert ist, ergibt sich der Inhalt des Bußgeldbescheids aus § 66 OWiG. Die Zumessung der Geldbuße beruht aufgrund §§ 17 bis 20 OWiG, die Kostenentscheidung auf §§ 105, 107 OWiG.

Der Bußgeldbescheid stammt vom Strafbefehl des Strafverfahrens ab und stellt nur eine vorläufige behördliche Entscheidung dar. Der Betroffene kann sich mit dieser abfinden, so dass sie rechtskräftig wird, oder aber durch den Einspruch eine gerichtliche Bußgeldentscheidung herbeiführen. Das zuständige Amtsgericht überprüft nicht etwa – wie das Verwaltungsgericht eine ordnungsrechtliche Anordnung oder einen Kostenbescheid – den Bußgeldbescheid, sondern sein Urteil oder Beschluss ersetzt den Bußgeldbescheid. Die Rechtsnatur des Bußgeldbescheids bedingt deswegen einen völlig andersartigen Aufbau, der keinesfalls dem Bescheid des Verwaltungsverfahrens nachgebildet werden darf.

Der Bußgeldbescheid wird heute allgemein im Briefstil mit persönlicher Anrede „Sehr geehrte Frau <Name>," bzw. „Sehr geehrter Herr <Name>," und der Schlussformel „Mit freundlichen Grüßen" abgefasst. Eine Namenswidergabe des Sachbearbeiters ist nicht zwingend notwendig, aber allgemein üblich.

9.1 Tatvorwurf – objektiver Tatbestand

Der Bußgeldbescheid enthält als zentralen Bestandteil die Bezeichnung der Tat, die dem Betroffenen als mutmaßlichen Täter der Ordnungswidrigkeit zur Last gelegt wird (Tathergang), Zeit (Tatzeit) und Ort (Tatort) ihrer Begehung (§ 66 Absatz 1 Nummer 3 OWiG). Er ist daher in Form eines Tatvorwurfs im persönlichen Anklagestil, nicht etwa im unpersönlichen Feststellungsstil auszuführen. Dies geschieht nach einem einleitenden Satz.

Beispiel:

Nach unseren Feststellungen haben Sie folgende Ordnungswidrigkeit begangen:
. . .

9 Erlass des Bußgeldbescheids

Wendungen wie „werden Sie beschuldigt" oder „wird Ihnen vorgeworfen" erscheinen dagegen der Ordnungswidrigkeit als bloßen Verwaltungsungehorsam und gegenüber einer Straftat der Geldbuße als bloßer Pflichtenmahnung gegenüber einer Geldstrafe nicht mehr angemessen.

Nach dem einleitenden Satz folgt der Tatvorwurf, der dem Anklagesatz des Strafbefehls nachempfunden ist. Deshalb ist darzustellen, wann und wo und vor allem wie ein bestimmter Täter gehandelt hat, nicht was die Lebensmittelüberwachung ermittelt hat. Nicht der Lebensmittelkontrolleur/Veterinär, sondern der Lebensmittelunternehmer hat ordnungswidrig gehandelt!

Beispiel:

Sie hatten seit 10.07.2011 als Inhaberin der Firma Lemex-Lebensmittelgroßhandel, Freiberg, Lortzingstraße 12, 30 kg bis zum 01.10.2011 zu verbrauchendes argentinisches Rindfleisch im Kühlhaus des Unternehmens gelagert. Obwohl Sie aufgrund der Überlagerung Annahme für ein Verkehrsverbot hatten, unterließen Sie aus mangelnder Sorgfalt die vorgeschriebene Mitteilung an das für die Lebensmittelüberwachung zuständige Landratsamt bis zum 16.11.2011 und lieferten die Lebensmittel am 11.11.2011 an die Firma Globus-Verbrauchermärkte GmbH in Neustadt aus.

Verfehlt ist es deshalb, anstelle des Tathergangs die Feststellungen der Lebensmittelüberwachung aus deren Ordnungswidrigkeiten-Anzeige wiederzugeben:

Fehlbeispiel:

Bei einer Kontrolle der Kühlräume der Firma Globus-Verbrauchermärkte GmbH wurde am 16.11.2011 festgestellt, dass sich dort 30 kg argentinisches Rindfleisch befand. Die Nachforschungen der Lebensmittelüberwachung haben ergeben, dass diese am 11.11.2011 von der Firma Lemex-Lebensmittelgroßhandel, Freiberg, Lortzingstraße 12, ausgeliefert worden waren, obwohl sie bis spätestens 01.10.2011 zu verbrauchen waren und aufgrund der Überlagerung die Annahme für ein Verkehrsverbot bestand. Die vorgeschriebene Mitteilung an an das für die Lebensmittelüberwachung zuständige Landratsamt erfolgte bis zum Kontrollzeitpunkt nicht.

Solche Feststellungen ersetzen den Tatvorwurf nicht und können zur Nichtigkeit des Bußgeldbescheids führen. Sie gehören allenfalls in eine – vom Tatvorwurf getrennte – Begründung des Bußgeldbescheids (§ 66 Absatz 3 OWiG). Beim Tathergang ist der konkrete Einzelfall darzustellen. Die bloße Wiedergabe des Gesetzeswortlauts genügt daher nicht.

Fehlbeispiel:

Sie haben zum Verzehr durch den Menschen nicht mehr geeignete Lebensmittel veräußert.

Die Angabe der gesetzlichen Merkmale der Ordnungswidrigkeit und der Bußgeldvorschriften (§ 66 Absatz 1 Nummer 3 OWiG) ist erst nach dem Tatvorwurf aufzuführen. Dazu eignet sich die Wendung „Ordnungswidrig handelt, wer ...". Der Betroffene soll also zunächst erkennen, welche **konkrete** Handlung ihm vorgeworfen wird, und anschließend, unter welche **abstrakten** lebensmittelrechtlichen Vorschriften und Bußgeldvorschriften diese Handlung einzuordnen ist.

Auch die Funktion des Lebensmittelunternehmers als Täter der Ordnungswidrigkeit ist konkret zu bezeichnen. Unbedingt zu vermeiden ist die Bezeichnung „Verantwortlicher", die dem Bußgeldverfahren fremd ist.

Beispiel:

Sie haben als Inhaberin der Metzgerei Jungmann ... .

Fehlbeispiel:

Sie haben als Verantwortliche der Metzgerei Jungmann ... .

Wenige Erkenntnisse bestehen bisher in der Vollzugspraxis für die Abfassung des Tatvorwurfs eines Bußgeldbescheids wegen Zuwiderhandlungen gegen nationale Bußgeldvorschriften, die eine Verletzung von Ge- oder Verboten in EU-Verordnungen zum Gegenstand haben. Hier empfiehlt es sich, die Abweichungen zwischen

► dem abstrakten Soll-Zustand nach der EU-Verordnung und

► den durch die Lebensmittelüberwachung konkret festgestellten Ist-Zustand

gegenüberzustellen. Bei der häufigen Ordnungswidrigkeit nach § 10 Absatz 1 Nummer 1 in Verbindung mit § 3 Satz 1 LMHV darf nicht übersehen werden, dass die Gefahr einer nachteiligen Beeinflussung von Lebensmitteln im Sinne des § 2 Absatz 1 Nummer 1 LMHV zum gesetzlichen Tatbestand der Bußgeldvorschrift gehört und daher in Bezug zum Ist-Zustand gesetzt werden muss. Ungenügend ist die bloße Darstellung einer solchen Schlussfolgerung im Bußgeldbescheid ohne die festgestellten Anknüpfungstatsachen. Liegen mehrere Hygieneverstöße vor, genügt keine zusammenfassende Behauptung in einem vorangestellten Satz.

Fehlbeispiel:

In den nachfolgend aufgeführten Einzelfällen konnten behandelte Lebensmittel nachteilig beeinflusst werden.

Vielmehr ist es notwendig, jedem einzelnen Verstoß die konkrete Gefahr nachteiliger Beeinflussung von Lebensmitteln gegenüberzustellen. Zum Aufbau eines Bußgeldbescheids wegen einer Mehrzahl von Lebensmittel-hygieneverstößen mit der jeweils zugeordneten möglichen Beeinflussung von Lebensmitteln siehe der folgende Musterbescheid. Hier ist zur optischen Abgrenzung in jedem Einzelfall (Laufende Nummern in arabischen Ziffern) zuerst der Soll- und Ist-Zustand (jeweils Buchstabe „a") gegenübergestellt und dann die mögliche nachteilige Beeinflussung von Lebensmitteln (jeweils Buchstabe „b") konkret dargestellt.

**Bußgeldbescheid wegen
Lebensmittel-Hygieneverstößen
§ 10 Absatz 1 Nummer 1 LMHV**

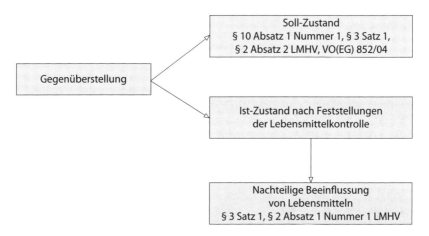

Unbedingt zu vermeiden ist eine Vermischung der Darstellung des Tatvorwurfs mit sonstigen Erwägungen des Sachbearbeiters. Ausführungen zur Beweissicherung, Auseinandersetzungen mit Einwendungen des Betroffenen oder zur Zumessung der Geldbuße sind an dieser Stelle verfehlt und ggf. nach einer gesonderten Zwischenüberschrift „Begründung des Bußgeldbescheids" auch optisch vom Tatvorwurf aufzuführen. Enthält der Bußgeldbescheid zwar umfangreiche Ausführungen, aber keinen Tatvorwurf im Sinne des § 66 Absatz 1 Nummer 3 OWiG, so kann er keine Grundlage für ein gerichtliches Verfahren darstellen und führt dort zur Einstellung wegen fehlender Verfahrensgrundlage nach § 206a StPO in Verbindung mit § 46 Absatz 1 OWiG.

9.2 Tatvorwurf – subjektiver Tatbestand

Neben den objektiven Tatbestandsmerkmalen ist auch der subjektive Tatbestand wiederzugeben. Die Angabe „vorsätzlich" oder „fahrlässig" gehören als abstrakte Tatbestandsmerkmale erst zu den gesetzlichen Merkmalen der Ordnungswidrigkeit und weder in den einleitenden Satz noch in die Darstellung des Tatvorwurfs selbst. Hier eignen sich als konkrete Beschreibungen der abstrakten Rechtsbegriffe folgende Darstellungen:[1])

- **Direkter Vorsatz**

  ... haben Sie „wissentlich", „bewusst", „in Kenntnis", „um zu".

- **Bedingter Vorsatz**

  „nahmen Sie billigend in Kauf", „haben Sie aus Gleichgültigkeit", „rechneten Sie damit".

- **Bewusste Fahrlässigkeit**

  „übersahen Sie bei der Überprüfung der Lieferung aus mangelnder Sachkunde".

- **Unbewusste Fahrlässigkeit**

  „erkannten Sie aus mangelnder Sorgfalt (Nachlässigkeit) nicht, dass".

  Dabei erkannten Sie aufgrund mangelnder Sorgfalt nicht, dass die Lebensmittel wegen Überlagerung zwischen sechs und neun Monaten nicht mehr zum Verzehr durch Menschen geeignet waren.

9.3 Gesetzliche Merkmale und Bußgeldvorschriften

Dem konkreten Tatvorwurf folgen die abstrakten gesetzlichen Merkmale der Ordnungswidrigkeit und die Bußgeldvorschriften (§ 66 Absatz 1 Nummer 3 OWiG). Der mutmaßlich rechtsunkundige Betroffene soll nachvollziehen können, unter welche gesetzlichen Bestimmungen die Verwaltungsbehörde die ihm vorgeworfene Tathandlung eingeordnet („subsumiert") hat und welche Bußgeldvorschriften dadurch verwirklicht sind.

Die gesetzlichen Merkmale der Ordnungswidrigkeit werden vom vorausgehenden Tatvorwurf am besten durch die hervorgehobene Wendung „Ordnungswidrig handelt, wer" abgegrenzt. Der Betroffene kann dann einfach nachvollziehen, welche Zuwiderhandlung er konkret begangen haben soll und unter welche abstrakten Tatbestandsmerkmale sie fallen sollen. Erst an dieser Stelle ist daher im Bußgeldbescheid der Gesetzes-

---

1) Zu den verschiedenen Formen des Vorsatzes und der Fahrlässigkeit siehe Kapitel 2.7.

wortlaut der verletzten Bestimmungen des LFGB oder nationaler lebensmittelrechtlicher Verordnungen aufzuführen.

Die verletzten Bußgeldvorschriften des § 60 Absatz 1 bis 4 LFGB bzw.
derjenigen aus den betroffenen Verordnungen (z. B. § 10 LMHV) sind
nochmals gesondert aufzuführen. Dabei ist auf vollständige Zitierung der
Blankettvorschriften einschließlich zugehörigen verwaltungsrechtlichen
Ausfüllungsbestimmungen zu achten (z. B. § 60 Absatz 2 Nummer 22 in
Verbindung mit § 11 Absatz 4 Satz 1 LFGB). Ob die Fundstelle detailliert
bis zur letzten Gesetzesänderung anzugeben ist, bestimmt sich nach den
Vorgaben landesrechtlicher Verwaltungsrichtlinien zur Zitierung.

9.4 Beweismittel

Nach der Tathandlung, den gesetzlichen Merkmalen der Ordnungswidrigkeit und den Bußgeldvorschriften enthält der Bußgeldbescheid die
Beweismittel (§ 66 Absatz 1 Nummer 4 OWiG). Diese sind konkret zu
bezeichnen, inhaltsleere Pauschalbezeichnungen genügen nicht. Hierzu
gehören:

▶ **Feststellung der Lebensmittelüberwachung**

Ungenügend ist die formelhafte Angabe „Vorgänge der Lebensmittelüberwachung". Im Hinblick auf die Möglichkeit der Verlesung im
einem gerichtlichen Bußgeldverfahren (§ 256 Absatz 1 Nummer 5
StPO in Verbindung mit § 46 Absatz 1 OWiG) empfiehlt sich die
Angabe von Berichten, insbesondere Ordnungswidrigkeiten-Anzeigen,
die der Lebensmittelkontrolleur/Veterinär zu diesem Zweck verfasst
hat. Er selbst sollte als Zeuge nur dann aufgeführt werden, wenn die
Verwaltungsbehörde seine persönliche Aussage in einem gerichtlichen
Bußgeldverfahren aus besonderen Gründen ausnahmsweise für notwendig hält.

▶ **Eigene Angaben des Betroffenen**

Angaben, die der Betroffene in Zusammenhang mit einer Anhörung im
Bußgeld- oder Verwaltungsverfahren, unaufgefordert oder aufgrund
eines Auskunftsverlangens gemacht hat, sind aufzuführen, wenn sie
zur Beweisführung dienen sollen. Diese sind mit dem betreffenden
Datum wiederzugeben, z. B. *„Ihre Angaben bei der Anhörung zur
Betriebsschließung vom 10.11.2011".* Ungenügend ist die pauschale
Bezeichnung *„Angaben des Betroffenen".*

▶ **Fotodokumentation der Lebensmittelüberwachung**

Bildaufzeichnungen sind als so genannte Augenscheinsobjekte praktisch außerordentlich wichtige Beweismittel. Die Bezeichnung als

„Bildaufzeichnung vom 13.11.2011" genügt dabei, eine Wiedergabe einzelner Fotos ist nicht notwendig.

▶ **Gutachten eines Sachverständigen**

Die Beweisführung zum Zustand von Lebensmitteln kann auf schriftliche Gutachten gestützt werden, die im Verwaltungsverfahren zur Auswertung einer vorangegangenen Probenahme (§ 43 LFGB) angeordnet wurden. Solche Gutachten können in einem gerichtlichen Bußgeldverfahren verlesen werden (§ 256 Absatz 1 Nummer 1 Buchstabe a StPO in Verbindung mit § 46 Absatz 1 OWiG). Daher sollte in der Regel nicht der Name des unterzeichnenden Sachverständigen, sondern das Gutachten selbst als Beweismittel bezeichnet werden. Die Probenahme selbst ist kein Beweismittel.[1])

Hat ein beamterer Tierarzt (Amtstierarzt) oder ein Sachverständiger der Bundeswehr im Verwaltungsverfahren Maßnahmen oder Anordnungen gegenüber einem Lebensmittelunternehmer getroffen, verfügen sie nicht mehr über die notwendige Unparteilichkeit. Daher scheiden sie in diesem Fall als Sachverständige im Bußgeldverfahren wegen Besorgnis der Befangenheit aus (§ 74 StPO i. V. m. § 71 Abs. 1 OWiG).

Keine Beweismittel sind die Bußgeld- und Verwaltungsakten. Sie enthalten nur die oben genannten Beweismittel. Das Amtsgericht ist im gerichtlichen Bußgeldverfahren zwar nicht an die im Bußgeldbescheid bezeichneten Beweismittel gebunden, erhält aber dadurch Kenntnis, wie die Verwaltungsbehörde den Tatvorwurf der Ordnungswidrigkeit nachzuweisen beabsichtigt.

9.5 Anzahl der Geldbußen bei mehreren Ordnungswidrigkeiten

Die Zumessung der Geldbuße durch die Verwaltungsbehörde im Bußgeldbescheid beruht ebenso wie bei der gerichtlichen Bußgeldentscheidung auf §§ 17 bis 20 OWiG. Das Gericht überprüft zwar nicht die behördliche Entscheidung, sondern entscheidet ohne Bindung an den Bußgeldbescheid in der Sache selbst. Eine von der Verwaltungsbehörde festgesetzte Geldbuße kann im gerichtlichen Bußgeldverfahren jedoch nur Bestand haben, wenn die gesetzlichen Zumessungsrichtlinien beachtet wurden.

---

1) Zur Probenahme (§ 43 LFGB) siehe Kapitel 3.8.

9 Erlass des Bußgeldbescheids

Ausgangspunkt für die Zumessung der Geldbuße ist die Frage, ob eine oder mehrere Ordnungswidrigkeiten begangen wurden. Verletzt nämlich dieselbe Handlung mehrere Gesetze, nach denen sie als Ordnungswidrigkeit geahndet werden kann (ungleichartige Tateinheit), oder ein solches Gesetz mehrmals (gleichartige Tateinheit), so wird nur eine einzige Geldbuße festgesetzt (§ 19 Absatz 1 OWiG). Diese wird dann wegen der größeren Bedeutung des Gesamtverstoßes (vgl. § 17 Absatz 3 Satz 1 OWiG) höher ausfallen.

Beispiel:

Ein Lebensmittelunternehmer begeht bei der Lebensmittelherstellung zeitgleich eine Vielzahl von Kennzeichnungsverstößen. Es liegt gleichartige Tateinheit vor, wenn durch jede Einzelhandlung dieselbe Bußgeldvorschrift verletzt ist. Werden beim Produktionsprozess auch Lebensmittelhygieneverstöße gegen eine andere Bußgeldvorschrift begangen, so liegt ungleichartige Tateinheit vor.

Tateinheit mehrerer Ordnungswidrigkeiten (§ 19 OWiG)

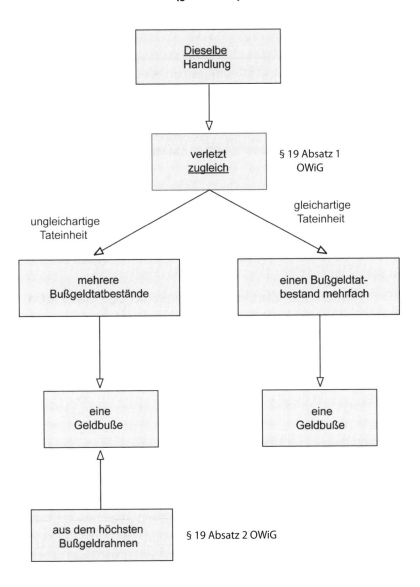

Sofern im Fall der ungleichartigen Tateinheit mehrerer Ordnungswidrigkeiten die gesetzlichen Höchstbeträge unterschiedlich sind, ist für die Zumessung der Geldbuße der höchste Bußgeldrahmen maßgeblich (§ 19 Absatz 2 Satz 1 OWiG).

Beispiel:

Ein Lebensmittelunternehmer begeht durch dieselbe Handlung zwei tateinheitliche Ordnungswidrigkeiten, die mit einem Höchstbetrag von 100 000 bzw. 50 000 Euro Geldbuße bedroht sind. Die Geldbuße ist aus dem Höchstbetrag von 100 000 Euro zu bestimmen.

Mehrere Geldbußen sind nur dann gesondert festzusetzen, wenn nicht dieselbe Handlung und daher kein Fall der Tateinheit, sondern Tatmehrheit vorliegt (§ 20 OWiG).

Beispiel:

Ein Lebensmittelunternehmer hat nicht verzehrfähige Lebensmittel in Verkehr gebracht. Bei der Kontrolle verweigert er den Zutritt zu den Lagerräumen. Es sind zwei Geldbußen aus dem jeweils maßgeblichen Bußgeldrahmen festzusetzen.

9.6 Gesetzliche Zumessungskriterien der Geldbuße

Das Höchstmaß der Geldbuße ist bei allen lebensmittelrechtlichen Ordnungswidrigkeiten gesetzlich festgelegt (§ 17 Absatz 1 OWiG.[1]) Es beträgt bei Ordnungswidrigkeiten, die auf § 60 Absatz 1 bis 4 LFGB beruhen, gemäß § 60 Absatz 5 LFGB

▶ **100 000 Euro** in den Fällen des § 60 Absatz 1 Nummer 1 in Verbindung mit § 59 Absatz 1 Nummer 8 oder Nummer 10 oder Absatz 2 Nummer 1 Buchstabe a oder Buchstabe b LFGB (§ 60 Absatz 5 Nummer 1 LFGB),

▶ **50 000 Euro** in den Fällen des § 60 Absatz 1 Nummer 2 in Verbindung mit Absatz 1 Nummer 2, des Absatzes 2 Nummer 1 bis 13, 18, 24, 25 und 26 Buchstabe a, des Absatzes 3 Nummer 1 sowie des Absatzes 4 Nummer 1 Buchstabe a und Nummer 2 Buchstabe a LFGB (§ 60 Absatz 5 Nummer 2 LFGB),

▶ **20 000 Euro** in den übrigen Fällen (§ 60 Absatz 5 Nummer 3 LFGB).

---

1) Das gesetzliche Höchstmaß der Geldbuße kann jedoch durch Abschöpfung des aus der Ordnungswidrigkeit gezogenen wirtschaftlichen Vorteils überschritten werden (§ 17 Absatz 4 OWiG). Zur Vorteilsabschöpfung siehe Kapitel 9.8.

Die Staffelung des Höchstmaßes von 100 000, 50 000 und 20 000 Euro ist für Rechtsverordnungen maßgeblich, deren Bußgeldvorschriften von § 60 LFGB abgeleitet sind, insbesondere also auch für Ordnungswidrigkeiten nach der lebensmittelrechtlichen Straf- und Bußgeldverordnung (LMRStV):

LMRStV	EU-Verord-nung	Rechtsgrundlage § 60 Absatz 2 Buchstabe a, b LFGB	Bußgeldrahmen § 60 Absatz 5 Nummer 2, 3 LFGB
§ 1 Absatz 2	999/2001	Absatz 4 Nummer 2 Buchstabe a	50 000 Euro (Nummer 2)
§ 2	852/2004	Absatz 4 Nummer 2 Buchstabe a	50 000 Euro (Nummer 2)
§ 3 Absatz 3	853/2004	Absatz 1	100 000 bzw. 50 000 Euro (Nummer 1)
§ 3 Absatz 4	853/2004	Absatz 4 Nummer 2 Buchstabe a	50 000 Euro (Nummer 2)
§ 3 Absatz 5	853/2004	Absatz 4 Nummer 2 Buchstabe b	20 000 Euro (Nummer 3)
§ 4	854/2004	Absatz 4 Nummer 2 Buchstabe a	50 000 Euro (Nummer 2)
§ 5	2073/2005	Absatz 4 Nummer 2 Buchstabe a	50 000 Euro (Nummer 2)
§ 6	2074/2005	Absatz 4 Nummer 2 Buchstabe a	50 000 Euro (Nummer 2)
§ 7 Absatz 2	2075/2005	Absatz 1	100 000 bzw. 50 000 Euro (Nummer 1)
§ 7 Absatz 3	2075/2005	Absatz 4 Nummer 2 Buchstabe a	50 000 Euro (Nummer 2)
§ 8	669/2009	Absatz 4 Nummer 2 Buchstabe b	20 000 Euro (Nummer 3)
§ 10	1151/2009	Absatz 4 Nummer 2 Buchstabe b	20 000 Euro (Nummer 3)
§ 11	1152/2009	Absatz 4 Nummer 2 Buchstabe b	20 000 Euro (Nummer 3)
§ 12	361/2011	Absatz 4 Nummer 2 Buchstabe b	20 000 Euro (Nummer 3)

EU-Verordnungen selbst können dagegen keine Bußgeldvorschriften enthalten, da das Straf- und Ordnungswidrigkeitenrecht ebenso wie das Polizei- und Ordnungsrecht der Gefahrenabwehr zum nationalen Recht, nicht zum EU-Recht gehört. Ein europaweit einheitliches Sanktionensystem gibt es daher nicht.

Droht das Gesetz für vorsätzliches und fahrlässiges Handeln[1]) Geldbuße an, ohne im Höchstmaß zu unterscheiden, so kann fahrlässiges Handeln im Höchstmaß nur mit der Hälfte des angedrohten Höchstbetrages der Geldbuße geahndet werden (§ 17 Absatz 2 OWiG). Die gesetzlichen Höchstbeträge gelten dann nur für vorsätzliches Handeln und sind bei Fahrlässigkeit zu halbieren. Dies gilt nur bei reinen Bußgeldvorschriften nach § 60 Absatz 2 bis 4 LFGB, nicht aber bei Mischtatbständen[2]) nach § 59/§ 60 Absatz 1 LFGB.

Beispiel:

Die Vereitelung einer Probenahme (§ 43 Absatz 1 Satz 1 LFGB) ist als vorsätzliche Ordnungswidrigkeit (§ 60 Absatz 2 Nummer 19 LFGB) in § 60 Absatz 5 Nummer 3 LFGB mit Geldbuße bis 20 000 Euro bedroht. Da für fahrlässiges Handeln kein besonderer Höchstbetrag ausgewiesen ist, beträgt das gesetzliche Höchstmaß aufgrund § 17 Absatz 2 OWiG dann nur 10 000 Euro.

Eine fahrlässige Ordnungswidrigkeit nach § 59 Absatz 1 Nummer 1 in Verbindung mit § 60 Absatz 1 Nummer 2 LFGB ist nach § 60 Absatz 5 Nummer 2 LFGB mit 100 000 Euro bedroht, weil vorsätzliches Handeln bereits Straftat ist. Eine Unterscheidung des Höchstmaßes der Geldbuße für vorsätzliches und fahrlässiges Handeln ist daher nicht möglich.

Innerhalb des gesetzlichen Bußgeldrahmens richtet sich die Zumessung der Geldbuße gemäß § 17 Absatz 3 Satz 1 OWiG nach dem objektiven Merkmal „Bedeutung der Ordnungswidrigkeit" und dem subjektiven Merkmal „Vorwurf, der den Täter trifft" als Grundlagen der Ahndung.[3])

- **Bedeutung der Ordnungswidrigkeit**

  Das objektive Merkmal bewertet das Gewicht der Verletzung der Rechtsordnung. Hierzu gehören bei Dauerordnungswidrigkeiten die Länge des Tatzeitraums, die Anzahl der einzelnen Verstöße, ihr Ausmaß und ihre Nachhaltigkeit.

---

1) Zur Abgrenzung von Vorsatz und Fahrlässigkeit siehe Kapitel 2.5 und 7.5.
2) Zum Begriff des Mischtatbestandes siehe Kapitel 2.2.
3) Zur Zumessung der Geldbuße im Einzelnen siehe Wieser, Kommentar zum OWiG, Band I Nr. 1 § 17 OWiG.

- **Vorwurf, der den Täter trifft**

Das subjektive Merkmal bewertet das persönliche Verhalten des Täters. Zu seinen Gunsten kann ein vermeidbarer Verbotsirrtum (§ 11 Absatz 2 OWiG)[1] berücksichtigt werden, sofern er nicht auf gleichgültiger Einstellung beruht. Gegen den Betroffenen sprechen dagegen ein Hinwegsetzen über eine frühere ausdrückliche Belehrung der Lebensmittelüberwachung, Androhung eines Bußgeldverfahrens und natürlich Wiederholungsfälle, in denen bereits eine Verwarnung mit Verwarnungsgeld (§ 56 Absatz 1 Satz 1 OWiG)[2] erteilt oder eine Geldbuße durch Bußgeldbescheid festgesetzt worden war. Geldbußen, die im Gewerbezentralregister (GZR)[3] bereits getilgt sind oder tilgungsreif sind (§ 153 GewO), dürfen dagegen nicht mehr zum Nachteil des Betroffenen berücksichtigt werden. Uneinsichtigkeit darf nur dann schärfend gewertet werden, wenn sie auf Gleichgültigkeit, nicht auf einer anderen Rechtsauffassung des Lebensmittelunternehmers als derjenigen der Verwaltung beruht.

Auch die wirtschaftlichen Verhältnisse des Täters kommen bei der Zumessung der Geldbuße in Betracht (§ 17 Absatz 3 Satz 2 Halbsatz 1 OWiG). Nur bei geringfügigen Ordnungswidrigkeiten bleiben sie in der Regel unberücksichtigt (§ 17 Absatz 3 Satz 2 Halbsatz 2 OWiG). Diese Grenze wird von der Rechtsprechung derzeit bei einer Geldbuße von 250 Euro gezogen. Die Verwaltungsbehörde kann die wirtschaftlichen Verhältnisse des Betroffenen nur dann berücksichtigen, wenn sie ihm dazu bei der Anhörung rechtliches Gehör gegeben hat.[4] Erscheinen diese nach den vorliegenden Angaben glaubhaft, können sie der Zumessung zugrunde gelegt werden. Andernfalls schätzt die Verwaltungsbehörde das durchschnittliche monatliche Nettoeinkommen des Betroffenen nach seinem Beruf. Als Maßstab können hierzu auch die Richtsatzsammlungen der Finanzbehörden dienen.

Beispiel:

Die Lebensmittelüberwachung stellt eine Reihe massiver Lebensmittelhygieneverstöße über einen längeren Zeitraum fest. Die Verwaltungsbehörde berücksichtigt den erheblichen Tatzeitraum, die Anzahl der Einzelverstöße und deren

---

1) Zum Verbotsirrtum (§ 11 Absatz 2 OWiG) aufgrund mangelnder Erkundigung siehe Kapitel 7.5 und Wieser, Kommentar zum OWiG, Band I Nr. 1 § 10 OWiG.
2) Zur Erteilung einer Verwarnung mit Verwarnungsgeld (§ 56 Absatz 1 Satz 1 OWiG) siehe Kapitel 6.
3) Zum Gewerbezentralregister (GZR) siehe Kapitel 12.
4) Zu den wirtschaftlichen Verhältnissen des Betroffenen bei der mündlichen und schriftlichen Anhörung siehe Kapitel 7.2 und 7.4.

Nachhaltigkeit verschärfend bei der Bedeutung der Ordnungswidrigkeit (§ 17 Absatz 3 Satz 1 OWiG). Sie stellt außerdem im Gewerbezentralregister einen noch nicht tilgungsreifen Bußgeldbescheid mit einem einschlägigen Tatvorwurf fest und berücksichtigt den nunmehrigen Wiederholungsfall ebenfalls verschärfend beim Vorwurf, der den Täter trifft (§ 17 Absatz 3 Satz 1 OWiG). Sie hält daher eine Geldbuße von 500 Euro für erforderlich, um den Betroffenen wirksam von der erneuten Wiederholung der Zuwiderhandlung abzuhalten. Bei diesem Betrag verbleibt es, weil er aufgrund des monatlichen Nettoeinkommens des Betroffenen auch wirtschaftlich zumutbar ist (§ 17 Absatz 3 Satz 2 OWiG).

Höhe lebensmittelrechtlicher Geldbußen

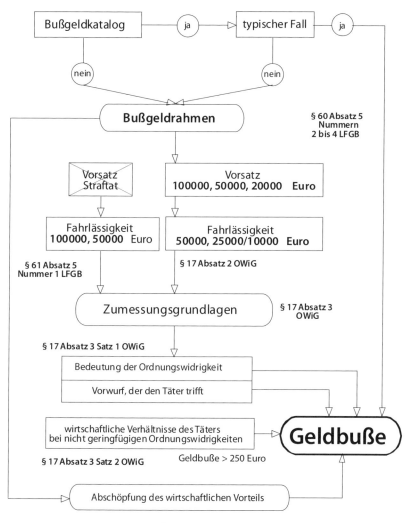

9.7 Anwendung von Bußgeldkatalogen

Bußgeldkataloge sind interne Verwaltungsrichtlinien, die einem durchschnittlichen Verstoß eine Regelgeldbuße zuordnen. Die Verwaltungsbehörde ist an solche Vorgaben gebunden, sofern nicht ein atypischer, vom Regelfall abweichender Sachverhalt vorliegt.

Für Gerichte ist ein Bußgeldkatalog nur eine grobe Orientierungshilfe ohne Bindungswirkung.[1])

Sie setzen die Geldbuße stets nach den gesetzlichen Kriterien der Einzelzumessung in § 17 OWiG fest. Während eine Vielzahl von Bußgeldkatalogen z. B. im Umwelt- oder Baurecht existieren, ist dies derzeit für das Lebensmittelrecht soweit ersichtlich noch nicht der Fall. Weder das BMELV noch die zuständigen Landesministerien haben bisher Bußgeldkataloge ausgearbeitet.[2]) Der Bußgeldkatalog der hamburgischen Bezirksämter enthält in Nummer 4 (Stand 2008) keinee Regelsätze zu einzelnen Zuwiderhandlungen. Lediglich im Bereich der Bundeswehr existiert ein als Maßnahmenkatalog bezeichneter Bußgeldkatalog für die Verfolgung und Ahndung von Verstößen gegen das Lebensmittelrecht in Betreuungs- und Verpflegungseinrichtungen.

Beabsichtigt eine Verwaltungsbehörde selbst einen Bußgeldkatalog zu erstellen, so sollte dieser keine Vollständigkeit anstreben, sondern sich auf die praktisch bedeutsamen Tatbestände beschränken. Angesichts der uferlosen Menge sich ständig erweiternder Bußgeldvorschriften ist dies auch gar nicht möglich. Die Regelgeldbußen für solche Tatbestände orientieren sich an Erfahrungswerten der Verwaltungsbehörde. Überregionale Bußgeldkataloge stellen eine Auswertung von Erfahrungswerten mehrerer Verwaltungsbehörden dar. Sie orientieren sich an den Merkmalen des § 17 Absatz 3 OWiG und gehen von einer durchschnittlichen Bedeutung der Ordnungswidrigkeit, einem durchschnittlichen Vorwurf, der den Täter trifft (§ 17 Absatz 3 Satz 1 OWiG), und durchschnittlichen wirtschaftlichen Verhältnissen aus. Sinnvoll ist daher eine Präambel, aus der sich ergibt, dass der Sachbearbeiter bei „atypischen" Sachverhalten nicht mehr an die Regelsätze gebunden ist. Die Einbeziehung einer Vorteilsabschöpfung gemäß § 17 Absatz 4 OWiG in einen Bußgeldkatalog scheidet naturgemäß von vornherein aus.[3])

---

1) Zum Hinweis auf die Verwendung eines Bußgeldkatalogs durch die Verwaltungsbehörde in der Begründung des Bußgeldbescheids (§ 66 Absatz 3 OWiG) siehe Kapitel 9.12.

2) Der Bußgeldkatalog der hamburgischen Bezirksämter enthält in Nummer 4 (Stand 2008) keine Regelsätze zu einzelnen Zuwiderhandlungen.

3) Zur Vorteilsabschöpfung (§ 17 Absatz 4 OWiG) siehe Kapitel 9.8.

Bei Ordnungswidrigkeiten nach § 60 Absatz 2 bis 4 LFGB liegt es nahe, bei den Regelsätzen von vorsätzlichem Handeln auszugehen und für fahrlässige Begehungsweise einen angemessenen Abschlag bis zu 50 % vorzusehen. Ebenso können angemessene Abschläge für untergeordnete Betriebsangehörige und Aufschläge für Wiederholungsfälle eingearbeitet werden. Unbedingt zu vermeiden sind dabei aus § 17 Absatz 3 OWiG nicht abzuleitende mathematische Halbierungen oder Verdoppelungen des Regelbetrags.

Weist eine Ordnungswidrigkeit in der Vollzugspraxis eine gewisse Bandbreite von Verstößen auf, kann der Bußgeldkatalog statt Festbeträgen von Geldbußen auch den gesetzlichen Bußgeldrahmen auf Mindest- und Höchstbeträge eingrenzen (z. B. 150 bis 250 Euro) und damit das Ermessen des Sachbearbeiters näher festlegen. Sind diese Eckpunkte allerdings zu weit entfernt (z. B. 150 bis 5000 Euro), ist der Bußgeldkatalog jedoch praktisch nicht mehr brauchbar.[1])

9.8 Abschöpfung des wirtschaftlichen Vorteils

Eine weitere Zumessungsrichtlinie der Geldbuße ist die Abschöpfung des wirtschaftlichen Vorteils, den der Täter aus der Ordnungswidrigkeit gezogen hat (§ 17 Absatz 4 Satz 1 OWiG). Die Rechtsprechung erlaubt hierzu keine abstrakten Schätzungen, so dass betriebswirtschaftliche Gewinne praktisch nicht abzuschöpfen sind.[2]) Möglich ist aber die Abschöpfung von Betriebsausgaben, die sich der Betroffene durch sein rechtswidriges Handeln erspart hat.

Beispiel:

> Die Lebensmittelüberwachung stellt Hygienemängel durch starke Verschmutzungen in der Küche einer Gaststätte fest. Bei der Zumessung der Geldbuße wird ein Betrag abgeschöpft, der sich aus dem nach Lebenserfahrung geschätzten Zeitaufwand der Reinigung durch Geringverdiener zusammensetzt.

Die Abschöpfung des wirtschaftlichen Vorteils ist keine Nebenfolge der Ordnungswidrigkeit, sondern Bestandteil der Geldbuße. Sie darf also im Bußgeldbescheid nicht gesondert ausgewiesen werden, sondern findet Einfluss bei der Festsetzung der Geldbuße.

---

1) So der Bußgeldkatalog der hamburgischen Bezirksämter in Nummer 4.1.1 (Stand 2008).

2) Zur Problematik und den Möglichkeiten der Vorteilsabschöpfung in der Rechtsprechung siehe die Erläuterungen bei Wieser, OWiG-Kommentar, § 17 Absatz 4 OWiG.

Beispiel:

Die Verwaltungsbehörde geht von ersparten Aufwendungen für Reinigungskräfte von 500 Euro aus und schöpft diesen wirtschaftlichen Vorteil durch die Geldbuße ab (§ 17 Absatz 4 OWiG). Der Betrag wird durch die allgemeinen Zumessungsrichtlinien der Bedeutung der Ordnungswidrigkeit und des Vorwurfs, der den Täter trifft (§ 17 Absatz 3 Satz 1 OWiG) auf 800 Euro erhöht. Bei diesem Betrag verbleibt es, weil er aufgrund des monatlichen Nettoeinkommens des Betroffenen auch wirtschaftlich zumutbar ist (§ 17 Absatz 3 Satz 2 OWiG).

9.9 Kosten des Bußgeldverfahrens

Der Betroffene trägt auch die Kosten des Bußgeldverfahrens (§ 105 Absatz 1 OWiG in Verbindung mit § 465 Absatz 1 StPO). Diese untergliedern sich in eine Gebühr (§ 107 Absatz 1 OWiG) und bestimmte Auslagen der Verwaltungsbehörde (§ 107 Absatz 3 OWiG).

• **Gebühr**

Die pauschale Gebühr des Bußgeldbescheides beträgt 5 % der Geldbuße (§ 107 Absatz 1 Satz 1, 3 OWiG), wobei mehrere Geldbußen zusammenzurechnen sind. Bis zu einer Geldbuße von 400 Euro oder dem Gesamtbetrag mehrerer Geldbußen bis zu 400 Euro ist der Mindestbetrag von 20 Euro anzusetzen (§ 107 Absatz 1 Satz 3 OWiG). Die Gebühren nach § 63 LFGB sind im Verwaltungsverfahren entstanden und dürfen daher nur in diesem, nicht aber im Bußgeldbescheid erhoben werden. Wegen der abschließenden bundesrechtlichen Regelung sind auch landesrechtliche Bestimmungen unanwendbar.

• **Auslagen der Verwaltungsbehörde**

Als Auslagen der Verwaltungsbehörde dürfen nur solche Beträge angesetzt werden, die im Bußgeldverfahren entstanden und in § 107 Absatz 3 OWiG aufgeführt sind (§ 105 Absatz 1 OWiG in Verbindung mit § 464, § 465 Absatz 1 StPO). Dies ist zunächst die **Zustellungspauschale** von 3,50 Euro (§ 107 Absatz 3 Nummer 2 OWiG) für die Zustellung des Bußgeldbescheides an den Betroffenen durch die Post oder die Behörde (§ 51 OWiG in Verbindung mit §§ 3, 4 VwZG bzw. entsprechende landesrechtliche Bestimmungen). Diese entfällt bei vereinfachten Zustellungen an Rechtsanwälte gegen Empfangsbekenntnis (§ 51 OWiG in Verbindung mit § 5 Absatz 2 VwZG bzw. entsprechende landesrechtliche Bestimmungen). Die in der Kostenvormerkung für das **Gutachten** eines Landesuntersuchungsamtes als Sachverständigem aufgeführten Beträge dürfen nur dann im Bußgeldbescheid als Auslagen der Verwaltungsbehörde (§ 107 Absatz 3 Nummer 5 OWiG) aufgeführt werden, wenn die Anordnung der Lebensmittelüberwachung zumindest auch im Bußgeldverfahren auf der Rechtsgrundlage der §§ 72 ff. StPO in Verbindung mit § 46 Absatz 1 OWiG erfolgt ist.[1]) Hat die Lebensmittelüberwachung zur Anhörung eines der deutschen Sprache nicht ausreichend mächtigen Betroffenen einen **Dolmetscher** hinzugezogen,[2]) so sind entstandene Vergütungsansprüche als Auslagen nach § 107 Absatz 3 Nummer 5 OWiG festzusetzen. **Fahrtkosten** der Lebensmittelüberwachung sind bei Verwendung eines Dienstfahrzeugs in Höhe von 0,30 Euro für jeden gefahrenen Kilometer anzusetzen, soweit sie zumindest auch bei der Verfolgung von Ordnungswidrigkeiten im Bußgeldverfahren entstanden sind (§ 107 Absatz 3 Nummer 6 Buchstabe c OWiG).

Die Auslagenpauschale für die **Akteneinsicht** ist sowohl bei der Aktenversendung als auch bei der elektronischen Akteneinsicht nicht im Bußgeldbescheid, sondern nach der ausdrücklichen Regelung in § 107 Absatz 5 OWiG vom Antragsteller zu verlangen. Auslagen, die im Verwaltungsverfahren aufgrund § 63 LFGB entstanden sind, dürfen nicht im Bußgeldbescheid festgesetzt werden, sondern sind bei der verwaltungsrechtlichen Beanstandung durch gesonderte Kostenrechnung oder Leistungsbescheid zu erheben.

---

1) Zum Gutachten eines Landesuntersuchungsamts aufgrund einer Probenahme (§ 43 LFGB) siehe Kapitel 3.8.
2) Zur Zuziehung eines Dolmetschers bei der Anhörung im Bußgeldverfahren (vgl. § 59 OWiG) siehe Kapitel 7.2.3.

Kosten des Bußgeldverfahrens im Bußgeldbescheid

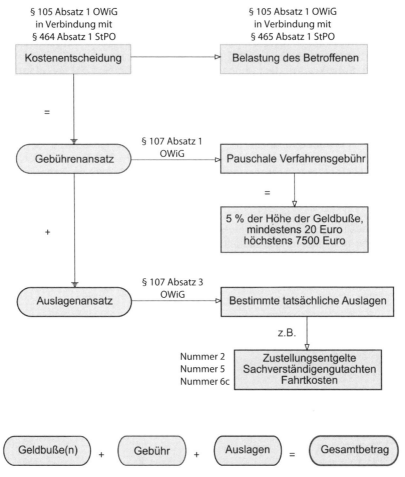

Alle Kosten, die in einem vorausgegangenen Verwaltungsverfahren entstanden sind, können daher auch dann nicht im Bußgeldbescheid aufgeführt werden, wenn sie später zur Einleitung eines Bußgeldverfahrens geführt haben. Dies betrifft insbesondere Fahrtkosten zum Betrieb oder Unternehmen, die Besichtigung von Räumen, Einrichtungen und Geschäftsunterlagen, die Probenahme und ihre Auswertung durch ein Sachverständigengutachten.

9.10 Verständigung der Verfahrensbeteiligten

Eine Verständigung zwischen der Verwaltungsbehörde und dem Betroffenen ist nur bezüglich der Rechtsfolgen, nicht über das Vorliegen einer Ordnungswidrigkeit möglich. Diese ist zuerst aufzuklären und dem Betroffenen hierzu rechtliches Gehör bei der Anhörung zu geben.[1]) Eine Verständigung ist folglich nur erzielbar, wenn der Betroffene den Tatvorwurf ganz oder soweit einräumt, dass die Verwaltungsbehörde bereit ist, die Verfolgung darauf zu beschränken (§ 47 Absatz 1 Satz 2 OWiG). Bevor die Tatbestandsseite durch Niederschrift der Anhörung nicht geklärt ist, kommt eine Verständigung über die Rechtsfolgen nicht in Betracht, weil der Verwaltungsbehörde die Beurteilungsgrundlage dazu fehlt. Ist der Betroffene durch einen Rechtsanwalt als Verteidiger vertreten, ist eine Verständigung über diesen herbeizuführen. Gelegentlich wenden sich auch Verteidiger selbst an die Verwaltungsbehörde, um die Möglichkeiten einer einvernehmlichen Beendigung des Bußgeldverfahrens abzuklären.

Eine Verständigung zwischen den Verfahrensbeteiligten kann kein freies „Aushandeln" der Geldbuße zum Gegenstand haben. Auch ein „Vergleich" ist dem Bußgeldverfahren fremd, da vertragliche Vereinbarungen nur im Privatrecht möglich sind.[2]) Eine Verständigung kann sich daher nur an den gesetzlichen Zumessungsrichtlinien in § 17 Absatz 3 OWiG und bei einer beabsichtigten Vorteilsabschöpfung in § 17 Absatz 4 OWiG orientieren. Wirkt der Betroffene an einer Verständigung kooperativ mit, so müssen seine Mitwirkung und die dadurch gezeigte Einsicht auch beim Vorwurf, der den Täter trifft (§ 17 Absatz 3 Satz 1 OWiG), bezüglich der Höhe der Geldbuße honoriert werden. Eine solche Milderung stellt also kein „Abkaufen" der Bußgeldentscheidung gegen ein Geständnis der Ordnungswidrigkeit dar.

Lassen sich die gegenseitigen Vorstellungen zwischen Verwaltungsbehörde und Betroffenem sowie ggf. dessen Verteidiger nicht zu einer Übereinstimmung bringen, kommt es eben nicht zu einer Verständigung der Verfahrensbeteiligten. Der Bußgeldbescheid ist dann nach Aktenlage zu erlassen, der Betroffene kann dann eine gerichtliche Bußgeldentscheidung herbeiführen. Droht eine Verständigung an der Höhe der zu zahlenden Geldbuße zu scheitern, kann die Verwaltungsbehörde Zahlungserleichterungen nach § 18 OWiG in Form einer Zahlungsfrist oder/und

---

1) Zur Anhörung des Betroffenen (§ 55 OWiG) siehe Kapitel 7.6.
2) Nur dort, nicht aber im Bußgeldverfahren ist ein Vergleichsvertrag nach § 779 BGB möglich.

Bewilligung von Teilbeträgen anbieten.[1]) Während des Laufs von Zahlungserleichterungen ruht auch die Vollstreckungsverjährung (§ 34 Absatz 4 Nummer 3 OWiG).

Beispiel:

Der Betroffene erklärt, die von der Verwaltungsbehörde vorgesehene Geldbuße nicht bezahlen zu können, weil sein Eislokal nur im Sommer geöffnet sei und nur mäßigen Gewinn abwerfe. Die Verwaltungsbehörde bietet für den Fall einer Verständigung eine Zahlungsfrist bis August des nächsten Jahres und Teilbeträge für die folgende Zahlung der Geldbuße an.

Nach einer Verständigung kann ein Bußgeldbescheid, über dessen Inhalt Einigkeit erzielt wurde, unmittelbar erlassen und durch Übergabe zugestellt werden (§ 51 Absatz 2 OWiG), so dass die Einspruchsfrist (§ 67 Absatz 1 Satz 1 OWiG) zu laufen beginnt. Der Betroffene kann auch auf einen Einspruch als Rechtsbehelf verzichten (§ 67 Absatz 1 Satz 2 OWiG in Verbindung mit § 302 Absatz 1 Satz 1 StPO), wenn das Ergebnis der Verständigung seinen Vorstellungen entspricht.

9.11 Zahlungserleichterungen

Bei einer Verständigung der Verfahrensbeteiligten oder von Amts wegen sind dem Betroffenen bereits im Bußgeldbescheid Zahlungserleichterungen zu bewilligen, wenn ihm nach seinen wirtschaftlichen Verhältnissen nicht zuzumuten ist, die Geldbuße sofort zu zahlen. Die Verwaltungsbehörde kann ihm eine Zahlungsfrist bewilligen (Stundungswirkung) oder gestatten, die Geldbuße in bestimmten Teilbeträgen („Raten") zu zahlen (§ 18 Satz 1 OWiG). Die Bewilligung von Teilbeträgen kann mit einer Verfallklausel verbunden werden, nach der die Vergünstigung entfällt, wenn der Betroffene einen Teilbetrag nicht rechtzeitig zahlt (§ 18 Satz 2 OWiG), also in Verzug gerät. Beide Möglichkeiten können auch kombiniert werden. Eine Anordnung der Verzinsung ist dagegen mangels Rechtsgrundlage nicht möglich.

Beispiele:

Dem Betroffenen wird eine Zahlungsfrist von sechs Monaten bewilligt, die mit der Rechtskraft des Bußgeldbescheides beginnt. Die Geldbuße wird abweichend von der Rechtsbehelfsbelehrung erst zu diesem Zeitpunkt fällig.
Der Betroffene kann die Geldbuße sodann in monatlichen Teilbeträgen von 150 Euro jeweils zum 15. eines Monats entrichten. Diese Vergünstigung entfällt, wenn er mit einem Teilbetrag in Verzug gerät.

---

1) Zur Bewilligung von Zahlungserleichterungen (§ 18 OWiG) siehe Kapitel 9.11.

Die Vollzugspraxis zeigt, dass die Bewilligung von Zahlungserleichterungen im Bußgeldbescheid zu einer Abnahme von Rechtsbehelfen führt.

Zahlungserleichterungen im Bußgeldbescheid
(§ 18 OWiG)

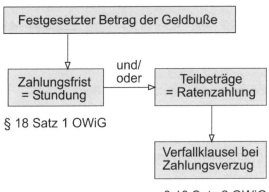

9.12 Begründung des Bußgeldbescheides

Der Bußgeldbescheid ist gegenüber der gerichtlichen Bußgeldentscheidung nur ein vorläufiger Bescheid, der ein Angebot an den Betroffenen enthält, mit dem er sich jedoch nicht abzufinden braucht. § 66 Absatz 3 OWiG verlangt daher über die Angaben zum Tatvorwurf (§ 66 Absatz 1 Nummer 3 OWiG) und zu den Beweismitteln (§ 66 Absatz 1 Nummer 4 OWiG) hinaus keine weitere Begründung. Diese ist bei Bußgeldbescheiden mit einfachen Sachverhalten und geringen Geldbußen auch weder sinnvoll noch üblich. Handelt es sich jedoch um umfangreiche Sachverhalte und erhebliche Geldbußen, so ist eine Begründung zur Information des Betroffenen, seines Verteidigers und ggf. des später mit der Sache befassten Gerichts angebracht. Sie sollte auf zwei wichtige Themen eingehen, nämlich vorgebrachte Einwendungen des Betroffenen gegen den Tatvorwurf und die Zumessung der Geldbuße im Bußgeldbescheid. Dabei können folgende Einzelheiten von Bedeutung sein:

1. Einwendungen gegen den Tatvorwurf

   a) Stellungnahme zu rechtlichen Einwendungen,

   ▸ verwaltungsrechtliche Tatbestandsmerkmale (z. B. Erlaubnispflicht)

▶ materielles Ordnungswidrigkeitenrecht (z. B. Tatbestands- oder Verbotsirrtum)

▶ formelles Ordnungswidrigkeitenrecht (z. B. Verjährungseinwand)

b) Stellungnahme zu tatsächlichen Einwendungen,

▶ Widerlegung von Schutzbehauptungen durch Ermittlungsergebnis

▶ Gründe für die Ablehnung oder Ergebnis durchgeführter Beweisanträge

2. Zumessung der Geldbuße

→ Vorhandener Bußgeldkatalog:

▶ Wiedergabe und Erläuterung des Regelsatzes,

▶ bei Rahmensätzen innerhalb des Rahmensatzes Einzelzumessung nach unten b und c.

→ Kein Bußgeldkatalog: Einzelzumessung nach a–c

a) Bußgeldrahmen (Vorsatz oder Fahrlässigkeit, § 17 Absatz 2 OWiG)

b) Allgemeine Zumessungsrichtlinien (§ 17 Absatz 3 OWiG)

▶ Bedeutung der Ordnungswidrigkeit (z. B. Dauer, Häufigkeit, Regelmäßigkeit)

▶ Vorwurf, der den Täter trifft (z. B. Verbotsirrtum oder Wiederholungsfall)

▶ Wirtschaftliche Verhältnisse (Angabe des Betroffenen oder Schätzung der Behörde)

c) Abschöpfung des wirtschaftlichen Vorteils (§ 17 Absatz 4 OWiG)

Bußgeldbescheid gegen den Inhaber einer Einzelfirma (natürliche Person)
wegen Inverkehrbringens unsicherer Lebensmittel

Landratsamt Neukirchen

Zentrale Bußgeldstelle

Landratsamt Neukirchen, Postfach 5678, 88888 Neukirchen

Zustellungsurkunde

Frau

Silvia Werner

Droste-Hülshoff-Straße 112

88881 Freiberg

Dienstgebäude	Feuerbachstraße 43
	88888 Neukirchen
Zimmer	0432
Sachbearbeiter(in)	Frau Weber
Telefon	(0823) 8878-342
Telefax	(0823) 8878-340
E-Mail	zbslra@neukirchen.de

Ihr Zeichen, Ihre Nachricht vom	Bitte bei Antwort angeben Unser Zeichen, Unsere Nachricht vom 0987665/11	Datum 30.10.2011

Betroffene: Frau Silvia Werner, Geburtsname Rosenbauer, geb. 11.09.1978 in Mittweida, Kauffrau, Droste-Hülshoff-Straße 112, 88881 Freiberg

Verteidiger: -

Bußgeldbescheid

Sehr geehrte Frau Werner,

nach unseren Feststellungen haben Sie folgende Ordnungswidrigkeit begangen:

Sie haben am 10.09.2011 als Inhaberin der Firma Lemex-Lebensmittelgroßhandel, Freiberg, Lortzingstraße 12, 30 kg argentinisches Rindfleisch an die Firma Globus-Verbrauchermärkte GmbH in Neustadt ausgeliefert. Dabei erkannten Sie aufgrund mangelnder Sorgfalt nicht, dass die Lebensmittel wegen Überlagerung zwischen sechs und neun Monaten nicht mehr zum Verzehr durch den Menschen geeignet waren.

Ordnungswidrig handelt,

wer fahrlässig entgegen § 11 Absatz 2 Nummer 1 Lebensmittel- und Futtermittelgesetzbuch (LFGB) ein Lebensmittel in den Verkehr bringt. Es ist verboten, andere als dem Verbot des Artikel 14 Absatz 1 in Verbindung mit Absatz 2 Buchstabe b der VO (EG) Nummer 178/2002 unterliegende Lebensmittel, die für den Verzehr durch den Menschen ungeeignet sind, in den Verkehr zu bringen (§ 11 Absatz 2 Nummer 1 LFGB).

Telefonvermittlung	Besuchszeiten	Öffentliche Verkehrsmittel	Bankverbindungen
(0823) 8878-0	Mo.-Mi. 7.30-16.30 Uhr	Stadtbus Linie 4	Sparkasse Neukirchen
	Do. 7.30-17.30 Uhr	Haltestelle Landratsamt	IBAN DE 128002000830204123456
Internet	Fr. 7.30-12.00 Uhr		Volksbank Neukirchen
www.lra-neukirchen.de			IBAN DE 80030000403320654321

9 Erlass des Bußgeldbescheids

Verletzte Bußgeldvorschriften

§ 59 Absatz 1 Nummer 8 in Verbindung mit § 60 Absatz 1 Nummer 1 Lebensmittel- und Futtermittelgesetzbuch (LFGB) in der Fassung der Bekanntmachung 22.08.2011 (BGBl. I S. 1170).

Beweismittel

a) Ihre Angaben bei der mündlichen Anhörung vom 13.10.2011

b) Ermittlungsbericht der Lebensmittelüberwachung vom 13.10.2011

c) Lichtbilder von eingesehenen Belegen und Schriftverkehr

d) Gutachten der Staatlichen Untersuchungsanstalt Mittelstadt vom 20.10.2011

Als Folge dieser Ordnungswidrigkeit setzen wir gegen Sie eine Geldbuße fest (§ 17 OWiG). Sie tragen auch die Kosten des Bußgeldverfahrens (§§ 464, 465 Absatz 1 StPO in Verbindung mit § 46 Absatz 1 OWiG). Diese bestehen aus der Verfahrensgebühr (§ 107 Absatz 1 OWiG) und unseren Auslagen (§ 107 Absatz 3 OWiG).

Geldbuße	5000,00 Euro
Gebühr	250,00 Euro
Auslagen	3,50 Euro
Gesamtbetrag	5253,50 Euro

Zahlungserleichterungen

Sie können die Geldbuße und die Kosten des Bußgeldverfahrens in monatlichen Teilbeträgen von 500 Euro jeweils zum 15. eines Monats ab Rechtskraft des Bußgeldbescheids bezahlen (§ 18 Satz 1 OWiG). Diese Vergünstigung entfällt bezüglich des Restbetrags, wenn Sie mit einem Teilbetrag in Verzug geraten (§ 18 Satz 2 OWiG).

Begründung des Bußgeldbescheides

1) Ihre Angaben bei der Anhörung vom 13.10.2011

Die von Ihnen veräußerten Lebensmittel sind nach dem Gutachten der Staatlichen Untersuchungsanstalt Mittelstadt wegen Überlagerung zwischen sechs und neun Monaten für den menschlichen Verzehr nicht mehr geeignet. Ihre Auffassung, hierfür als bloßer Zwischenhändler keine Verantwortung zu tragen, kann Sie nicht entlasten. Jeder Lebensmittelunternehmer auf den verschiedenen Handelsstufen ist nach § 11 Absatz 2 Nummer 1 LFGB

selbstständig dafür verantwortlich, keine für den menschlichen Verzehr ungeeigneten Lebensmittel in den Verkehr zu bringen. Sie hätten sich daher zumindest durch ausreichende Stichproben über die Verkehrsfähigkeit des Rindflei-
sches zu vergewissern gehabt und hätten sich keinesfalls auf die mehrjährige
einwandfreie Geschäftsbeziehung zu Ihrem Geschäftspartner verlassen dürfen.

2) Zumessung der Geldbuße (§ 17 Absatz 3 OWiG):

Die Ordnungswidrigkeit ist mit Geldbuße bis 100 000 Euro bedroht (§ 60 Absatz 5 Nummer 1 LFGB). Bei der Zumessung der Geldbuße haben wir folgende
Umstände berücksichtigt:

a) Bedeutung der Ordnungswidrigkeit (§ 17 Absatz 3 Satz 1 OWiG):

Verschärfend wirkte sich die Menge der in Verkehr gebrachten Lebensmittel
von 830 kg Rindfleisch aus. Zu Ihrem Nachteil musste auch berücksichtigt
werden, dass die gesamte verkehrsunfähige Lieferung von Ihrem Kunden
bereits verkauft wurde und eine Gefährdung der Letztverbraucher daher
nicht mehr verhindert werden konnte.

b) Vorwurf, der den Täter trifft (§ 17 Absatz 3 Satz 1 OWiG):

Verschärfend mussten wir berücksichtigen, dass im Gewerbezentralregister
bereits zwei Eintragungen vom 03.11.2009 und 15.04.2010 wegen vergleichbarer lebensmittelrechtlicher Ordnungswidrigkeiten enthalten sind und
daher ein Wiederholungsfall vorliegt.

c) Wirtschaftliche Verhältnisse (§ 17 Absatz 3 Satz 2 OWiG):

Das Monatseinkommen musste für die Zumessung der Geldbuße geschätzt
werden, da Sie bei der Anhörung dazu keine nachvollziehbaren Angaben
gemacht haben. Wir schätzen Ihr Einkommen als Inhaberin eines mittelständischen Unternehmens der Lebensmittelbranche auf 2500 Euro netto.

Hinweis auf strafbares Verhalten im Wiederholungsfall

Aus gegebenem Anlass weisen wir Sie darauf hin, dass bei vorsätzlichem Handeln keine Ordnungswidrigkeit, sondern bereits eine **Straftat** vorliegt (§ 11 Absatz 2 Nummer 1 in Verbindung mit § 59 Absatz 1 Nummer 8 LFGB). Diese ist mit
Freiheitsstrafe bis zu einem Jahr oder Geldstrafe bedroht. Bei einem Wiederholungsfall müssen Sie daher mit einer Strafanzeige an die Staatsanwaltschaft
rechnen.

Rechtsbehelfsbelehrung

Gegen diesen Bußgeldbescheid können Sie binnen zwei Wochen ab Zustellung
beim Landratsamt Neukirchen schriftlich – auch als elektronisches Dokument an
die oben angegebene E-Mail-Adresse – oder zur Niederschrift in deutscher
Sprache (§ 184 GVG in Verbindung mit § 46 Absatz 1 OWiG) Einspruch einlegen
(§ 67 Absatz 1 OWiG). Als elektronisches Dokument muss der Einspruch eine quali-

fizierten elektronischen Signatur (§ 2 Nummer 3 SigG) enthalten.[1] Der Einspruch kann auch auf einzelne Beschwerdepunkte beschränkt werden (§ 67 Absatz 2 OWiG).

Sofern Sie eine Begründung des Einspruchs beabsichtigen, bitten wir Sie, diese möglichst mit der Einlegung des Einspruchs zu verbinden.

Falls wir den Bußgeldbescheid trotz eines Einspruchs aufrechterhalten (§ 69 Absatz 2 Satz 1 OWiG), entscheidet das Amtsgericht aufgrund dieses Bußgeldbescheides über das Vorliegen einer Ordnungswidrigkeit und die Rechtsfolgen aufgrund einer mündlichen Hauptverhandlung (§ 71 OWiG), ohne an die Höhe der festgesetzten Geldbuße gebunden zu sein. Das Gericht kann mit Ihrer Zustimmung auch durch schriftlichen Beschluss entscheiden (§ 72 OWiG), wobei es an die Rechtsfolgen des Bußgeldbescheides gebunden ist.

Zahlungsaufforderung

Nach Rechtskraft des Bußgeldbescheides ist die Geldbuße innerhalb weiterer zwei Wochen (also vier Wochen ab Zustellung) an die Kreiskasse oder eines der in den Fußzeilen der ersten Seite dieses Bescheides bezeichneten Konten zu bezahlen (§ 95 Absatz 1 OWiG), sofern keine abweichenden Zahlungsfristen bewilligt sind.

Hinweis auf Erzwingungshaft

Unterbleibt die Zahlung und legen Sie auch keine Zahlungsunfähigkeit dar, so kann die Geldbuße durch die vom Amtsgericht angeordnete Erzwingungshaft durchgesetzt werden (§ 96 OWiG). Bei Unmöglichkeit sofortiger Zahlung sind Zahlungserleichterungen (Zahlungsfrist, Teilleistungen) möglich (§ 18, § 93 OWiG).

Datenschutzrechtlicher Hinweis

Wir speichern Ihre hier bekannten personenbezogenen Daten bis zum Abschluss des Verfahrens einschließlich der vollständigen Zahlung der Geldbuße, Gebühr und Auslagen in einer automatisiert geführten elektronischen Datei (§ 49 c Absatz 2 Satz 1 OWiG in Verbindung mit § 483 Absatz 1 StPO).

Mit freundlichen Grüßen

Weber

---

1 Die Rechtsbehelfsbelehrung des Bußgeldbescheids berücksichtigt bereits die Einführung der elektronischen Aktenführung gemäß § 110 b OWiG.

Bußgeldbescheid gegen den Inhaber einer Einzelfirma (natürliche Person)
wegen unterlassener Unterrichtung der Behörde über unsichere Lebensmittel

Landratsamt Neukirchen

Zentrale Bußgeldstelle

Landratsamt Neukirchen, Postfach 5678, 88888 Neukirchen

Zustellungsurkunde

Frau
Silvia Werner
Droste-Hülshoff-Straße 112
88881 Freiberg

Dienstgebäude	Feuerbachstraße 43
	88888 Neukirchen
Zimmer	0432
Sachbearbeiter(in)	Frau Weber
Telefon	(0823) 8878 -342
Telefax	(0823) 8878 -340
E-Mail	zbslra@neukirchen.de

Ihr Zeichen, Ihre Nachricht vom	Bitte bei Antwort angeben Unser Zeichen, Unsere Nachricht vom 0987665/11	Datum 30.10.2011

Betroffene: Frau Silvia Werner, Geburtsname Rosenbauer, geb. 11.09.1978 in Mittweida, Kauffrau, Droste-Hülshoff-Straße 112, 88881 Freiberg

Verteidiger: -

Bußgeldbescheid

Sehr geehrte Frau Werner,

nach unseren Feststellungen haben Sie folgende Ordnungswidrigkeit begangen:

Die Firma Zentralfleisch Ltd., Nordstadt hat der von Ihnen betriebenen Firma Lemex, Lebensmittelgroßhandel, Freiberg, am 10.09.2011 auf Ihre Bestellung vom 30.08.2011 mindestens 320 kg argentinisches Rindfleisch geliefert, die Sie in einem Kühlhaus Ihres Unternehmens zum Zweck des Weiterverkaufs an Einzelhändler vorübergehend einlagerten. Wegen fehlender Eignung zum Verzehr durch Überlagerung beanstandeten Sie am 15.10.2011 die Lieferung bei der Firma Zentralfleisch Ltd., die sie daraufhin am 27.10. 2011 zurücknahm und an einen anderen Lebensmittelunternehmer auslieferte. Sie unterließen es wissentlich, das Landratsamt Neukirchen ohne schuldhaftes Zögern nach dem 15.10.2011 schriftlich oder elektronisch unter Angabe Ihres Namens und Ihrer Anschrift darüber unter Angabe des Namens und der Anschrift des Lieferanten zu unterrichten.

Telefonvermittlung (0823) 8878 -0 **Internet** www.lra-neukirchen.de	**Besuchszeiten** Mo.-Mi. 7.30-16.30 Uhr Do. 7.30-17.30 Uhr Fr. 7.30-12.00 Uhr	**Öffentliche Verkehrsmittel** Stadtbus Linie 4 Haltestelle Landratsamt	**Bankverbindungen** Sparkasse Neukirchen IBAN DE 128002000830204123456 Volksbank Neukirchen IBAN DE 80030000403320654321

9 Erlass des Bußgeldbescheids

Ordnungswidrig handelt,

wer vorsätzlich entgegen § 44 Absatz 4 Satz 1 Lebensmittel- und Futtermittelgesetzbuch (LFGB) die zuständige Behörde nicht unterrichtet. Ergänzend zu Artikel 19 Absatz 1 Satz 1 VO (EG) Nummer 178/2002 hat ein Lebensmittelunternehmer, der Grund zu der Annahme hat, dass ein von ihm angeliefertes Lebensmittel (Nummer 1) oder ein von ihm erworbenes Lebensmittel, über das er die tatsächliche unmittelbare Sachherrschaft erlangt hat (Nummer 2) einem Verkehrsverbot nach Artikel 14 Absatz 1 der VO (EG) Nummer 178/2002 unterliegt, unverzüglich die für die Überwachung zuständig Behörde schriftlich oder elektronisch unter Angabe seines Namens und seiner Anschrift darüber unter Angabe des Namens und der Anschrift desjenigen, von dem ihm das Lebensmittel angeliefert worden ist oder von dem er das Lebensmittel erworben hat, zu unterrichten (§ 44 Absatz 4 Satz 1 LFGB).

Verletzte Bußgeldvorschriften:

§ 60 Absatz 2 Nummer 22 Lebensmittel- und Futtermittelgesetzbuch (LFGB) in der Fassung der Bekanntmachung 22.08.2011 (BGBl. I S. 1170).

Beweismittel

a) Ihre Angaben bei der mündlichen Anhörung vom 13.10.2011

b) Ermittlungsbericht der Lebensmittelüberwachung vom 10.10.2011

c) Lichtbilder von eingesehenen Belegen und Schriftverkehr

Als Folge dieser Ordnungswidrigkeit setzen wir gegen Sie eine Geldbuße fest (§ 17 OWiG). Sie tragen auch die Kosten des Bußgeldverfahrens (§§ 464, 465 Absatz 1 StPO in Verbindung mit § 46 Absatz 1 OWiG). Diese bestehen aus der Verfahrensgebühr (§ 107 Absatz 1 OWiG) und unseren Auslagen (§ 107 Absatz 3 OWiG).

Geldbuße	2000,00 Euro
Gebühr	100,00 Euro
Auslagen	3,50 Euro
Gesamtbetrag	2103,50 Euro

Begründung des Bußgeldbescheides

1) Ihre Angaben bei der Anhörung vom 13.10.2011

Ihre Auffassung, die gesetzliche Verpflichtung sei Ihnen völlig unbekannt gewesen, weil wir Sie bei keiner unserer bisherigen Kontrollen darüber aufgeklärt hätten, entlastet Sie nicht. Den Lebensmittelunternehmer trifft eine Erkundigungspflicht auch über neue oder geänderte Bestimmungen, um einen Irrtum über die Ordnungswidrigkeit seines Verhaltens zu vermeiden (§ 11 Absatz 2 OWiG). Gerade im Lebensmittelrecht drängt sich die Veränderung rechtlicher Bestimmungen auf, so dass eine ständige Fortbildung zu den Grundvoraussetzungen der unternehmerischen Zuverlässigkeit gehört. Die von Ihnen angeregte Einstellung des Bußgeldverfahrens (§ 47 Absatz 1 Satz 2 OWiG) ist nicht möglich, weil die Ahndung mit Geldbuße als ernste Pflichtenmahnung angesichts zweier Vorahndungen und der Menge der in diesem Fall betroffenen unsicheren Lebensmittel eine erneute Ahndung geboten erscheinen lässt.

2) Zumessung der Geldbuße (§ 17 Absatz 3 OWiG)

Die Ordnungswidrigkeit ist mit Geldbuße bis 20 000 Euro bedroht (§ 60 Absatz 5 Nummer 3 LFGB). Bei der Zumessung der Geldbuße haben wir folgende Umstände berücksichtigt:

a) Bedeutung der Ordnungswidrigkeit (§ 17 Absatz 3 Satz 1 OWiG)

Verschärfend wirkte sich die Menge der bei Ihnen gelagerten Lebensmittel von mindestens 320 kg aus. Die Ordnungswidrigkeit hat daher ein sehr erhebliches Ausmaß.

b) Vorwurf, der den Täter trifft (§ 17 Absatz 3 Satz 1 OWiG)

Verschärfend mussten wir berücksichtigen, dass im Gewerbezentralregister bereits zwei Eintragungen vom 03.11.2009 und 15.04.2010 wegen vergleichbarer lebensmittelrechtlicher Ordnungswidrigkeiten enthalten sind und daher ein Wiederholungsfall vorliegt.

c) Wirtschaftliche Verhältnisse (§ 17 Absatz 3 Satz 2 OWiG)

Das Monatseinkommen musste für die Zumessung der Geldbuße geschätzt werden, da Sie bei der Anhörung dazu keine nachvollziehbaren Angaben gemacht haben. Wir schätzen Ihr Einkommen als Inhaberin eines mittelständischen Unternehmens der Lebensmittelbranche auf 2500 Euro netto.

Rechtsbehelfsbelehrung

Gegen diesen Bußgeldbescheid können Sie binnen zwei Wochen ab Zustellung beim Landratsamt Neukirchen schriftlich – auch als elektronisches Dokument an die oben angegebene E-Mail-Adresse – oder zur Niederschrift in deutscher Sprache (§ 184 GVG in Verbindung mit § 46 Absatz 1 OWiG) Einspruch einlegen (§ 67 Absatz 1 OWiG). Als elektronisches Dokument muss der Einspruch eine qualifizierten elektronischen Signatur (§ 2 Nummer 3 SigG) enthalten. Der Einspruch

---

1 Die Rechtsbehelfsbelehrung des Bußgeldbescheids berücksichtigt bereits die Einführung der elektronischen Aktenführung gemäß § 110b OWiG.

kann auch auf einzelne Beschwerdepunkte beschränkt werden (§ 67 Absatz 2 OWiG).

Sofern Sie eine Begründung des Einspruchs beabsichtigen, bitten wir Sie, diese möglichst mit der Einlegung des Einspruchs zu verbinden.

Falls wir den Bußgeldbescheid trotz eines Einspruchs aufrechterhalten (§ 69 Absatz 2 Satz 1 OWiG), entscheidet das Amtsgericht aufgrund dieses Bußgeldbescheides über das Vorliegen einer Ordnungswidrigkeit und die Rechtsfolgen aufgrund einer mündlichen Hauptverhandlung (§ 71 OWiG), ohne an die Höhe der festgesetzten Geldbuße gebunden zu sein. Das Gericht kann mit Ihrer Zustimmung auch durch schriftlichen Beschluss entscheiden (§ 72 OWiG), wobei es an die Rechtsfolgen des Bußgeldbescheides gebunden ist.

Zahlungsaufforderung

Nach Rechtskraft des Bußgeldbescheides ist die Geldbuße innerhalb weiterer zwei Wochen (also vier Wochen ab Zustellung) an die Kreiskasse oder eines der in den Fußzeilen der ersten Seite dieses Bescheides bezeichneten Konten zu bezahlen (§ 95 Absatz 1 OWiG), sofern keine abweichenden Zahlungsfristen bewilligt sind.

Hinweis auf Erzwingungshaft

Unterbleibt die Zahlung und legen Sie auch keine Zahlungsunfähigkeit dar, kann die Geldbuße durch die vom Amtsgericht angeordnete Erzwingungshaft durchgesetzt werden (§ 96 OWiG). Bei Unmöglichkeit sofortiger Zahlung sind Zahlungserleichterungen (Zahlungsfrist, Teilleistungen) möglich (§ 18, § 93 OWiG).

Datenschutzrechtlicher Hinweis

Wir speichern Ihre hier bekannten personenbezogenen Daten bis zum Abschluss des Verfahrens einschließlich der vollständigen Zahlung der Geldbuße, Gebühr und Auslagen in einer automatisiert geführten elektronischen Datei (§ 49c Absatz 2 Satz 1 OWiG in Verbindung mit § 483 Absatz 1 StPO).

Mit freundlichen Grüßen

Weber

9.13 Zustellung des Bußgeldbescheides

Der Bußgeldbescheid ist grundsätzlich dem Betroffenen selbst zuzustellen (§ 51 Absatz 2 OWiG).

Eine Zustellung über das Unternehmen, bei dem er als Geschäftsführer, Filial- oder Abteilungsleiter nur beschäftigt ist, ist daher unzulässig. Auch Umgehungsversuche wie „zu Händen" oder „Herrn Maier in Firma" ändern daran nichts.

Ein solcher Zustellungsmangel setzt die Einspruchsfrist (§ 67 Absatz 1 Satz 1 OWiG) nicht in Lauf, so dass der Bußgeldbescheid nicht rechtskräftig werden kann. Außerdem wird die Verfolgungsverjährung (§ 33 Absatz 1 Satz 1 Nummer 9 OWiG) nicht unterbrochen. Die Privatanschrift des Betroffenen muss daher spätestens bei Erlass des Bußgeldbescheids bekannt sein.[1])

Beispiel:

Herrn

Klaus Müller

Lenaustraße 12

12345 Neustadt

Fehlbeispiel:

Firma Fleischfrost GmbH

zu Händen Herrn Klaus Müller

Gewerbering 112

23456 Altstadt

Bei durch eine Rechtsanwältin oder einen Rechtsanwalt verteidigten Betroffenen ist die besondere bußgeldrechtliche Bestimmung des § 51 Absatz 3 OWiG zur wechselseitigen Zustellung und Benachrichtigung zu beachten. An wen zuzustellen ist, richtet sich danach, ob zum Zeitpunkt der Zustellung eine die Verteidigung durch eine Rechtsanwältin oder einen Rechtsanwalt im Bußgeldverfahren betreffende Vollmacht bei den Bußgeldakten ist. In diesem Fall erfolgt die Zustellung in der Regel an den Verteidiger gegen Empfangsbekenntnis (vgl. § 51 Absatz 1 OWiG in Verbindung mit § 5 Absatz 2 VwZG), der Betroffene ist über die Zustellung formlos zu benachrichtigen. Umgekehrt ist die Zustellung an den Betroffenen zu richten, wenn keine schriftliche Vollmacht vorliegt. Die bloße Mandatsanzeige des Rechtsanwaltes ersetzt diese nicht. Die Zustellung

---

1) Zur Ermittlung der Adresse des Betroffenen durch Identitätsfeststellung (§ 163b Absatz 1 StPO in Verbindung mit § 46 Absatz 1 OWiG) siehe Kapitel 3.10.

an den Betroffenen sollte im Bußgeldverfahren stets mit Postzustellungs-
urkunde (§ 51 Absatz 1 OWiG in Verbindung mit § 3 VwZG), nicht durch
Einschreiben (§ 51 Absatz 1 OWiG in Verbindung mit § 4 VwZG) vorgenommen werden, weil nur diese die Vorteile eines sicheren Zugangs bietet. Stellt die Verwaltungsbehörde an den Betroffenen zu, ist der Verteidiger darüber durch einfachen Brief zu benachrichtigen.[1]

**Zustellung und Benachrichtigung bei verteidigtem Betroffenen
(§ 51 Absatz 3 OWiG)**

---

1) Zur Zustellung im Einzelnen siehe Wieser-Kommentar, Band I Nummer 1 § 51
OWiG und Band II Teil III Nummer 10.

10 Aufbau des Bußgeldbescheides bei Verstößen gegen EU-Verordnungen

Der Aufbau von Bußgeldbescheiden bietet auch erfahrenen Sachbearbeitern bisher unbekannte Abfassungsprobleme, soweit sie Zuwiderhandlungen gegen EU-Verordnungen mit ihrer von der nationalen Gesetzgebung sehr stark abweichenden Gesetzestechnik zum Gegenstand haben. Amtliche Muster bestehen dazu soweit ersichtlich nicht. Die Musterbescheide in diesem Buch wollen daher eine Anregung zur Bescheidtechnik geben.

10.1 Bescheidtechnik

Alle Muster dieses Buches sind im bürgerfreundlichen persönlichen Bescheidstil, dem so genannten Briefstil, nicht im früheren unpersönlichen „Obrigkeitsstil" abgefasst. Der Tatvorwurf enthält entsprechend § 66 Absatz 1 Nummer 3 OWiG den Tathergang einschließlich Tatort und Tatzeit. Bei einer Mehrzahl von Zuwiderhandlungen ist jedes einzelne ordnungswidrige Verhalten einzeln aufzuführen, während gemeinsame Merkmale wie Tatort und Tatzeit im Interesse der Übersichtlichkeit des Bußgeldbescheides vorab dargestellt und nicht fortlaufend wiederholt werden sollten. Jede Zuwiderhandlung ist so aufgebaut, dass in Form einer durch Buchstaben gekennzeichneten Auflistung jeweils dem **Sollzustand** nach Vorgabe einer EU-Verordnung der tatsächliche **Istzustand** gegenübergestellt wird.

Beispiel:

Sollzustand

Betriebsstätten, in denen mit Lebensmitteln umgegangen wird, müssen sauber und stets instand gehalten sein

(Artikel 4 Absatz 2 Verordnung (EG) Nummer 852/2004 in Verbindung mit Anhang II Kapitel I Nummer 1).

Istzustand

Von diesen Anforderungen sind Sie bewusst abgewichen, indem Sie in der Küche Fettablagerungen auf und vor dem dort aufgestellten Elektroherd seit längerer Zeit nicht entfernt haben, so dass es zu starken verkrusteten Verschmutzungen kam.

Durch mögliche Berührung wurden die dort behandelten Lebensmittel der Gefahr nachteiliger Beeinflussung durch diese Verunreinigungen ausgesetzt.

Es ist also nicht darzustellen, was die Lebensmittelüberwachung festgestellt hat – ein häufiger Abfassungsfehler der Vollzugspraxis –, sondern was dem Betroffenen objektiv und subjektiv vorgeworfen wird. Die Feststellungen der Lebensmittelüberwachung sollten jedoch bei umfangreicheren Sachverhalten und höheren Geldbußen in einer besonderen Begründung des Bescheides (§ 66 Absatz 3 OWiG) dargestellt sein.[1]

Sieht der Tatbestand einer Ordnungswidrigkeit als Merkmal die Gefahr nachteiliger Beeinflussung von Lebensmitteln vor (z. B. § 10 Nummer 1 in Verbindung mit § 3 Satz 1, § 2 Absatz 1 Nummer 1 LMHV), so ist dies für jeden Verstoß durch die jeweiligen Anknüpfungstatsachen konkret auszuführen.

Beispiel:

Durch mögliche Berührung mit den Händen von Mitarbeitern wurden die dort behandelten Lebensmittel der Gefahr nachteiliger Beeinflussung durch diese Verunreinigungen ausgesetzt.

Die Wiederholung des bloßen Gesetzeswortlauts: „Dadurch konnten Lebensmittel der Gefahr nachteiliger Beeinflussung ausgesetzt werden." genügt nicht. Unzureichend ist auch die bloße Voranstellung eines Satzes vor den Einzelfällen mit der pauschalen Behauptung, durch die in den Fußzeilen der ersten Seite dieses Bescheides aufgeführten Verstöße seien Beeinträchtigungen von Lebensmitteln möglich gewesen.

Für vorsätzliches Handeln empfiehlt sich die Umschreibung „bewusst", für fahrlässiges Handeln die Umschreibung „aus mangelnder Sorgfalt" (vgl. Beispiel oben unter „Ist-Zustand"). Die Bezeichung als „Vorsatz" oder „Fahrlässigkeit" folgt erst bei der Unterordnung unter die abstrakten gesetzlichen Merkmale der Ordnungswidrigkeit (§ 66 Absatz 1 Nummer 3 OWiG), während sie im Tatvorwurf falsch ist.

Beispiel:

Ordnungswidrig handelt, wer vorsätzlich entgegen Artikel 4 Absatz 2 Verordnung (EG) Nummer 852/2004 Lebensmittel als Inhaber herstellt, behandelt oder in Verkehr bringt. Lebensmittel dürfen nur so hergestellt, behandelt oder in Verkehr gebracht werden, dass sie bei Beachtung der im Verkehr erforderlichen Sorgfalt der Gefahr einer nachteiligen Beeinflussung nicht ausgesetzt sind.

Enthält ein Bußgeldbescheid mehrere in Tateinheit (§ 19 OWiG) stehende Zuwiderhandlungen, so sind diese durch arabische Ziffern gekennzeichnet. Stehen Zuwiderhandlungen dagegen in Tatmehrheit (§ 20 OWiG),

---

1) Zur Begründung des Bußgeldbescheides (§ 66 Absatz 3 OWiG) siehe Kapitel 10.3.

sind sie durch römische Ziffern voneinander abgegrenzt. Diese Abgrenzung ist im Fall der Tatmehrheit bei den folgenden Teilen des Bußgeldbescheides, insbesondere den gesondert festgesetzten Geldbußen fortgeführt.

Dem Tatvorwurf folgen die angewendeten Bußgeldvorschriften (§ 66 Absatz 1 Nummer 3 OWiG). Bei Blanketttatbeständen sind auch die verwaltungsrechtlichen Ausfüllungsvorschriften und die Bezugsvorschriften aus EU-Verordnung zu zitieren, soweit diese noch nicht bei den gesetzlichen Merkmalen der Ordnungswidrigkeit aufgeführt sind. Für den Umfang der Zitierung mit Fundstelle und letzter Gesetzesänderung sind landesrechtliche Verwaltungsrichtlinien maßgeblich.

Die von der Verwaltungsbehörde vorgesehenen Beweismittel sollen dem Betroffenen, ggf. seinem Verteidiger und einem später mit der Sache befassten Gericht erkennen lassen, wie der Nachweis der vorgeworfenen Ordnungswidrigkeit(en) erfolgen soll.

Als Beweismittel im Sinne des § 66 Absatz 1 Nummer 4 OWiG kommen in Betracht:

▶ Eigene Angaben des Betroffenen bei der Anhörung (§ 55 OWiG)[1]) oder im Verwaltungsverfahren während der Kontrolle, soweit sie für den Tatnachweis bedeutsam sind.

▶ Feststellungen des Lebensmittelkontrolleurs/Veterinärs als Zeuge, wobei die Angabe eines nach § 256 Absatz 1 Nummer 5 StPO in Verbindung mit § 46 Absatz 1 OWiG verlesbaren Aktenvermerks[2]) genügt. Die Person des Lebensmittelkontrolleurs/Veterinärs sollte nicht aufgeführt werden, es sei denn, die Verwaltungsbehörde legt aus besonderen Gründen des Einzelfalls ausnahmsweise Wert auf persönliche Erläuterungen des Zeugen vor Gericht.

▶ Fotodokumentation[3]) von Grundstücken, Räumen, Geräten, Einrichtungen, Lebensmitteln, Tieren als Augenscheinsobjekten.

▶ Schriftliches Gutachten eines Landesuntersuchungsamts über die Auswertung der Probenahme (§ 43 LFGB) aus dem Verwaltungsverfahren. Da ein behördliches Gutachten gemäß § 256 Absatz 1 Nummer 1 Buchstabe a StPO in Verbindung mit § 46 Absatz 1 OWiG im

---

1) Zur Anhörung des Betroffenen (§ 55 OWiG in Verbindung mit § 163a StPO) siehe Kapitel 7.4 und 7.6.

2) Zum gerichtlich verlesbaren Aktenvermerk der Lebensmittelüberwachung (§ 256 Absatz 1 Nummer 5 StPO in Verbindung mit § 46 Absatz 1 OWiG) anstelle einer Zeugenvernehmung des Lebensmittelkontrolleurs siehe Kapitel 4.1.

3) Zur Anfertigung einer Fotodokumentation als Augenscheinsobjekt siehe Kapitel 4.2.

gerichtlichen Bußgeldverfahren stets verlesbar ist, braucht und sollte der Name des Sachverständigen nicht als Beweismittel aufgeführt werden.

Beispiel:

a) Ihre Angaben bei der mündlichen Anhörung vom 13.10.2011
b) Ermittlungsbericht der Lebensmittelüberwachung vom 13.10.2011
c) Lichtbilder vom 13.10.2011 über den Zustand der Betriebsräume
d) Gutachten des Landesuntersuchungsamtes Neukirchen vom 20.11.2011

Die Akten der Lebensmittelüberwachung und die Bußgeldakte sind dagegen keine Beweismittel, sondern enthalten diese nur.

10.2 Bußgeldbescheid bei Einzelfirmen

Sind Ordnungswidrigkeiten im Betrieb einer Einzelfirma begangen worden, ist der Bußgeldbescheid gegen die natürliche Person des Inhabers als Täter zu erlassen, nicht etwa an die Firma zu richten. Die Zustellung an den Betroffenen (§ 51 Absatz 2 OWiG) erfolgt daher an die ermittelte Privatanschrift, nicht unter der Anschrift der Firma. Bei verteidigten Betroffenen ist § 51 Absatz 3 OWiG zu beachten. Der Betroffene darf nicht als „Verantwortlicher" bezeichnet werden, vielmehr ist seine Funktion als „Inhaber der Firma <Name>", „Betreiber der Gaststätte <Name>" usw. aufzuführen. Bei einer Einzelfirma gibt es keinen „Geschäftsführer", da dieser nur gesetzlicher Vertreter einer GmbH sein kann (§ 35 Absatz 1 GmbHG). Für den Tatzeitraum (§ 66 Absatz 1 Nummer 3 OWiG) ist es von Bedeutung, seit wann die Zuwiderhandlungen dem Betroffenen bekannt waren (Vorsatz) oder hätten bekannt sein müssen (Fahrlässigkeit).

**Bußgeldbescheid wegen Zuwiderhandlung gegen eine EU-Verordnung
gegen den Inhaber einer Einzelfirma (natürliche Person)**

Landratsamt Neukirchen

Zentrale Bußgeldstelle

Landratsamt Neukirchen, Postfach 5678, 88888 Neukirchen

	Dienstgebäude	Feuerbachstraße 43
Zustellungsurkunde		88888 Neukirchen
Herrn	Zimmer	0432
Dieter Frank	Sachbearbeiter(in)	Frau Weber
Leibnizstraße 12	Telefon	(0823) 8878 -342
88882 Altstein	Telefax	(0823) 8878 -340
	E-Mail	zbslra@neukirchen.de

Ihr Zeichen, Ihre Nachricht vom	**Bitte bei Antwort angeben** Unser Zeichen, Unsere Nachricht vom 0987665/11	**Datum** 16.11.2011

Betroffener: Herr Dieter Frank, geb. 13.7.1954 in Mannheim, Gastwirt, Leibnizstraße 12, 88882 Altstein

Verteidiger: -

Bußgeldbescheid

Sehr geehrter Herr Frank,

nach unseren Feststellungen haben Sie folgende Ordnungswidrigkeiten begangen:

I.

Sie haben als Inhaber der Gaststätte „Werdenfelser Hof" in 88888 Neukirchen, Goethestraße 15 am Dienstag, den 13.11.2011 zwischen 10.00 Uhr und 11.30 Uhr Speisen verschiedener Art, darunter Fleischgerichte mit Beilagen zubereitet. Dabei hatten Sie als Lebensmittelunternehmer folgende lebensmittelhygienische Anforderungen einzuhalten:

1. Betriebsstätten, in denen mit Lebensmitteln umgegangen wird, müssen sauber und stets instand gehalten sein (Artikel 4 Absatz 2 Verordnung (EG) Nummer 852/2004 in Verbindung mit Anhang II Kapitel I Nummer 1).

Von diesen Anforderungen sind Sie bewusst abgewichen, indem Sie in der Küche Fettablagerungen auf und vor dem dort aufgestellten Elektroherd seit längerer Zeit nicht entfernt haben, so dass es zu starken verkrusteten Verschmutzungen kam.

Telefonvermittlung (0823) 8878 -0 **Internet** www.lra-neukirchen.de	**Besuchszeiten** Mo.-Mi. 7.30-16.30 Uhr Do. 7.30-17.30 Uhr Fr. 7.30-12.00 Uhr	**Öffentliche Verkehrsmittel** Stadtbus Linie 4 Haltestelle Landratsamt	**Bankverbindungen** Sparkasse Neukirchen IBAN DE 128002000830204123456 Volksbank Neukirchen IBAN DE 80030000403320654321

Durch mögliche Berührung wurden die dort behandelten Lebensmittel der Gefahr nachteiliger Beeinflussung durch diese Verunreinigungen ausgesetzt.

2. Betriebsstätten, in denen mit Lebensmitteln umgegangen wird, müssen sauber und stets instand gehalten sein
(Artikel 4 Absatz 2 Verordnung (EG) Nummer 852/2004 in Verbindung mit Anhang II Kapitel I Nummer 1).

Von diesen Anforderungen sind Sie bewusst abgewichen, indem Sie in der Küche aufgrund mangelhafter Reinigung des Fußbodens Verschmutzungen nicht beseitigten, in denen sich mehrere lebende Ameisen und Käfer (Kakerlaken) befanden.

Dadurch wurden die dort behandelten Lebensmittel der Gefahr nachteiliger Beeinflussung durch tierische Schädlinge ausgesetzt.

3. Flächen (einschließlich Flächen von Ausrüstungen) in Bereichen, in denen mit Lebensmitteln umgegangen wird, und insbesondere Flächen, die mit Lebensmitteln in Berührung kommen, sind in einwandfreiem Zustand zu halten und müssen leicht zu reinigen und erforderlichenfalls zu desinfizieren sein
(Artikel 4 Absatz 2 Verordnung (EG) Nummer 852/2004 in Verbindung mit Anhang II Kapitel I Nummer 1 Buchstabe f).

Von diesen Anforderungen sind Sie bewusst abgewichen, indem Sie in der Küche die für die Zerteilung und Zubereitung vorgesehene Arbeitsplatte aus Hartholz längere Zeit nicht reinigten. In den vorhandenen Scharten der Oberfläche befanden sich während der Zubereitung von Frischfleisch zahlreiche, bereits verfärbte Fleischreste.

Dadurch wurden die dort behandelten Lebensmittel der Gefahr nachteiliger Beeinflussung durch Mikroorganismen und Verunreinigungen ausgesetzt.

4. Reinigungs- und Desinfektionsmittel dürfen nicht in Bereichen gelagert werden, in denen mit Lebensmitteln umgegangen wird
(Artikel 4 Absatz 2 Verordnung (EG) Nummer 852/2004 in Verbindung mit Anhang II Kapitel I Nummer 10).

Von diesen Anforderungen sind Sie bewusst abgewichen, indem Sie im Vorratsraum neben für den Geschäftsbetrieb bestimmten, gefüllten Kartoffelbehältern 2,5 kg Schädlingsbekämpfungsmittel Supertox, 5l Pflanzenschutzmittel Floran und ca. 15 l verschiedene Lösungsmittel lagerten.[1]

---

[1] Dieser Verstoß beruht auf § 2 Nummer 2 LMRStV, der im Gegensatz zu § 10 Nummer 1 in Verbindung mit § 3 Satz 1 LMHV keine Gefahr nachteiliger Beeinflussung im Sinne des § 2 Absatz 1 Nummer 1 LMHV erfordert.

5. Es müssen an geeigneten Standorten genügend Handwaschbecken vorhanden sein. Diese müssen Warm- und Kaltwasserzufuhr haben; darüber hinaus müssen Mittel zum Händewaschen und zum hygienischen Händetrocknen vorhanden sein
(Artikel 4 Absatz 2 Verordnung (EG) Nummer 852/2004 in Verbindung mit Anhang II Kapitel I Nummer 4 Satz 1, 2).

Von diesen Anforderungen sind Sie bewusst abgewichen, indem Sie in der Personaltoilette weder Seife noch Handtücher zur Verfügung stellten.

Dadurch wurden die Lebensmittel der Gefahr nachteiliger Beeinflussung durch Mikroorganismen und Verunreinigungen ausgesetzt.

6. Die Wandflächen sind in einwandfreiem Zustand zu halten und müssen leicht zu reinigen sein
(Artikel 4 Absatz 2 Verordnung (EG) Nummer 852/2004 in Verbindung mit Anhang II Kapitel II Nummer 1 Buchstabe b).

Von diesen Anforderungen sind Sie bewusst abgewichen, indem Sie im Kühlraum ca. 1,5 m² heruntergefallene Fliesen nicht erneuerten.

Dadurch wurden die dort lagernden Lebensmittel der Gefahr nachteiliger Beeinflussung durch diese Verunreinigungen ausgesetzt.

Diese Verstöße waren Ihnen bereits spätestens Ende Februar 2011 bekannt.

II.

Während der Kontrolle der Betriebsräume haben Sie der Bediensteten der Lebensmittelüberwachung Neundorf trotz für sofort vollziehbar erklärter Anordnung und Belehrung über die Ordnungswidrigkeit Ihres Verhaltens keine Auskunft über die Durchführung der nach Artikel 4 Absatz 2 Verordnung (EG) Nummer 825/2004 vorgeschriebenen betriebseigenen Maßnahmen und Kontrollen gegeben.

Ordnungswidrig handelt,

I.

1. (Nummer 4) im Sinne des § 60 Absatz 4 Nummer 2 Buchstabe a des Lebensmittel- und Futtermittelgesetzbuches (LFGB), wer gegen die Verordnung (EG) Nummer 852/2004 verstößt, indem er vorsätzlich entgegen Artikel 4 Absatz 2 in Verbindung mit Anhang II Kapitel I Nummer 10 ein Reinigungs- oder Desinfektionsmittel lagert und

2. (Nummer 1 bis 3, 5 bis 6), wer vorsätzlich entgegen § 3 Satz 1 Lebensmittel-Hygieneverordnung Lebensmittel behandelt. Lebensmittel dürfen nur so hergestellt, behandelt oder in Verkehr gebracht werden, dass sie bei Beachtung der im Verkehr erforderlichen Sorgfalt der Gefahr einer nachteiligen Beeinflussung (§ 2 Absatz 1 Nummer 1 LMHV) nicht ausgesetzt sind (§ 3 Satz 1 LMHV). Im Übrigen gelten die Begriffsbestimmungen des Artikels 2 Absatz 1 der VO (EG) Nummer 852/2004 des Europäischen Parlaments und des Rats vom 29. April 2004

über Lebensmittelhygiene (Abl. EU Nummer L 139 S. 1, Nummer L 226 S. 3) entsprechend.

II.

wer vorsätzlich entgegen § 44 Absatz 2 Satz 1 Lebensmittel- und Futtermittelgesetzbuch (LFGB) eine Auskunft nicht erteilt. Soweit es zur Durchführung der Vorschriften über den Verkehr mit Erzeugnissen im Sinne dieses Gesetzes erforderlich ist, sind die mit der Überwachung beauftragten Personen befugt, von natürlichen und juristischen Personen und nicht rechtsfähigen Personenvereinigungen alle erforderlichen Auskünfte, insbesondere solche über die Herstellung, die zur Verarbeitung gelangenden Stoffe und deren Herkunft zu verlangen.

Verletzte Bußgeldvorschriften

I.

(Nummer 4) § 2 Nummer 2 Lebensmittelrechtliche Straf- und Bußgeldverordnung (LMRStV) vom 07. Februar 2012 (BGBl. I S. 190) und

(Nummer 1 bis 3, 5 bis 6) § 10 Nummer 1 Lebensmittel-Hygieneverordnung vom 08. August 2007 (BGBl. I S. 1816).

II.

§ 60 Absatz 2 Nummer 20 Lebensmittel- und Futtermittelgesetzbuch (LFGB) in der Bekanntmachung vom 22. August 2011 (BGBl. I S. 1170).

Beweismittel

a) Ihre Angaben bei der mündlichen Anhörung vom 13.11.2011
b) Ermittlungsbericht der Lebensmittelüberwachung vom 13.11.2011
c) Lichtbilder vom 13.11.2011 über den Zustand der Betriebsräume

Als Folge dieser Ordnungswidrigkeiten setzen wir gegen Sie die folgenden Geldbußen fest (§§ 17, 20 OWiG). Sie tragen auch die Kosten des Bußgeldverfahrens (§§ 464, 465 Absatz 1 StPO in Verbindung mit § 46 Absatz 1 OWiG). Diese bestehen aus der Verfahrensgebühr (§ 107 Absatz 1 OWiG) und unseren Auslagen (§ 107 Absatz 3 OWiG).

Geldbußen	I) 2000,00 Euro
	II) 125,00 Euro
Gebühr	106,25 Euro
Auslagen	3,50 Euro
Gesamtbetrag	2234,75 Euro

Zahlungserleichterungen

Sie können die Geldbuße und die Kosten des Bußgeldverfahrens in monatlichen Teilbeträgen von 500 Euro jeweils zum 15. eines Monats ab Rechtskraft des Bußgeldbescheids bezahlen (§ 18 Satz 1 OWiG). Diese Vergünstigung entfällt

bezüglich des Restbetrags, wenn Sie mit einem Teilbetrag in Verzug geraten
(§ 18 Satz 2 OWiG).

Begründung des Bußgeldbescheides

1) Ihre Angaben bei der Anhörung vom 13.11.2011

Ihre Auffassung, die Kontrolle hätte angekündigt und Sie hätten auf Ihr Auskunftsverweigerungsrecht hingewiesen werden müssen, trifft nicht zu. Die mit
der Überwachung beauftragten Personen sind nach § 42 Absatz 2 Nummer 1
LFGB grundsätzlich befugt, Grundstücke und Räume, in oder auf denen Erzeugnisse im Sinne des Lebensmittel- und Futtermittelgesetzbuchs hergestellt,
behandelt oder in den Verkehr gebracht werden, sowie die dazugehörigen
Geschäftsräume während der üblichen Betriebs- und Geschäftszeit zu betreten.
Das von Ihnen ausgesprochene „Hausverbot" ist daher bedeutungslos. Eine
Belehrungspflicht über das Ihnen nach § 44 Absatz 2 Satz 2 LFGB zustehende
Auskunftsverweigerungsrecht ist nicht vorgesehen. Auf dieses Recht muss sich
der Auskunftspflichtige gegenüber dem Auskunftsberechtigten ausdrücklich
berufen.

2) Zumessung der Geldbuße (§ 17 Absatz 3 OWiG)

Die Ordnungswidrigkeit unter I. ist mit Geldbuße bis 50 000 Euro bedroht (§ 60
Absatz 5 Nummer 2 LFGB),
die Ordnungswidrigkeit unter II. ist mit Geldbuße bis 20 000 Euro bedroht (§ 60
Absatz 5 Nummer 3 LFGB).

Bei der Zumessung der Geldbuße wegen der Ordnungswidrigkeiten unter I.
haben wir folgende Umstände berücksichtigt:

a) Bedeutung der Ordnungswidrigkeit (§ 17 Absatz 3 Satz 1 OWiG)

Verschärfend wirkte sich die Anzahl von sechs festgestellten Lebensmittel-
hygieneverstößen erheblichen Ausmaßes und der Tatzeitraum der Ordnungswidrigkeiten seit Februar 2011 aus.

b) Vorwurf, der den Täter trifft (§ 17 Absatz 3 Satz 1 OWiG)

Verschärfend mussten wir berücksichtigen, dass aufgrund zweier einschlägiger Eintragungen im Gewerbezentralregister vom 10.12.2009 und
21.6.2010 ein Wiederholungsfall vorliegt. Zudem haben Sie die Hygienemängel trotz Aufforderung bei der Vorkontrolle am 2.8.2011 und trotz Belehrung durch die Lebensmittelüberwachung weiter nicht beseitigt.

c) Abschöpfung des wirtschaftlichen Vorteils (§ 17 Absatz 4 OWiG)

Mit der Geldbuße soll auch der aus der Ordnungswidrigkeit gezogene wirtschaftliche Vorteil abgeschöpft werden (§ 17 Absatz 4 Satz 1 OWiG). Dabei
kann auch das gesetzliche Höchstmaß der Geldbuße überschritten werden

(§ 17 Absatz 4 Satz 2 OWiG). Wir bewerten die bisher ersparten Reinigungskosten bezüglich der Hygienemängel in Ihren Geschäftsräumen auf 500 Euro. Dabei legen wir eine Gesamtfläche der Betriebsräume von 150 m² und einen Zeitraum von sechs Monaten und den Einsatz von Zeitarbeitskräften zugrunde.

d) Wirtschaftliche Verhältnisse (§ 17 Absatz 3 Satz 2 OWiG)

Das Monatseinkommen wurde der Zumessung der Geldbuße nach Ihren glaubhaften Angaben unter Berücksichtigung der angegebenen Unterhaltsverpflichtungen zugrunde gelegt. Da Ihnen die sofortige Zahlung der Geldbuße nicht zumutbar ist, haben wir Zahlungserleichterungen in monatlichen Teilbeträgen von 500 Euro bewilligt (§ 18 OWiG).

Bei der Ordnungswidrigkeit unter II. sind wir vom Regelahndungssatz des Bußgeldkataloges „Lebensmittelrecht" des Landratsamtes Neukirchen ausgegangen.

Rechtsbehelfsbelehrung

Gegen diesen Bußgeldbescheid können Sie binnen zwei Wochen ab Zustellung beim Landratsamt Neukirchen schriftlich – auch als elektronisches Dokument an die oben angegebene E-Mail-Adresse – oder zur Niederschrift Einspruch in deutscher Sprache (§ 184 GVG in Verbindung mit § 46 Absatz 1 OWiG) einlegen (§ 67 Absatz 1 OWiG). Als elektronisches Dokument muss der Einspruch eine qualifizierte elektronische Signatur (§ 2 Nummer 3 SigG) enthalten.[1] Der Einspruch kann auch auf einzelne Beschwerdepunkte beschränkt werden (§ 67 Absatz 2 OWiG).

Sofern Sie eine Begründung des Einspruchs beabsichtigen, bitten wir Sie, diese möglichst mit der Einlegung des Einspruchs zu verbinden.

Falls wir den Bußgeldbescheid trotz eines Einspruchs aufrechterhalten (§ 69 Absatz 2 Satz 1 OWiG), entscheidet das Amtsgericht aufgrund dieses Bußgeldbescheides über das Vorliegen einer Ordnungswidrigkeit und die Rechtsfolgen aufgrund einer mündlichen Hauptverhandlung (§ 71 OWiG), ohne an die Höhe der festgesetzten Geldbuße gebunden zu sein. Das Gericht kann mit Ihrer Zustimmung auch durch schriftlichen Beschluss entscheiden (§ 72 OWiG), wobei es an die Rechtsfolgen des Bußgeldbescheides gebunden ist.

Zahlungsaufforderung

Nach Rechtskraft des Bußgeldbescheides ist die Geldbuße innerhalb weiterer zwei Wochen (also vier Wochen ab Zustellung) an die Kreiskasse oder eines der in den Fußzeilen der ersten Seite dieses Bescheides bezeichneten Konten zu

---

1   Die Rechtsbehelfsbelehrung berücksichtigt bereits elektronische Aktenführung im Sinne des § 110b ff. OWiG.

bezahlen (§ 95 Absatz 1 OWiG), sofern keine abweichenden Zahlungsfristen bewilligt sind.

Hinweis auf Erzwingungshaft

Unterbleibt die Zahlung und wird auch eine Zahlungsunfähigkeit nicht dargelegt, so kann die Geldbuße durch die vom Amtsgericht angeordnete Erzwingungshaft durchgesetzt werden (§ 96 OWiG). Bei Unmöglichkeit sofortiger Zahlung sind Zahlungserleichterungen (Zahlungsfrist, Teilleistungen) möglich (§ 18, § 93 OWiG).

Datenschutzrechtlicher Hinweis

Wir speichern Ihre hier bekannten personenbezogenen Daten bis zum Abschluss des Verfahrens einschließlich der vollständigen Zahlung der Geldbuße, Gebühr und Auslagen in einer automatisiert geführten elektronischen Datei (§ 49 c Absatz 2 Satz 1 OWiG in Verbindung mit § 483 Absatz 1 StPO).

Mit freundlichen Grüßen

Weber

11 Juristische Personen und Personengesellschaften

Ergibt sich aus der Anzeige der Lebensmittelüberwachung eine betriebliche Organisation in Form einer juristischen Person (GmbH, AG, Ltd.) oder einer Personengesellschaft (GbR, ohG, KG) oder einer Mischform (GmbH & Co. KG, Ltd. & Co. KG), so kann gegen solche Unternehmen mangels Handlungsfähigkeit im Sinne des § 1 Absatz 1 OWiG weder ein Bußgeldverfahren eingeleitet noch ihnen in einem Bußgeldbescheid der Vorwurf ordnungswidrigen Handelns gemacht werden.

Der Sachbearbeiter der Verwaltungsbehörde kann nur solche Betriebsangehörige ahnden, die für das Unternehmen im Sinne des § 9 OWiG handeln. Dazu gehören gesetzliche Vertreter wie Geschäftsführer einer GmbH oder Vorstandsmitglieder einer AG (§ 9 Absatz 1 OWiG), aber auch beauftragte Vertreter wie Betriebsleiter, Niederlassungs-, Filial- oder Abteilungsleiter (§ 9 Absatz 2 Satz 1 OWiG).

Beispiel:

Die VM-Markt GmbH betreibt eine Reihe von Verbrauchermärkten an verschiedenen Standorten. Bei einer Kontrolle in der Lebensmittelabteilung eines Marktes werden Verstöße festgestellt. Ein Bußgeldverfahren kann gegen den Geschäftsführer als gesetzlichen Vertreter der juristischen Person sowie den Leiter der Lebensmittelabteilung und den Marktleiter als beauftragte Vertreter eingeleitet werden.

Wirken mehrere Personen bei Begehung einer Ordnungswidrigkeit zusammen, z. B. durch Anweisung und Ausführung eines lebensmittelrechtlichen Verstoßes, so können sie als Beteiligte (§ 14 OWiG) verfolgt werden. Eine Beteiligung ist auch durch pflichtwidriges Unterlassen gebotenen Einschreitens möglich (§ 8 OWiG).

Beispiel:

Geschäftsführer und Marktleiter kennen die Verstöße in der Lebensmittelabteilung, schreiten aber pflichtwidrig nicht ein, sondern lassen die Zuwiderhandlungen durch deren Leiter unbeanstandet. Ein Einschreiten wäre ihnen aufgrund ihrer leitenden Stellung nicht nur möglich und zumutbar, sondern auch geboten gewesen.

11 Juristische Personen und Personengesellschaften

In größeren Unternehmen ist die Einhaltung lebensmittelrechtlicher Pflichten aufgrund arbeitsteiliger Organisation regelmäßig von der Betriebsleitung auf Mitarbeiter wie Betriebsleiter, Niederlassungs-, Filial- oder Abteilungsleiter delegiert. Kann dem Inhaber einer Einzelfirma, Geschäftsführer einer GmbH usw. eine bewusste Beteiligung im Sinne des § 14 OWiG auch durch pflichtwidriges Unterlassen (§ 8 OWiG) an im Unternehmen begangenen Ordnungswidrigkeiten nicht mehr nachgewiesen werden, so kommt wegen der mangelhaften Betriebsorganisation der Auffangtatbestand „Verletzung der Aufsichtspflicht in Betrieben und Unternehmen" in § 130 OWiG in Betracht.

Beispiel:

Die VM-Markt GmbH betreibt eine Reihe von Verbrauchermärkten an verschiedenen Standorten. Der Geschäftsführer hat die Wahrnehmung lebensmittelrechtlicher Pflichten auf den Marktleiter delegiert, der sie dem Leiter der Lebensmittelabteilung weiter übertragen hat. Der Geschäftsführer kümmert sich aber nicht weiter darum, ob diese Pflichten auch tatsächlich in der Filiale eingehalten werden.

Unabhängig von der Ahndung verantwortlicher Betriebsangehöriger kann eine juristische Person oder Personenvereinigung als Nebenbeteiligte (§ 88 OWiG) für die Zuwiderhandlungen leitender Personen durch eine Geldbuße haften (§ 30 OWiG). Ein Interesse daran besteht insbesondere dann, wenn ein gesetzlicher Vertreter (§ 9 OWiG) durch Tod oder unbekannten Aufenthalt als Betroffener zur Tatzeit der Ordnungswidrigkeit nicht mehr vorhanden ist oder eine Geldbuße gegen ihn wegen seiner persönlichen oder wirtschaftlichen Verhältnisse (Schwere Erkrankung, Insolvenz) nicht sinnvoll erscheint. Eine Haftung von juristischen Personen und Personengesellschaften ist ferner zur Abschöpfung dort angefallener, aus der Ordnungswidrigkeit entstandener wirtschaftlicher Vorteile denkbar. Hier ist ein einheitliches Verfahren mit Geldbußen gegen das Unternehmen selbst und seine Organe (§ 30 Absatz 1 OWiG) und ein selbstständiges Verfahren nur gegen das nebenbeteiligte Unternehmen möglich (§ 30 Absatz 4 OWiG).

Beispiel:

Der frühere Geschäftsführer der VM-Markt GmbH hat nach den Feststellungen der Lebensmittelüberwachung seine Aufsichtspflicht in erheblichem Maße nicht ausgeübt. Da er inzwischen in den Ruhestand getreten ist, besteht kein Ahndungsinteresse an ihm mehr. Daher ergeht ein Bußgeldbescheid im selbstständigen Verfahren gegen die nebenbeteiligte, vom neunen Geschäftsführer vertretene juristische Person.

Der Sachbearbeiter der Verwaltungsbehörde hat nach dem Opportunitätsprinzip (§ 47 Absatz 1 Satz 1 OWiG) das Auswahlermessen, welche dieser gesetzlichen Alternativen er im Bußgeldverfahren verwirklicht. Dieses Ermessen wird er daran ausrichten, in welche Richtung die Ahndung mit Geldbuße als ernste Pflichtenmahnung geboten ist. Die Möglichkeiten der Verwaltungsbehörde sind in dem Musterfall „DHS Hotelbetriebs GmbH"[1]) dargestellt.

Auswahl des Verfolgungsziels

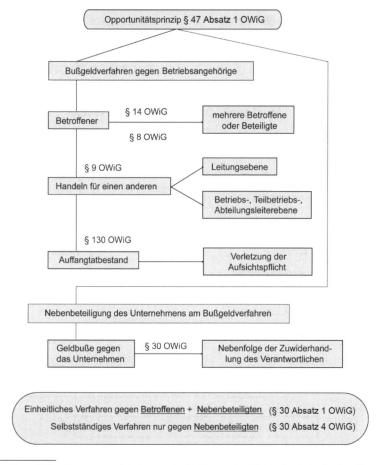

---

1) Dieser fiktive Firmenname ist ebenso wie die Namen der Mitarbeiter frei erfunden. Übereinstimmungen oder Ähnlichkeiten mit bestehenden Unternehmen wären rein zufällig.

- Bußgeldverfahren gegen Betriebsangehörige
  - ▶ Küchenchef Eisinger als zur Einhaltung von Lebensmittelhygiene-vorschriften ausdrücklich eigenverantwortlich Beauftragter (§ 9 Absatz 2 Satz 1 Nummer 2 OWiG)
  - ▶ Hotelleiter Maier als Betriebsleiter (§ 9 Absatz 2 Satz 1 Nummer 1 OWiG) und Beteiligter (§ 14 OWiG) an der Ordnungswidrigkeit des Küchenchefs Eisinger durch pflichtwidriges Unterlassen (§ 8 OWiG) gebotenen Einschreitens
  - ▶ Geschäftsführer Tischner als gesetzlicher Vertreter (§ 9 Absatz 1 Nummer 1 OWiG) der DHS Hotelbetriebs GmbH
- Nebenbeteiligung des Unternehmens
  - ▶ DHS Hotelbetriebs GmbH als Nebenbeteiligte (§ 88 OWiG), gegen die eine Geldbuße festgesetzt werden soll (§ 30 OWiG)

Musterfall „DHS Hotelbetriebs GmbH"

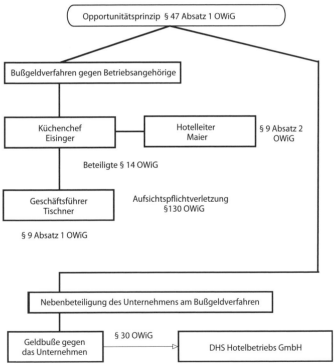

11.1 „Verantwortliche" Betriebsangehörige

Im Bußgeldverfahren ist nicht ein „Verantwortlicher" eines Unternehmens, sondern sind die Personen als Täter zu verfolgen, die dort als Tatort (§ 7 OWiG) und zur Tatzeit (§ 6 OWiG) den Tatbestand einer Ordnungswidrigkeit verwirklicht haben.

11.1.1 Irrweg „Verantwortlicher"

Die in der Vollzugspraxis häufig anzutreffende Bezeichnung als „Verantwortlicher" oder „verantwortlicher Betriebsangehöriger" ist dem Bußgeldverfahren fremd. Verantwortlicher ist nur der Handlungs- oder Zustandsstörer im Polizei- und Ordnungsrecht, gegen den ein Verwaltungsakt erlassen werden kann. So könnte im Beispiel allenfalls gegen die „DHS Hotelbetriebs GmbH" eine Anordnung zur Reinigung oder Schließung der Betriebsräume ergehen. Im Bußgeldverfahren sind jedoch die natürlichen Personen zu ermitteln, die für einen anderen, nämlich die juristische Person „DHS Hotelbetriebs GmbH" im Sinne des § 9 OWiG gehandelt haben. Daher sind Feststellungen der Lebensmittelüberwachung, wer als Verantwortlicher „festgestellt" wurde oder „sich zu erkennen gegeben" habe, für das Bußgeldverfahren nicht weiterführend. Mangels Rechtsgrundlage rechtswidrig und häufig irreführend ist die schriftliche Anfrage beim Unternehmen nach der Person des „Verantwortlichen". Da niemand an der eigenen Überführung wegen einer Ordnungswidrigkeit mitzuwirken braucht (vgl. § 136 Absatz 1 Satz 2 StPO in Verbindung mit § 46 Absatz 1 OWiG), sind weder Inhaber von Unternehmen noch gesetzliche Vertreter wie Geschäftsführer zur Beantwortung verpflichtet. Auch eine Zeugenvernehmung würde eine Belehrung über ein Auskunftsverweigerungsrecht (§ 55 StPO in Verbindung mit § 46 Absatz 1 OWiG) erfordern, da sich der Zeuge zumindest wegen einer Ordnungswidrigkeit der Verletzung der Aufsichtspflicht in Betrieben und Unternehmen (§ 130 OWiG) selbst belasten könnte. Außerdem verleiten solche Anfragen zur folgenlosen Benennung eines kleinen Mitarbeiters als „Verantwortlichem", gegen den dann auch ein Bußgeldbescheid ergeht, während die Geschäftsleitung unbehelligt bleibt. Dies kann nicht Ziel des Bußgeldverfahrens mit der Geldbuße als ernste Pflichtenmahnung sein. Schließlich ist bedeutungslos, wer nach Einleitung des Bußgeldverfahrens „verantwortlich" ist, weil nur Täter der Ordnungswidrigkeit sein kann, wer zum Tatzeitpunkt (§ 6 OWiG) gehandelt hat.

Beispiel:

Auf Anfrage der Verwaltungsbehörde teilt der Geschäftsführer der DHS Hotelbetriebs GmbH mit, „Verantwortlicher" sei der Küchenchef Hermann. Dies führt zur
Einleitung eines Bußgeldverfahrens gegen die benannte Person, nicht aber
gegen den Hotelchef und den Geschäftsführer. Später stellt sich heraus, dass
Herr Hermann zum Zeitpunkt der von der Lebensmittelüberwachung festgestellten Zuwiderhandlungen noch die Küche eines anderen Hotels desselben Unternehmens geleitet hat und damit als Täter ausscheidet.

11.1.2 Handeln für einen anderen

Im Bußgeldverfahren ist zu ermitteln, gegen wen sich der Anfangsverdacht einer Ordnungswidrigkeit zur Tatzeit richtet, indem er für ein Unternehmen in der Rechtsform einer juristischen Person oder Personengesellschaft im Sinne des § 9 OWiG gehandelt hat. Dies ist keine Frage der
Zustellung des Bußgeldbescheides, sondern bereits der Einleitung des
Bußgeldverfahrens und der Anhörung als Betroffener. Gesetzliche Vertreter von Unternehmen (§ 9 Absatz 1 OWiG) wie der Geschäftsführer einer
GmbH oder geschäftsführende Gesellschafter einer oHG lassen sich aus
dem elektronischen **Handelsregister**[1] einfach feststellen. Betriebs-,
Filial- oder Abteilungsleiter müssen dagegen von der Lebensmittelüberwachung durch Identitätsfeststellung als Verdächtige ermittelt und in der
Ordnungswidrigkeiten-Anzeige mit zustellungsfähiger Anschrift festgehalten werden (§ 163b Absatz 1 StPO in Verbindung mit § 46 Absatz 1
OWiG).[2] Ist dies nicht geschehen, kann die Stellung als beauftragter Vertreter (§ 9 Absatz 2 OWiG) nur aus früheren Vorgängen oder durch Verweisung der „Verantwortlichkeit" in der Anhörung gesetzlicher Vertreter
festgestellt werden.

Beispiele:

Aus einem früheren Bußgeldverfahren ist bekannt, dass Herr Maier Hotelleiter
und Herr Eisinger Küchenchef des von der DHS Hotelbetriebs GmbH betriebenen Hotels „Karwendel" sind.

In seiner Anhörung erklärt der Geschäftsführer Tischner, für die Einhaltung
lebensmittelrechtlicher Bestimmungen seien in der „DHS Hotelbetriebs GmbH"
die jeweiligen Hotelleiter selbst verantwortlich. Dies sei beim Hotel „Karwendel"
Herr Maier. Dieser verweist bei seiner Anhörung auf die Zuständigkeit des
Küchenchefs Eisinger, auf den er diesen Aufgabenkreis übertragen habe.

---

1) Zum elektronischen Handelsregister siehe das Internetportal www.handelsregis-
ter.de.

2) Zu Ermittlungen beauftragter Vertreter (§ 9 Absatz 2 OWiG) in Unternehmen durch
die Lebensmittelüberwachung siehe Kapitel 3.9 und 4.1.

Im Beispielfall könnten Bußgeldverfahren gegen den

▶ Geschäftsführer Tischner als gesetzlichen Vertreter der GmbH (§ 9 Absatz 1 Nummer 1 OWiG),

▶ Hotelleiter Maier als (Teil-)Betriebsleiter (§ 9 Absatz 2 Satz 1 Nummer 1 OWiG) und

▶ Küchenchef Eisinger als für den Bereich der Lebensmittelbehandlung ausdrücklich Beauftragten und eigenverantwortlich Tätigen (§ 9 Absatz 2 Satz 1 Nummer 2 OWiG)

eingeleitet werden.

Handeln für einen anderen (§ 9 OWiG)

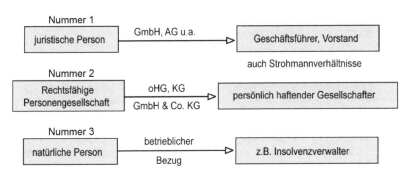

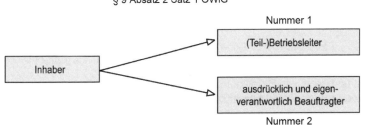

11.1.3 Beteiligung an der Ordnungswidrigkeit

Beteiligen sich mehrere an einer Ordnungswidrigkeit, so handelt jeder von ihnen ordnungswidrig (§ 14 Absatz 1 Satz 1 OWiG).[1])

Ein Beteiligter wird also ohne Rücksicht auf Art und Umfang seines Tatbeitrags unterschiedslos als Täter der Ordnungswidrigkeit behandelt. Erst bei der Zumessung der Geldbuße (§ 17 OWiG) sind die Bedeutung der Ordnungswidrigkeit und der den Täter treffende Vorwurf individuell zu berücksichtigen. Als Beteiligter ist auch ein Vorgesetzter anzusehen, der die Begehung von ordnungswidrigem Verhalten anordnet oder trotz Kenntnis pflichtwidrig nicht unterbindet. Dies gilt auch für militärische Vorgesetzte etwa beim Betrieb von Truppenküchen der Bundeswehr.

Bei einer solchen Garantenstellung des Vorgesetzten liegt Begehen durch Unterlassen vor, das einer Handlung gleichgestellt ist (§ 8 OWiG). Hier kann den Vorgesetzten wegen seiner hervorgehobenen Stellung im Unternehmen eine höhere Geldbuße treffen, obwohl er den Tatbestand einer Ordnungswidrigkeit nicht eigenhändig, sondern nur mittelbar durch Anordnung oder Unterlassen verwirklicht hat.

Beispiel:

Der Hotelleiter wird vom Küchenchef auf unhygienische Zustände in Räumen, in denen Lebensmittel behandelt werden, aufmerksam gemacht. Trotz dieser Kenntnis unternimmt er wegen der schlechten finanziellen Lage des Unternehmens nichts, sondern lässt den Betrieb so weiterlaufen.

Eine Beteiligung im Sinne des § 14 Absatz 1 Satz 1 OWiG ist möglich, wenn mehrere Personen im Rahmen einer **Unrechtsvereinbarung** gemeinsam handeln oder ein Täter an der Ordnungswidrigkeit eines anderen wissentlich mitwirkt. Eine Beteiligung ist nur vorsätzlich, also nicht fahrlässig möglich.

- **Gemeinsame Tatbestandsverwirklichung**

    Handeln mehrere Personen aufgrund einer Unrechtsvereinbarung zusammen, so sind sie wegen ihres gemeinsamen Vorsatzes Beteiligte.

    Beispiel:

    Zwei Inhaber einer Dönerbude führen trotz Beanstandung durch die Lebensmittelüberwachung weiterhin wissentlich keine Reinigungsmaßnahmen durch.

Lässt sich ein Beteiligungsvorsatz nicht nachweisen, so handelt es sich um im Gesetz nicht besonders erwähnte fahrlässige Nebentäter.

---

1) Zur Beteiligung an einer Ordnungswidrigkeit im Einzelnen siehe Wieser Band I Teil I Nummer 1 §§ 8, 14 OWiG.

Beispiel:

Mehrere Geschäftsführer einer GmbH kümmern sich aus mangelnder Sorgfalt nicht um die Einhaltung lebensmittelrechtlicher Bestimmungen.

- **Beteiligung an der Ordnungswidrigkeit eines anderen**

Beteiligungsfälle können auch in der Form vorliegen, dass ein Beteiligter ordnungswidriges Verhalten eines anderen anordnet oder pflichtwidrig aufgrund einer Garantenstellung (§ 8 OWiG) nicht unterbindet. Dies kommt bei betriebsbezogenen Ordnungswidrigkeiten vor, die von Vorgesetzten angeordnet oder pflichtwidrig nicht unterbunden werden. Dies ist typischerweise bei Vorgesetzten der Fall.

Beteiligung an einer Ordnungswidrigkeit
(§ 14 OWiG)

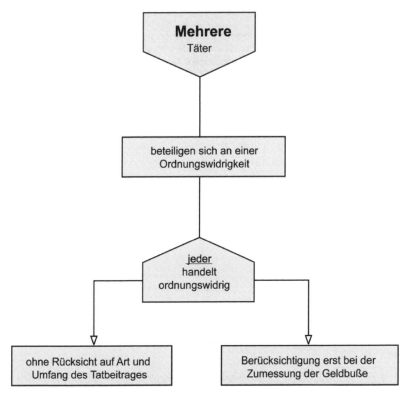

11 Juristische Personen und Personengesellschaften

Der „Haupttäter", der die Ordnungswidrigkeit eigenhändig begangen hat, muss **vorsätzlich** gehandelt haben. Nicht erforderlich ist, dass die Ordnungswidrigkeit auch verfolgt oder geahndet wird.

Beispiel:

Bei einem Lebensmittelhygieneverstoß durch den Küchenchef ist für eine Beteiligung des Hotelleiters zwar vorsätzliches Handeln des Küchenchefs, nicht aber die Einleitung eines Bußgeldverfahrens gegen ihn erforderlich. Der Hotelleiter kann daher auch geahndet werden, wenn der Küchenchef verstorben oder unbekannten Aufenthalts ist, aber aufgrund der Feststellungen der Lebensmittelüberwachung feststeht, dass er den Verstoß wissentlich begangen hat.

Der Teilnehmer muss doppelt vorsätzlich handeln. Er muss zunächst wissen, dass der „Haupttäter" vorsätzlich handelt, und auch selbst vorsätzlich handeln.[1])

Beispiel:

Der Hotelchef kennt aufgrund einer vom Küchenchef veranlassten gemeinsamen Besichtigung den Zustand der Räume, in denen Lebensmittel behandelt werden, und der darin befindlichen Einrichtungen. Trotzdem unternimmt er auch weiter nichts, um ordnungsgemäße Verhältnisse herzustellen, sondern lässt den Küchenbetrieb in diesem Zustand weiterlaufen. Ihm ist daher bekannt, dass der Küchenchef weiter ordnungswidrig handelt.

---

1) Zum „doppelten" Vorsatz der Beteiligten im Einzelnen siehe Wieser Band I Teil I Nr. 1 § 14 OWiG.

Beteiligung an einer Ordnungswidrigkeit
(§ 14 OWiG)

– „Doppeltes Vorsatz"-Erfordernis bei Teilnahme –

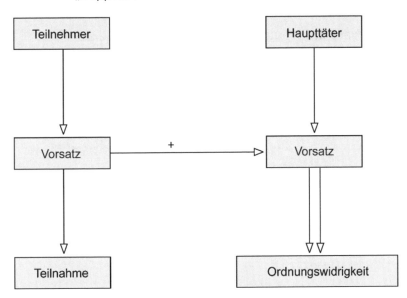

Lässt sich die Beteiligung eines Vorgesetzten durch doppelten Vorsatz nicht nachweisen, kommt eine Ahndung wegen des Auffangtatbestandes der Verletzung der Aufsichtspflicht in Betrieben und Unternehmen wegen mangelhafter Betriebsorganisation nach § 130 OWiG in Betracht.[1])

---

1) Zum Auffangtatbestand der Verletzung der Aufsichtspflicht in Betrieben und Unternehmen (§ 130 OWiG) siehe Kapitel 10.7.

Schriftliche Anhörung des Betroffenen mit Anhörungsbogen
(Küchenchef als ausdrücklich beauftragte eigenverantwortliche Person,
§ 9 Absatz 2 Satz 1 Nummer 2 OWiG)

Landratsamt Neukirchen

Zentrale Bußgeldstelle

Landratsamt Neukirchen, Postfach 5678, 88888 Neukirchen

Herrn
Manfred Eisinger
Bergstraße 112
88881 Freiberg

Dienstgebäude	Feuerbachstraße 43
	88888 Neukirchen
Zimmer	0432
Sachbearbeiter(in)	Frau Weber
Telefon	(0823) 8878 -342
Telefax	(0823) 8878 -340
E-Mail	zbslra@neukirchen.de

Ihr Zeichen, Ihre Nachricht vom	Bitte bei Antwort angeben Unser Zeichen, Unsere Nachricht vom 0987665/11	Datum 16.11.2011

Anhörung wegen einer Ordnungswidrigkeit (§ 55 OWiG)

Sehr geehrter Herr Eisinger,

nach unseren Feststellungen haben Sie folgende Ordnungswidrigkeiten begangen:

I.

Sie haben <u>als Küchenchef</u> des von der DHS Hotelbetriebs GmbH mit Sitz in 84300 Kaiserberg betriebenen Hotels „Karwendel" in 88882 Altstein, Weiherstraße 54, am Dienstag, den 13.11.2011 zwischen 10.00 Uhr und 11.30 Uhr Speisen verschiedener Art, darunter Fleischgerichte mit Beilagen zubereitet. Dabei hatten Sie folgende lebensmittelrechtliche Anforderungen einzuhalten:

1. Betriebsstätten, in denen mit Lebensmitteln umgegangen wird, müssen sauber und stets instand gehalten sein
(Artikel 4 Absatz 2 Verordnung (EG) Nummer 852/2004 in Verbindung mit Anhang II Kapitel I Nummer 1).

Von diesen Anforderungen sind Sie bewusst abgewichen, indem Sie in der Küche Fettablagerungen auf und vor dem dort aufgestellten Elektroherd seit längerer Zeit nicht entfernt haben, so dass es zu starken verkrusteten Verschmutzungen kam.

Telefonvermittlung	Besuchszeiten	Öffentliche Verkehrsmittel	Bankverbindungen
(0823) 8878 -0	Mo.-Mi. 7.30-16.30 Uhr	Stadtbus Linie 4	Sparkasse Neukirchen
	Do. 7.30-17.30 Uhr	Haltestelle Landratsamt	IBAN DE 128002000830204123456
Internet	Fr. 7.30-12.00 Uhr		Volksbank Neukirchen
www.lra-neukirchen.de			IBAN DE 80030000403320654321

Durch mögliche Berührung wurden die dort behandelten Lebensmittel der Gefahr nachteiliger Beeinflussung durch diese Verunreinigungen ausgesetzt.

2. Betriebsstätten, in denen mit Lebensmitteln umgegangen wird, müssen sauber und stets instand gehalten sein
   (Artikel 4 Absatz 2 Verordnung (EG) Nummer 852/2004 in Verbindung mit Anhang II Kapitel I Nummer 1).

Von diesen Anforderungen sind Sie bewusst abgewichen, indem Sie in der Küche aufgrund mangelhafter Reinigung des Fußbodens Verschmutzungen nicht beseitigten, in denen sich mehrere lebende Ameisen und Käfer (Kakerlaken) befanden.

Dadurch wurden die dort behandelten Lebensmittel der Gefahr nachteiliger Beeinflussung durch tierische Schädlinge ausgesetzt.

3. Flächen (einschließlich Flächen von Ausrüstungen) in Bereichen, in denen mit Lebensmitteln umgegangen wird, und insbesondere Flächen, die mit Lebensmitteln in Berührung kommen, sind in einwandfreiem Zustand zu halten und müssen leicht zu reinigen und erforderlichenfalls zu desinfizieren sein
   (Artikel 4 Absatz 2 Verordnung (EG) Nummer 852/2004 in Verbindung mit Anhang II Kapitel I Nummer 1 Buchstabe f).

Von diesen Anforderungen sind Sie bewusst abgewichen, indem Sie in der Küche die für die Zerteilung und Zubereitung vorgesehene Arbeitsplatte aus Hartholz längere Zeit nicht reinigten. In den vorhandenen Scharten der Oberfläche befanden sich während der Zubereitung von Frischfleisch zahlreiche, bereits verfärbte Fleischreste.

Dadurch wurden die dort behandelten Lebensmittel der Gefahr nachteiliger Beeinflussung durch Mikroorganismen und Verunreinigungen ausgesetzt.

4. Reinigungs- und Desinfektionsmittel dürfen nicht in Bereichen gelagert werden, in denen mit Lebensmitteln umgegangen wird
   (Artikel 4 Absatz 2 Verordnung (EG) Nummer 852/2004 in Verbindung mit Anhang II Kapitel I Nummer 10).

Von diesen Anforderungen sind Sie bewusst abgewichen, indem Sie im Vorratsraum neben für den Geschäftsbetrieb bestimmten, gefüllten Kartoffelbehältern 2,5 kg Schädlingsbekämpfungsmittel Supertox, 5 l Pflanzenschutzmittel Floran und ca. 15 l verschiedene Lösungsmittel lagerten.[1]

5. Es müssen an geeigneten Standorten genügend Handwaschbecken vorhanden sein. Diese müssen Warm- und Kaltwasserzufuhr haben; darüber hinaus

---

1 Dieser Verstoß beruht auf § 2 Nummer 2 LMRStV, der im Gegensatz zu § 10 Nummer 1 in Verbindung mit § 3 Satz 1 LMHV keine Gefahr nachteiliger Beeinflussung im Sinne des § 2 Absatz 1 Nummer 1 LMHV erfordert.

müssen Mittel zum Händewaschen und zum hygienischen Händetrocknen vorhanden sein
(Artikel 4 Absatz 2 Verordnung (EG) Nummer 852/2004 in Verbindung mit Anhang II Kapitel I Nummer 4 Satz 1, 2).

Von diesen Anforderungen sind Sie bewusst abgewichen, indem Sie in der Personaltoilette weder Seife noch Handtücher zur Verfügung stellten.

Dadurch wurden die Lebensmittel der Gefahr nachteiliger Beeinflussung durch Mikroorganismen und Verunreinigungen ausgesetzt.

6. Die Wandflächen sind in einwandfreiem Zustand zu halten und müssen leicht zu reinigen sein
(Artikel 4 Absatz 2 Verordnung (EG) Nummer 852/2004 in Verbindung mit Anhang II Kapitel II Nummer 1 Buchstabe b).

Von diesen Anforderungen sind Sie bewusst abgewichen, indem Sie im Kühlraum ca. 1,5 m² heruntergefallene Fliesen nicht erneuerten.

Dadurch wurden die dort lagernden Lebensmittel der Gefahr nachteiliger Beeinflussung durch diese Verunreinigungen ausgesetzt.

Diese Verstöße waren Ihnen bereits spätestens Ende Februar 2011 bekannt.

II.

Während der Kontrolle der Betriebsräume haben Sie dem Bediensteten der Lebensmittelüberwachung Krämer trotz Belehrung über die Ordnungswidrigkeit Ihres Verhaltens keine Auskunft über die Durchführung der nach Artikel 4 Absatz 2 Verordnung (EG) Nummer 852/2004 vorgeschriebenen betriebseigenen Maßnahmen und Kontrollen gegeben.

Ordnungswidrig handelt,

I.

wer <u>als ausdrücklich beauftragte, in eigener Verantwortung dem Inhaber obliegende Aufgaben wahrnehmende Person</u> (§ 9 Absatz 2 Satz 1 Nummer 2 Gesetz über Ordnungswidrigkeiten – OWiG)

1. (Nummer 4) im Sinne des § 60 Absatz 4 Nummer 2 Buchstabe a des Lebensmittel- und Futtermittelgesetzbuches (LFGB) gegen die Verordnung (EG) Nummer 852/2004 verstößt, indem er vorsätzlich entgegen Artikel 4 Absatz 2 in Verbindung mit Anhang II Kapitel I Nummer 10 ein Reinigungs- oder Desinfektionsmittel lagert und

2. (Nummer 1 bis 3, 5 bis 6) vorsätzlich entgegen § 3 Satz 1 Lebensmittel-Hygieneverordnung Lebensmittel behandelt. Lebensmittel dürfen nur so hergestellt, behandelt oder in Verkehr gebracht werden, dass sie bei Beachtung der im Verkehr erforderlichen Sorgfalt der Gefahr einer nachteiligen Beeinflussung (§ 2 Absatz 1 Nummer 1 LMHV) nicht ausgesetzt sind (§ 3 Satz 1 LMHV). Im Übrigen

gelten die Begriffsbestimmungen des Artikels 2 Absatz 1 der VO (EG) Nummer 852/2004 des Europäischen Parlaments und des Rats vom 29. April 2004 über Lebensmittelhygiene (Abl. EU Nummer L 139 S. 1, Nummer L 226 S. 3) entsprechend.

II.

wer vorsätzlich entgegen § 44 Absatz 2 Satz 1 Lebensmittel- und Futtermittelgesetzbuch (LFGB) eine Auskunft nicht erteilt. Soweit es zur Durchführung der Vorschriften über den Verkehr mit Erzeugnissen im Sinne dieses Gesetzes erforderlich ist, sind die mit der Überwachung beauftragten Personen befugt, von natürlichen und juristischen Personen und nicht rechtsfähigen Personenvereinigungen alle erforderlichen Auskünfte, insbesondere solche über die Herstellung, die zur Verarbeitung gelangenden Stoffe und deren Herkunft zu verlangen.

Verletzte Bußgeldvorschriften:

I.

(Nummer 4) § 2 Nummer 2 Lebensmittelrechtliche Straf- und Bußgeldverordnung (LMRStV) vom 07. Februar 2012 (BGBl. I S. 190) und

(Nummer 1 bis 3, 5 bis 6) § 10 Nummer 1 Lebensmittel-Hygieneverordnung vom 08. August 2007 (BGBl. I S. 1816).

II.

§ 60 Absatz 2 Nummer 20 Lebensmittel- und Futtermittelgesetzbuch (LFGB) in der Bekanntmachung vom 22. August 2011 (BGBl. I S. 1170)

Wegen dieser Zuwiderhandlungen haben wir gegen Sie ein Bußgeldverfahren nach dem Gesetz über Ordnungswidrigkeiten (OWiG) eingeleitet (§ 47 Absatz 1 Nummer 1 OWiG). Durch die Anhörung erhalten Sie Gelegenheit, sich zur Beschuldigung zu äußern.

Wir bitten Sie, den Äußerungsbogen bis spätestens eine Woche ab Zugang zurückzusenden und zwar auch dann, wenn Sie sich nicht zur Sache äußern wollen.

Sollten Sie die Gelegenheit zu rechtlichem Gehör nicht wahrnehmen, müssen Sie damit rechnen, dass nach Ablauf der Äußerungsfrist ohne weiteres Anschreiben ein Bußgeldbescheid gegen Sie erlassen wird.

Hinweis:

Sofern uns Ihre Verteidigung durch eine Rechtsanwältin oder einen Rechtsanwalt mitgeteilt ist, erhält die von Ihnen beauftragte Person dieses Schreiben zur Kenntnisnahme.

Mit freundlichen Grüßen

Weber

Az. 0987665/11   *Neukirchen, den 17.11.2011*

Zurück an:

Landratsamt Neukirchen
Kantstraße 23

88888 Neukirchen

**Äußerungsbogen zum Vorwurf einer
Ordnungswidrigkeit (§ 55 OWiG)**

Bitte in Druckschrift ausfüllen!

1. Angaben zur Person (Pflichtangaben):

Name (Ehename)	*Eisinger*
Vornamen	*Manfred*
ggf. Geburtsname	*Müller*
Anschrift (Straße Nummer PLZ Ort, Kreis)	*Bergstraße 112* *88882 Altstein*
Geburtsdatum Geburtsort (Kreis) Familienstand Beruf	*02.05.1960* *Neustadt* *verheiratet* *Küchenchef*
Telefon (freiwillig) E-Mail (freiwillig)	*0753/3453434* *Eisinger@manfred.de*

2. Angaben zur Sache (Freiwillige Angaben):

Die ganzen Mängel habe ich dem Hotelchef Maier seit Februar mehrfach gezeigt. Geändert hat sich aber gar nichts, weil dafür angeblich kein Geld vorhanden war. Sie können mich deswegen nicht verantwortlich machen, Herr Maier ist dafür zuständig.

Die angebliche Auskunftsverweigerung können Sie mir auch nicht vorwerfen. Ich hätte nämlich gar keine Angaben machen müssen, weil ich ein Auskunftsverweigerungsrecht habe, über das Sie mich nicht einmal aufgeklärt haben. Das mache ich jetzt geltend!

3. Wirtschaftliche Verhältnisse (Freiwillige Angaben):

Hinweis: Sollen Sie Ihre wirtschaftlichen Verhältnisse nicht, nicht nachvollziehbar oder unglaubhaft angeben, wären wir bei der Zumessung einer Geldbuße gezwungen, diese zu schätzen:

Monatliches Nettoeinkommen   *1500 Euro*

Schulden ohne Gegenwert

250 Euro monatlicher Unterhalt für nichteheliches Kind

Eisinger

(Unterschrift)

Bußgeldbescheid gegen eine vom Inhaber ausdrücklich beauftragte eigenverantwortliche Person (§ 9 Absatz 2 Satz 1 Nummer 2 OWiG – Küchenchef)

Landratsamt Neukirchen

Zentrale Bußgeldstelle

Landratsamt Neukirchen, Postfach 5678, 88888 Neukirchen

Zustellungsurkunde
Herrn
Manfred Eisinger
Bergstraße 112
88881 Freiberg

Dienstgebäude	Feuerbachstraße 43
	88888 Neukirchen
Zimmer	0432
Sachbearbeiter(in)	Frau Weber
Telefon	(0823) 8878-342
Telefax	(0823) 8878-340
E-Mail	zbslra@neukirchen.de

Ihr Zeichen, Ihre Nachricht vom	Bitte bei Antwort angeben Unser Zeichen, Unsere Nachricht vom 0987665/11	Datum 25.11.2011

Betroffener: Herr Manfred Eisinger, Geburtsname Müller, geb. 02.05.1960 in Neustadt, Bergstraße 112, 88882 Altstein

Verteidiger: -

Bußgeldbescheid

Sehr geehrter Herr Eisinger,

nach unseren Feststellungen haben Sie folgende Ordnungswidrigkeiten begangen:

I.

Sie haben als Küchenchef des von der DHS Hotelbetriebs GmbH mit Sitz in 84300 Kaiserberg betriebenen Hotels „Karwendel" in 88882 Altstein, Weiherstraße 54 am Dienstag, den 13.11.2011 zwischen 10.00 Uhr und 11.30 Uhr Speisen verschiedener Art, darunter Fleischgerichte mit Beilagen zubereitet. Dabei hatten Sie folgende lebensmittelrechtliche Anforderungen einzuhalten:

1. Betriebsstätten, in denen mit Lebensmitteln umgegangen wird, müssen sauber und stets instand gehalten sein
(Artikel 4 Absatz 2 Verordnung (EG) Nummer 852/2004 in Verbindung mit Anhang II Kapitel I Nummer 1).

Telefonvermittlung	**Besuchszeiten**	**Öffentliche Verkehrsmittel**	**Bankverbindungen**
(0823) 8878-0	Mo.-Mi. 7.30-16.30 Uhr	Stadtbus Linie 4	Sparkasse Neukirchen
	Do. 7.30-17.30 Uhr	Haltestelle Landratsamt	IBAN DE 128002000083020412345 6
Internet	Fr. 7.30-12.00 Uhr		Volksbank Neukirchen
www.lra-neukirchen.de			IBAN DE 80030000403320654321

Von diesen Anforderungen sind Sie bewusst abgewichen, indem Sie in der Küche Fettablagerungen auf und vor dem dort aufgestellten Elektoherd seit längerer Zeit nicht entfernt haben, so dass es zu starken verkrusteten Verschmutzungen kam.

Durch mögliche Berührung wurden die dort behandelten Lebensmittel der Gefahr nachteiliger Beeinflussung durch diese Verunreinigungen ausgesetzt.

2. Betriebsstätten, in denen mit Lebensmitteln umgegangen wird, müssen sauber und stets instand gehalten sein (Artikel 4 Absatz 2 Verordnung (EG) Nummer 852/2004 in Verbindung mit Anhang II Kapitel I Nummer 1).

Von diesen Anforderungen sind Sie bewusst abgewichen, indem Sie in der Küche aufgrund mangelhafter Reinigung des Fußbodens Verschmutzungen nicht beseitigten, in denen sich mehrere lebende Ameisen und Käfer (Kakerlaken) befanden.

Dadurch wurden die dort behandelten Lebensmittel der Gefahr nachteiliger Beeinflussung durch tierische Schädlinge ausgesetzt.

3. Flächen (einschließlich Flächen von Ausrüstungen) in Bereichen, in denen mit Lebensmitteln umgegangen wird, und insbesondere Flächen, die mit Lebensmitteln in Berührung kommen, sind in einwandfreiem Zustand zu halten und müssen leicht zu reinigen und erforderlichenfalls zu desinfizieren sein (Artikel 4 Absatz 2 Verordnung (EG) Nummer 852/2004 in Verbindung mit Anhang II Kapitel I Nummer 1 Buchstabe f).

Von diesen Anforderungen sind Sie bewusst abgewichen, indem Sie in der Küche die für die Zerteilung und Zubereitung vorgesehene Arbeitsplatte aus Hartholz längere Zeit nicht reinigten. In den vorhandenen Scharten der Oberfläche befanden sich während der Zubereitung von Frischfleisch zahlreiche, bereits verfärbte Fleischreste.

Dadurch wurden die dort behandelten Lebensmittel der Gefahr nachteiliger Beeinflussung durch Mikroorganismen und Verunreinigungen ausgesetzt.

4. Reinigungs- und Desinfektionsmittel dürfen nicht in Bereichen gelagert werden, in denen mit Lebensmitteln umgegangen wird (Artikel 4 Absatz 2 Verordnung (EG) Nummer 852/2004 in Verbindung mit Anhang II Kapitel I Nummer 10).

Von diesen Anforderungen sind Sie bewusst abgewichen, indem Sie im Vorratsraum neben für den Geschäftsbetrieb bestimmten, gefüllten Kartoffelbehältern 2,5 kg Schädlingsbekämpfungsmittel Supertox, 5 l Pflanzenschutzmittel Floran und ca. 15 l verschiedene Lösungsmittel lagerten.[1]

5. Es müssen an geeigneten Standorten genügend Handwaschbecken vorhanden sein. Diese müssen Warm- und Kaltwasserzufuhr haben; darüber hinaus müssen Mittel zum Händewaschen und zum hygienischen Händetrocknen vorhanden sein
(Artikel 4 Absatz 2 Verordnung (EG) Nummer 852/2004 in Verbindung mit Anhang II Kapitel I Nummer 4 Satz 1, 2).

Von diesen Anforderungen sind Sie bewusst abgewichen, indem Sie in der Personaltoilette weder Seife noch Handtücher zur Verfügung stellten.

Dadurch wurden die Lebensmittel der Gefahr nachteiliger Beeinflussung durch Mikroorganismen und Verunreinigungen ausgesetzt.

6. Die Wandflächen sind in einwandfreiem Zustand zu halten und müssen leicht zu reinigen sein
(Artikel 4 Absatz 2 Verordnung (EG) Nummer 852/2004 in Verbindung mit Anhang II Kapitel II Nummer 1 Buchstabe b).

Von diesen Anforderungen sind Sie bewusst abgewichen, indem Sie im Kühlraum ca. 1,5 m² heruntergefallene Fliesen nicht erneuerten.

Dadurch wurden die dort lagernden Lebensmittel der Gefahr nachteiliger Beeinflussung durch diese Verunreinigungen ausgesetzt.

Diese Verstöße waren Ihnen bereits spätestens Ende Februar 2011 bekannt.

II.

Während der Kontrolle der Betriebsräume haben Sie dem Bediensteten der Lebensmittelüberwachung Krämer trotz Belehrung über die Ordnungswidrigkeit Ihres Verhaltens keine Auskunft über die Durchführung der nach Artikel 4 Absatz 2 Verordnung (EG) Nummer 852/2004 vorgeschriebenen betriebseigenen Maßnahmen und Kontrollen gegeben.

Ordnungswidrig handelt,

I.

wer als ausdrücklich beauftragte, in eigener Verantwortung dem Inhaber obliegende Aufgaben wahrnehmende Person (§ 9 Absatz 2 Satz 1 Nummer 2 Gesetz über Ordnungswidrigkeiten – OWiG)

1. (Nummer 4) im Sinne des § 60 Absatz 4 Nummer 2 Buchstabe a des Lebensmittel- und Futtermittelgesetzbuches (LFGB) gegen die Verordnung (EG) Nummer 852/2004 verstößt, indem er vorsätzlich entgegen Artikel 4 Absatz 2 in Ver-

---

1 Dieser Verstoß beruht auf § 2 Nummer 2 LMRStV, der im Gegensatz zu § 10 Nummer 1 in Verbindung mit § 3 Satz 1 LMHV keine Gefahr nachteiliger Beeinflussung im Sinne des § 2 Absatz 1 Nummer 1 LMHV erfordert.

bindung mit Anhang II Kapitel I Nummer 10 ein Reinigungs- oder Desinfektions-mittel lagert und

2. (Nummer 1 bis 3, 5 bis 6) vorsätzlich entgegen § 3 Satz 1 Lebensmittel-Hygieneverordnung Lebensmittel behandelt. Lebensmittel dürfen nur so herge-stellt, behandelt oder in Verkehr gebracht werden, dass sie bei Beachtung der im Verkehr erforderlichen Sorgfalt der Gefahr einer nachteiligen Beeinflussung (§ 2 Absatz 1 Nummer 1 LMHV) nicht ausgesetzt sind (§ 3 Satz 1 LMHV). Im Übrigen gelten die Begriffsbestimmungen des Artikels 2 Absatz 1 der VO (EG) Nummer 852/2004 des Europäischen Parlaments und des Rats vom 29. April 2004 über Lebensmittelhygiene (Abl. EU Nummer L 139 S. 1, Nummer L 226 S. 3) entspre-chend.

II.

wer vorsätzlich entgegen § 44 Absatz 2 Satz 1 Lebensmittel- und Futtermittel-gesetzbuch (LFGB) eine Auskunft nicht erteilt. Soweit es zur Durchführung der Vor-schriften über den Verkehr mit Erzeugnissen im Sinne dieses Gesetzes erforderlich ist, sind die mit der Überwachung beauftragten Personen befugt, von natürlichen und juristischen Personen und nicht rechtsfähigen Personenvereinigungen alle erforderlichen Auskünfte, insbesondere solche über die Herstellung, die zur Verar-beitung gelangenden Stoffe und deren Herkunft zu verlangen.

Verletzte Bußgeldvorschriften

I.

(Nummer 4) § 2 Nummer 2 Lebensmittelrechtliche Straf- und Bußgeldverordnung (LMRStV) vom 07. Februar 2012 (BGBl. I S. 190) und

(Nummer 1 bis 3, 5 bis 6) § 10 Nummer 1 Lebensmittel-Hygieneverordnung vom 08. August 2007 (BGBl. I S. 1816).

II.

§ 60 Absatz 2 Nummer 20 Lebensmittel- und Futtermittelgesetzbuch (LFGB) in der Bekanntmachung vom 22. August 2011 (BGBl. I S. 1170)

Beweismittel

a) Ihre Angaben bei der schriftlichen Anhörung vom 17.11.2011
b) Ermittlungsbericht der Lebensmittelüberwachung vom 13.11.2011
c) Lichtbilder vom 13.11.2011 über den Zustand der Betriebsräume

Als Folge dieser Ordnungswidrigkeiten setzen wir gegen Sie die folgenden Geld-bußen fest (§§ 17, 20 OWiG). Sie tragen auch die Kosten des Bußgeldverfahrens (§§ 464, 465 Absatz 1 StPO in Verbindung mit § 46 Absatz 1 OWiG). Diese be-stehen aus der Verfahrensgebühr (§ 107 Absatz 1 OWiG) und unseren Auslagen (§ 107 Absatz 3 OWiG).

Geldbußen	a) 2000,00 Euro
	b) 125,00 Euro
Gebühr	106,25 Euro
Auslagen	3,50 Euro
Gesamtbetrag	2234,75 Euro

Zahlungserleichterungen

Sie können Geldbuße, Gebühr und Auslagen in monatlichen Teilbeträgen von je 100 Euro ab Rechtskraft des Bußgeldbescheides jeweils bis zum 15. eines Monats zahlen. Diese Vergünstigung entfällt, wenn Sie mit einem fälligen Teilbetrag in Verzug geraten. In diesem Fall ist der Gesamtrestbetrag sofort zur Zahlung fällig.

Begründung des Bußgeldbescheides:

1) Ihre Angaben bei der Anhörung vom 17.11.2011

Ihre Auffassung, die Hotelleitung sei für den Zustand der Betriebsräume allein verantwortlich, entlastet Sie nicht. Als Leiter des gesamten Küchenbereichs sind Sie für die Einhaltung lebensmittelrechtlicher Bestimmungen ausdrücklich beauftragt und handeln eigenverantwortlich für den Lebensmittelunternehmer (§ 9 Absatz 1 Satz 2 Nummer 2 OWiG).

Eine Belehrungspflicht über das Ihnen nach § 44 Absatz 2 Satz 2 LFGB zustehende Auskunftsverweigerungsrecht ist gesetzlich nicht vorgesehen. Auf dieses Recht muss sich der Auskunftspflichtige gegenüber dem Auskunftsberechtigten ausdrücklich berufen. Eine nachträgliche Geltendmachung ist daher nicht möglich, so dass Ihre Angaben verwertbar bleiben.

2) Zumessung der Geldbuße (§ 17 Absatz 3 OWiG)

Die Ordnungswidrigkeit unter I. ist mit Geldbuße bis 50 000 Euro bedroht (§ 60 Absatz 5 Nummer 2 LFGB),
die Ordnungswidrigkeit unter II. ist mit Geldbuße bis 20 000 Euro bedroht (§ 60 Absatz 5 Nummer 3 LFGB).

Bei der Zumessung der Geldbuße wegen der Ordnungswidrigkeiten unter I. haben wir folgende Umstände berücksichtigt:

a) Bedeutung der Ordnungswidrigkeit (§ 17 Absatz 3 Satz 1 OWiG)

Verschärfend wirkte sich die Anzahl von sechs festgestellten Lebensmittelhygieneverstößen erheblichen Ausmaßes und der Tatzeitraum der Dauerordnungswidrigkeiten seit Februar 2011 aus. Die Zuwiderhandlungen weisen ein hohes Maß an unmittelbarer Gefährdung für die Hotel- und Restaurantbesucher als Letztverbraucher auf.

b) Vorwurf, der den Täter trifft (§ 17 Absatz 3 Satz 1 OWiG)

Verschärfend mussten wir berücksichtigen, dass aufgrund zweier einschlägiger Eintragungen im Gewerbezentralregister vom 10.12.2009 (Geldbuße 250 Euro) und 21.6.2010 (Geldbuße 600 Euro) ein erneuter Wiederholungsfall vorliegt. Zudem haben Sie die Hygienemängel trotz Aufforderung bei der Vorkontrolle am 2.10.2011 und trotz Belehrung durch die Lebensmittelüberwachung weiter nicht beseitigt.

c) Wirtschaftliche Verhältnisse (§ 17 Absatz 3 Satz 2 OWiG)

Das Monatseinkommen wurde der Zumessung der Geldbuße nach Ihren glaubhaften Angaben unter Berücksichtigung der angegebenen Unterhaltsverpflichtungen zugrunde gelegt.

Bei der Ordnungswidrigkeit unter II. sind wir vom Regelahndungssatz des Bußgeldkataloges „Lebensmittelrecht" des Landratsamtes Neukirchen ausgegangen.

Rechtsbehelfsbelehrung

Gegen diesen Bußgeldbescheid können Sie binnen zwei Wochen ab Zustellung beim Landratsamt Neukirchen schriftlich – auch als elektronisches Dokument an die oben angegebene E-Mail-Adresse – oder zur Niederschrift in deutscher Sprache (§ 184 GVG in Verbindung mit § 46 Absatz 1 OWiG) Einspruch einlegen (67 Absatz 1 OWiG). Als elektronisches Dokument muss der Einspruch eine qualifizierte elektronische Signatur (§ 2 Nummer 3 SigG) enthalten.[1] Der Einspruch kann auch auf einzelne Beschwerdepunkte beschränkt werden (§ 67 Absatz 2 OWiG).

Sofern Sie eine Begründung des Einspruchs beabsichtigen, bitten wir Sie, diese möglichst mit der Einlegung des Einspruchs zu verbinden.

Falls wir den Bußgeldbescheid trotz eines Einspruchs aufrechterhalten (§ 69 Absatz 2 Satz 1 OWiG), entscheidet das Amtsgericht aufgrund dieses Bußgeldbescheides über das Vorliegen einer Ordnungswidrigkeit und die Rechtsfolgen aufgrund einer mündlichen Hauptverhandlung (§ 71 OWiG), ohne an die Höhe der festgesetzten Geldbuße gebunden zu sein. Das Gericht kann mit Ihrer Zustimmung auch durch schriftlichen Beschluss entscheiden (§ 72 OWiG), wobei es an die Rechtsfolgen des Bußgeldbescheides gebunden ist.

Zahlungsaufforderung

Nach Rechtskraft des Bußgeldbescheides ist die Geldbuße innerhalb weiterer zwei Wochen (also vier Wochen ab Zustellung) an die Kreiskasse oder eines der in den Fußzeilen der ersten Seite dieses Bescheides bezeichneten Konten zu

---

1 Die Rechtsbehelfsbelehrung berücksichtigt bereits elektronische Aktenführung im Sinne des § 110b ff. OWiG.

bezahlen (§ 95 Absatz 1 OWiG), sofern keine abweichenden Zahlungsfristen bewilligt sind.

Hinweis auf Erzwingungshaft

Unterbleibt die Zahlung und wird auch eine Zahlungsunfähigkeit nicht dargelegt, so kann die Geldbuße durch die vom Amtsgericht angeordnete Erzwingungshaft durchgesetzt werden (§ 96 OWiG). Bei Unmöglichkeit sofortiger Zahlung sind Zahlungserleichterungen (Zahlungsfrist, Teilleistungen) möglich (§ 18, § 93 OWiG).

Datenschutzrechtlicher Hinweis

Wir speichern Ihre hier bekannten personenbezogenen Daten bis zum Abschluss des Verfahrens einschließlich der vollständigen Zahlung der Geldbuße, Gebühr und Auslagen in einer automatisiert geführten elektronischen Datei (§ 49 c Absatz 2 Satz 1 OWiG in Verbindung mit § 483 Absatz 1 StPO).

Mit freundlichen Grüßen

Weber

**Schriftliche Anhörung eines Betroffenen mit Anhörungsbogen
(Teil-Betriebsleiter, § 9 Absatz 2 Satz 1 Nummer 1 OWiG – Hotelchef)**

Landratsamt Neukirchen   Zentrale Bußgeldstelle

Landratsamt Neukirchen, Postfach 5678, 88888 Neukirchen

	Dienstgebäude	Feuerbachstraße 43
Herrn		88888 Neukirchen
Werner Maier	Zimmer	0432
Goethestraße 12	Sachbearbeiter(in)	Frau Weber
65997 Talbergen	Telefon	(0823) 8878-342
	Telefax	(0823) 8878-340
	E-Mail	zbslra@neukirchen.de

Ihr Zeichen, Ihre Nachricht vom	Bitte bei Antwort angeben Unser Zeichen, Unsere Nachricht vom 0987665/11	Datum 16.10.2011

Betroffener: Herr Werner Maier, geb. 04.05.1959 in Altstadt, Betriebsleiter, Goethestraße 12, 65997 Talbergen

Verteidiger: -

Anhörung wegen einer Ordnungswidrigkeit (§ 55 OWiG)

Sehr geehrter Herr Maier,

nach unseren Feststellungen haben Sie folgende Ordnungswidrigkeiten begangen:

Sie sind Leiter des von der DHS Hotelbetriebs GmbH mit Sitz in 84300 Kaiserberg betriebenen Hotels „Karwendel" in 88882 Altstein, Weiherstraße 54. Ihnen ist spätestens seit der Lebensmittelkontrolle vom 10.02.2011 bekannt, dass der mit der Leitung der Hotelküche beauftragte Herr Manfred Eisinger wissentlich lebensmittelhygienische Vorschriften im Betriebsablauf nicht einhält. Am Dienstag, den 13.10.2011 zwischen 10.00 Uhr und 11.30 Uhr hat Herr Eisinger in der Hotelküche Speisen verschiedener Art, darunter Fleischgerichte mit Beilagen zubereitet. Dabei hatte er folgende lebensmittelrechtliche Anforderungen einzuhalten:

1. Betriebsstätten, in denen mit Lebensmitteln umgegangen wird, müssen sauber und stets instand gehalten sein (Artikel 4 Absatz 2 Verordnung (EG) Nummer 852/2004 in Verbindung mit Anhang II Kapitel I Nummer 1).

Telefonvermittlung (0823) 8878-0	Besuchszeiten Mo.-Mi. 7.30-16.30 Uhr	Öffentliche Verkehrsmittel Stadtbus Linie 4	Bankverbindungen Sparkasse Neukirchen
	Do. 7.30-17.30 Uhr	Haltestelle Landratsamt	IBAN DE 128002000083204123456
Internet	Fr. 7.30-12.00 Uhr		Volksbank Neukirchen
www.lra-neukirchen.de			IBAN DE 80030000403320654321

Von diesen Anforderungen ist Herr Eisinger bewusst abgewichen, indem er in der Küche Fettablagerungen auf und vor dem dort aufgestellten Elektroherd seit längerer Zeit nicht entfernt hat, so dass es zu starken verkrusteten Verschmutzungen kam.

Durch mögliche Berührung wurden die dort behandelten Lebensmittel der Gefahr nachteiliger Beeinflussung durch diese Verunreinigungen ausgesetzt.

2. Betriebsstätten, in denen mit Lebensmitteln umgegangen wird, müssen sauber und stets instand gehalten sein (Artikel 4 Absatz 2 Verordnung (EG) Nummer 852/2004 in Verbindung mit Anhang II Kapitel I Nummer 1).

Von diesen Anforderungen ist Herr Eisinger bewusst abgewichen, indem er in der Küche aufgrund mangelhafter Reinigung des Fußbodens Verschmutzungen nicht beseitigte, in denen sich mehrere lebende Ameisen und Käfer (Kakerlaken) befanden.

Dadurch wurden die dort behandelten Lebensmittel der Gefahr nachteiliger Beeinflussung durch tierische Schädlinge ausgesetzt.

3. Flächen (einschließlich Flächen von Ausrüstungen) in Bereichen, in denen mit Lebensmitteln umgegangen wird, und insbesondere Flächen, die mit Lebensmitteln in Berührung kommen, sind in einwandfreiem Zustand zu halten und müssen leicht zu reinigen und erforderlichenfalls zu desinfizieren sein (Artikel 4 Absatz 2 Verordnung (EG) Nummer 852/2004 in Verbindung mit Anhang II Kapitel I Nummer 1 Buchstabe f).

Von diesen Anforderungen ist Herr Eisinger bewusst abgewichen, indem er in der Küche die für die Zerteilung und Zubereitung vorgesehene Arbeitsplatte aus Hartholz längere Zeit nicht reinigte. In den vorhandenen Scharten der Oberfläche befanden sich während der Zubereitung von Frischfleisch zahlreiche, bereits verfärbte Fleischreste.

Dadurch wurden die dort behandelten Lebensmittel der Gefahr nachteiliger Beeinflussung durch Mikroorganismen und Verunreinigungen ausgesetzt.

4. Reinigungs- und Desinfektionsmittel dürfen nicht in Bereichen gelagert werden, in denen mit Lebensmitteln umgegangen wird (Artikel 4 Absatz 2 Verordnung (EG) Nummer 852/2004 in Verbindung mit Anhang II Kapitel I Nummer 10).

Von diesen Anforderungen ist Herr Eisinger bewusst abgewichen, indem er im Vorratsraum neben für den Geschäftsbetrieb bestimmten, gefüllten Kartoffel-

behältern 2,5 kg Schädlingsbekämpfungsmittel Supertox, 5 l Pflanzenschutz-mittel Floran und ca. 15 l verschiedene Lösungsmittel lagerte.[1]

5. Es müssen an geeigneten Standorten genügend Handwaschbecken vorhan-den sein. Diese müssen Warm- und Kaltwasserzufuhr haben; darüber hinaus müssen Mittel zum Händewaschen und zum hygienischen Händetrocknen vor-handen sein
(Artikel 4 Absatz 2 Verordnung (EG) Nummer 852/2004 in Verbindung mit An-hang II Kapitel I Nummer 4 Satz 1, 2).

Von diesen Anforderungen ist Herr Eisinger bewusst abgewichen, indem er in der Personaltoilette weder Seife noch Handtücher zur Verfügung stellte.

Dadurch wurden die Lebensmittel der Gefahr nachteiliger Beeinflussung durch Mikroorganismen und Verunreinigungen ausgesetzt.

6. Die Wandflächen sind in einwandfreiem Zustand zu halten und müssen leicht zu reinigen sein
(Artikel 4 Absatz 2 Verordnung (EG) Nummer 852/2004 in Verbindung mit An-hang II Kapitel II Nummer 1 Buchstabe b).

Von diesen Anforderungen ist Herr Eisinger bewusst abgewichen, indem er im Kühlraum ca. 1,5 m² heruntergefallene Fliesen nicht erneuerte.

Dadurch wurden die dort lagernden Lebensmittel der Gefahr nachteiliger Be-einflussung durch diese Verunreinigungen ausgesetzt.

Trotz des Ihnen bereits spätestens Ende Februar 2011 bekannten rechtswidrigen Verhaltens des Küchenchefs haben Sie als Leiter des Hotelbetriebes nicht auf Herrn Eisinger eingewirkt und dadurch die Einhaltung der verbindlichen Lebens-mittelhygienevorschriften durchgesetzt.

Ordnungswidrig handelt,

wer als vom Inhaber eines Betriebes oder einem sonst dazu Befugten zur teilwei-sen Leitung beauftragte Person (§ 9 Absatz 2 Satz 1 Nummer 1 Gesetz über Ord-nungswidrigkeiten – OWiG) und als Beteiligter an einer Ordnungswidrigkeit (§ 14 OWiG) durch pflichtwidriges Unterlassen (§ 8 OWiG)

1. (Nummer 4) im Sinne des § 60 Absatz 4 Nummer 2 Buchstabe a des Lebens-mittel- und Futtermittelgesetzbuches (LFGB) gegen die Verordnung (EG) Num-mer 852/2004 verstößt, indem er vorsätzlich entgegen Artikel 4 Absatz 2 in Ver-bindung mit Anhang II Kapitel I Nummer 10 ein Reinigungs- oder Desinfektions-mittel lagert und

---

1   Dieser Verstoß beruht auf § 2 Nummer 2 LMRStV, der im Gegensatz zu § 10 Nummer 1 in Verbindung mit § 3 Satz 1 LMHV keine Gefahr nachteiliger Beeinflussung im Sinne des § 2 Absatz 1 Nummer 1 LMHV erfordert.

2. (Nummer 1 bis 3, 5 bis 6) vorsätzlich entgegen § 3 Satz 1 Lebensmittel-Hygieneverordnung Lebensmittel behandelt. Lebensmittel dürfen nur so hergestellt, behandelt oder in Verkehr gebracht werden, dass sie bei Beachtung der im Verkehr erforderlichen Sorgfalt der Gefahr einer nachteiligen Beeinflussung (§ 2 Absatz 1 Nummer 1 LMHV) nicht ausgesetzt sind (§ 3 Satz 1 LMHV). Im Übrigen gelten die Begriffsbestimmungen des Artikels 2 Absatz 1 der VO (EG) Nummer 852/2004 des Europäischen Parlaments und des Rats vom 29. April 2004 über Lebensmittelhygiene (Abl. EU Nummer L 139 S. 1, Nummer L 226 S. 3) entsprechend.

Verletzte Bußgeldvorschriften

(Nummer 4) § 2 Nummer 2 Lebensmittelrechtliche Straf- und Bußgeldverordnung (LMRStV) vom 07. Februar 2012 (BGBl. I S. 190) und

(Nummer 1 bis 3, 5 bis 6) § 10 Nummer 1 Lebensmittel-Hygieneverordnung vom 08. August 2007 (BGBl. I S. 1816).

Wegen dieser Zuwiderhandlungen haben wir gegen Sie ein Bußgeldverfahren nach dem Gesetz über Ordnungswidrigkeiten (OWiG) eingeleitet (§ 47 Absatz 1 Nummer 1 OWiG). Durch die Anhörung erhalten Sie Gelegenheit, sich zur Beschuldigung zu äußern.

Wir bitten, den Äußerungsbogen bis spätestens eine Woche ab Zugang zurückzusenden und zwar auch dann, wenn Sie sich nicht zur Sache äußern wollen.

Sollten Sie die Gelegenheit zu rechtlichem Gehör nicht wahrnehmen, müssen Sie damit rechnen, dass nach Ablauf der Äußerungsfrist ohne weiteres Anschreiben ein Bußgeldbescheid gegen Sie erlassen wird.

Hinweis

Sofern uns Ihre Verteidigung durch eine Rechtsanwältin oder einen Rechtsanwalt mitgeteilt ist, erhält die von Ihnen beauftragte Person dieses Schreiben zur Kenntnisnahme.

Anlage
1 Äußerungsbogen

Mit freundlichen Grüßen

Weber

Az. 0987665/11	*Neukirchen, den 18.10.2011*

Zurück an:

Landratsamt Neukirchen **Äußerungsbogen zum Vorwurf einer**
Kantstraße 23 **Ordnungswidrigkeit (§ 55 OWiG)**

88888 Neukirchen

Bitte in Druckschrift ausfüllen!

1. Angaben zur Person (Pflichtangaben)

Name (Ehename)	*Maier*
Vornamen	*Werner*
ggf. Geburtsname	
Anschrift (Straße Nummer,	*Goethestraße 30*
PLZ Ort, Kreis)	*65997 Talbergen*
Geburtsdatum	*04.05.1959*
Geburtsort (Kreis)	*Altstadt*
Familienstand	*verheiratet*
Beruf	*Betriebsleiter*
Telefon (freiwillig)	*06345/234534*
E-Mail (freiwillig)	*wernermaier@online.de*

2. Angaben zur Sache (Freiwillige Angaben)

Ich bin der Leiter eines Hotels der DHS-Hotelbetriebs GmbH. Nach dem Arbeitsvertrag, den ich in Anlage mitschicke, ist Herr Eisinger als Küchenchef allein für die Einhaltung aller lebensmittelrechtlichen Vorschriften verantwortlich. So ist das in einem arbeitsteiligen Unternehmen üblich. Wenden Sie sich daher bitte an Herrn Eisinger!

3. Wirtschaftliche Verhältnisse (Freiwillige Angaben)

Hinweis: Sollen Sie Ihre wirtschaftlichen Verhältnisse nicht, nicht nachvollziehbar oder unglaubhaft angeben, wären wir bei der Zumessung einer Geldbuße gezwungen, diese zu schätzen:

Monatliches Nettoeinkommen	*geregelt*
Schulden ohne Gegenwert	

Maier

(Unterschrift)

Bußgeldbescheid gegen einen (Teil-)Betriebsleiter
(§ 9 Absatz 2 Satz 1 Nummer 1 OWiG – Hotelchef)

Landratsamt Neukirchen

Zentrale Bußgeldstelle

Landratsamt Neukirchen, Postfach 5678, 88888 Neukirchen

	Dienstgebäude	Feuerbachstraße 43
		88888 Neukirchen
Herrn	Zimmer	0432
Werner Maier	Sachbearbeiter(in)	Frau Weber
Goethestraße 12 Telefon		(0823) 8878-342
65997 Talbergen	Telefax	(0823) 8878-340
	E-Mail	zbslra@neukirchen.de

Ihr Zeichen, Ihre Nachricht vom	Bitte bei Antwort angeben Unser Zeichen, Unsere Nachricht vom 0987665/11	Datum 25.11.2011

Betroffener: Herr Werner Maier, geb. 04.05.1959 in Altstadt, Betriebsleiter, Goethestraße 30, 65997 Talbergen

Verteidiger: -

Bußgeldbescheid

Sehr geehrter Herr Maier,

nach unseren Feststellungen haben Sie folgende Ordnungswidrigkeiten begangen:

Sie sind Leiter des von der DHS Hotelbetriebs GmbH mit Sitz in 84300 Kaiserberg betriebenen Hotels „Karwendel" in 88882 Altstein, Weiherstraße 54. Ihnen ist spätestens seit der Lebensmittelkontrolle vom 10.02.2011 bekannt, dass der mit der Leitung der Hotelküche beauftragte Herr Manfred Eisinger wissentlich lebensmittelhygienische Vorschriften im Betriebsablauf nicht einhält. Am Dienstag, den 13.10.2011 zwischen 10.00 Uhr und 11.30 Uhr hat Herr Eisinger in der Hotelküche Speisen verschiedener Art, darunter Fleischgerichte mit Beilagen zubereitet. Dabei hatte er folgende lebensmittelrechtliche Anforderungen einzuhalten:

Telefonvermittlung	Besuchszeiten	Öffentliche Verkehrsmittel	Bankverbindungen
0823) 8878-0	Mo.-Mi. 7.30-16.30 Uhr	Stadtbus Linie 4	Sparkasse Neukirchen
	Do. 7.30-17.30 Uhr	Haltestelle Landratsamt	IBAN DE 128002000830204123456
Internet	Fr. 7.30-12.00 Uhr		Volksbank Neukirchen
www.lra-neukirchen.de			IBAN DE 80030000403320654321

1. Betriebsstätten, in denen mit Lebensmitteln umgegangen wird, müssen sauber und stets instand gehalten sein (Artikel 4 Absatz 2 Verordnung (EG) Nummer 852/2004 in Verbindung mit Anhang II Kapitel I Nummer 1).

Von diesen Anforderungen ist Herr Eisinger bewusst abgewichen, indem er in der Küche Fettablagerungen auf und vor dem dort aufgestellten Elektroherd seit längerer Zeit nicht entfernt hat, so dass es zu starken verkrusteten Verschmutzungen kam.

Durch mögliche Berührung wurden die dort behandelten Lebensmittel der Gefahr nachteiliger Beeinflussung durch diese Verunreinigungen ausgesetzt.

2. Betriebsstätten, in denen mit Lebensmitteln umgegangen wird, müssen sauber und stets instand gehalten sein (Artikel 4 Absatz 2 Verordnung (EG) Nummer 852/2004 in Verbindung mit Anhang II Kapitel I Nummer 1).

Von diesen Anforderungen ist Herr Eisinger bewusst abgewichen, indem er in der Küche aufgrund mangelhafter Reinigung des Fußbodens Verschmutzungen nicht beseitigte, in denen sich mehrere lebende Ameisen und Käfer (Kakerlaken) befanden.

Dadurch wurden die dort behandelten Lebensmittel der Gefahr nachteiliger Beeinflussung durch tierische Schädlinge ausgesetzt.

3. Flächen (einschließlich Flächen von Ausrüstungen) in Bereichen, in denen mit Lebensmitteln umgegangen wird, und insbesondere Flächen, die mit Lebensmitteln in Berührung kommen, sind in einwandfreiem Zustand zu halten und müssen leicht zu reinigen und erforderlichenfalls zu desinfizieren sein (Artikel 4 Absatz 2 Verordnung (EG) Nummer 852/2004 in Verbindung mit Anhang II Kapitel I Nummer 1 Buchstabe f).

Von diesen Anforderungen ist Herr Eisinger bewusst abgewichen, indem er in der Küche die für die Zerteilung und Zubereitung vorgesehene Arbeitsplatte aus Hartholz längere Zeit nicht reinigte. In den vorhandenen Scharten der Oberfläche befanden sich während der Zubereitung von Frischfleisch zahlreiche, bereits verfärbte Fleischreste.

Dadurch wurden die dort behandelten Lebensmittel der Gefahr nachteiliger Beeinflussung durch Mikroorganismen und Verunreinigungen ausgesetzt.

4. Reinigungs- und Desinfektionsmittel dürfen nicht in Bereichen gelagert werden, in denen mit Lebensmitteln umgegangen wird (Artikel 4 Absatz 2 Verordnung (EG) Nummer 852/2004 in Verbindung mit Anhang II Kapitel I Nummer 10).

Von diesen Anforderungen ist Herr Eisinger bewusst abgewichen, indem er im Vorratsraum neben für den Geschäftsbetrieb bestimmten, gefüllten Kartoffel-

behältern 2,5 kg Schädlingsbekämpfungsmittel Supertox, 5 l Pflanzenschutzmittel Floran und ca. 15 l verschiedene Lösungsmittel lagerte.[1]

5. Es müssen an geeigneten Standorten genügend Handwaschbecken vorhanden sein. Diese müssen Warm- und Kaltwasserzufuhr haben; darüber hinaus
müssen Mittel zum Händewaschen und zum hygienischen Händetrocknen vorhanden sein
(Artikel 4 Absatz 2 Verordnung (EG) Nummer 852/2004 in Verbindung mit Anhang II Kapitel I Nummer 4 Satz 1, 2).

Von diesen Anforderungen ist Herr Eisinger bewusst abgewichen, indem er in
der Personaltoilette weder Seife noch Handtücher zur Verfügung stellte.

Dadurch wurden die Lebensmittel der Gefahr nachteiliger Beeinflussung durch
Mikroorganismen und Verunreinigungen ausgesetzt.

6. Die Wandflächen sind in einwandfreiem Zustand zu halten und müssen leicht
zu reinigen sein
(Artikel 4 Absatz 2 Verordnung (EG) Nummer 852/2004 in Verbindung mit Anhang II Kapitel II Nummer 1 Buchstabe b).

Von diesen Anforderungen ist Herr Eisinger bewusst abgewichen, indem er im
Kühlraum ca. 1,5 m² heruntergefallene Fliesen nicht erneuerte.

Dadurch wurden die dort lagernden Lebensmittel der Gefahr nachteiliger Beeinflussung durch diese Verunreinigungen ausgesetzt.

Trotz des Ihnen bereits spätestens Februar 2011 bekannten rechtswidrigen Verhaltens des Küchenchefs haben Sie als Leiter des Hotelbetriebes nicht auf Herrn
Eisinger eingewirkt und dadurch die Einhaltung der verbindlichen Lebensmittelhygienevorschriften durchgesetzt.

Ordnungswidrig handelt,

wer als vom Inhaber eines Betriebes oder einem sonst dazu Befugten zur teilwei-
sen Leitung beauftragte Person (§ 9 Absatz 2 Satz 1 Nummer 1 Gesetz über Ordnungswidrigkeiten – OWiG) und als Beteiligter an einer Ordnungswidrigkeit (§ 14
OWiG) durch pflichtwidriges Unterlassen (§ 8 OWiG)

1. (Nummer 4) im Sinne des § 60 Absatz 4 Nummer 2 Buchstabe a des Lebens-
mittel- und Futtermittelgesetzbuches (LFGB) gegen die Verordnung (EG) Nummer 852/2004 verstößt, indem er vorsätzlich entgegen Artikel 4 Absatz 2 in Verbindung mit Anhang II Kapitel I Nummer 10 ein Reinigungs- oder Desinfektionsmittel lagert und

---

1 Dieser Verstoß beruht auf § 2 Nummer 2 LMRStV, der im Gegensatz zu § 10 Nummer
1 in Verbindung mit § 3 Satz 1 LMHV keine Gefahr nachteiliger Beeinflussung im Sinne
des § 2 Absatz 1 Nummer 1 LMHV erfordert.

2. (Nummer 1 bis 3, 5 bis 6) vorsätzlich entgegen § 3 Satz 1 Lebensmittel-Hygieneverordnung Lebensmittel behandelt. Lebensmittel dürfen nur so hergestellt, behandelt oder in Verkehr gebracht werden, dass sie bei Beachtung der im Verkehr erforderlichen Sorgfalt der Gefahr einer nachteiligen Beeinflussung (§ 2 Absatz 1 Nummer 1 LMHV) nicht ausgesetzt sind (§ 3 Satz 1 LMHV). Im Übrigen gelten die Begriffsbestimmungen des Artikels 2 Absatz 1 der VO (EG) Nummer 852/2004 des Europäischen Parlaments und des Rats vom 29. April 2004 über Lebensmittelhygiene (Abl. EU Nummer L 139 S. 1, Nummer L 226 S. 3) entsprechend.

Verletzte Bußgeldvorschriften:

(Nummer 4) § 2 Nummer 2 Lebensmittelrechtliche Straf- und Bußgeldverordnung (LMRStV) vom 07. Februar 2012 (BGBl. I S. 190) und

(Nummer 1 bis 3, 5 bis 6) § 10 Nummer 1 Lebensmittel-Hygieneverordnung vom 08. August 2007 (BGBl. I S. 1816).

Beweismittel:

a) Ihre Angaben bei der mündlichen Anhörung vom 18.10.2011
b) Ermittlungsbericht der Lebensmittelüberwachung vom 13.10.2011
c) Herr Manfred Eisinger, Bergstraße 112, 88882 Altstein (Zeuge)
d) Lichtbilder vom 13.10.2011 über den Zustand der Betriebsräume

Als Folge dieser Ordnungswidrigkeit setzen wir gegen Sie die folgende Geldbuße fest (§ 17 OWiG). Sie tragen auch die Kosten des Bußgeldverfahrens (§§ 464, 465 Absatz 1 StPO in Verbindung mit § 46 Absatz 1 OWiG). Diese bestehen aus der Verfahrensgebühr (§ 107 Absatz 1 OWiG) und unseren Auslagen (§ 107 Absatz 3 OWiG).

Geldbuße	4000,00 Euro
Gebühr	200,00 Euro
Auslagen	3,50 Euro
Gesamtbetrag	4203,50 Euro

Begründung des Bußgeldbescheides

1) Ihre Angaben bei der Anhörung vom 15.10.2011

Nach Ihrer Auffassung sind für die festgestellten Ordnungswidrigkeiten nicht Sie, sondern allein der Küchenchef Herr Manfred Eisinger verantwortlich. Dazu haben Sie auf den Arbeitsvertrag des Herrn Eisinger verwiesen, der eine ausschließliche Verantwortlichkeit für die Einhaltung lebensmittelhygienischer Vorschriften aufweist. Trotzdem bleibt der Betriebsleiter eines Unternehmens gemäß § 9 Absatz 2 Satz 1 Nummer 1 OWiG neben der ausdrücklich beauftragten, eigenverantwortlich handelnden Person im Sinne des § 9 Absatz 2 Satz 1 Nummer 2 OWiG weiter verantwortlich. Diese Verantwortlichkeit kann nicht privatrechtlich durch Arbeitsvertrag ausgeschlossen werden. Herr Eisinger hat Sie zudem seit Februar 2011 wiederholt auf die ordnungswidrigen Zustände hingewiesen, deren Beseitigung Sie unter Hinweis auf die angespannten wirtschaftlichen Verhältnisse abgelehnt haben. Da Ihnen die Verstöße bekannt waren, handeln Sie als Beteiligter an der Ordnungswidrigkeit des Herrn Eisinger, auch wenn ahndungsbegründende besondere persönliche Merkmale bei Ihnen selbst nicht vorliegen (§ 14 Absatz 1 OWiG). Als Betriebsleiter haben Sie nach § 8 OWiG rechtlich dafür einzustehen, dass der Tatbestand Ihnen bekannter Ordnungswidrigkeiten nicht weiter verwirklicht wird.

2) Zumessung der Geldbuße (§ 17 Absatz 3 OWiG)

Die Ordnungswidrigkeit ist mit Geldbuße bis 50 000 Euro bedroht (§ 60 Absatz 5 Nummer 2 LFGB).

a) Bedeutung der Ordnungswidrigkeit (§ 17 Absatz 3 Satz 1 OWiG)

Verschärfend wirkte sich die durch Ihr Verhalten ermöglichte Anzahl von sechs festgestellten Lebensmittelhygieneverstößen erheblichen Ausmaßes und der Tatzeitraum der Ordnungswidrigkeiten aus. Die Zuwiderhandlungen weisen ein hohes Maß an unmittelbarer Gefährdung für die Hotel- und Restaurantbesucher als Letztverbraucher auf.

b) Vorwurf, der den Täter trifft (§ 17 Absatz 3 Satz 1 OWiG)

Verschärfend mussten wir berücksichtigen, dass Sie trotz Kenntnis der Zustände in der Hotelküche überhaupt nicht eingeschritten sind, sondern im Gegenteil die sich aufdrängenden, massiven Hygieneverstöße und die Gefährdung der Letztverbraucher durch die unzulässige Berufung auf den Arbeitsvertrag des Herrn Eisinger hingenommen und damit erst ermöglicht haben. Darin liegt ein besonders hohes Maß an Pflichtwidrigkeit.

c) Wirtschaftliche Verhältnisse (§ 17 Absatz 3 Satz 2 OWiG)

Das Monatseinkommen musste nach Ihrem Beruf auf 3000 Euro geschätzt werden, da Sie bei der Anhörung insoweit keine Angaben gemacht haben. Wir sind dabei von den Richtsätzen der Oberfinanzdirektion für den Betreiber eines vergleichbaren Hotelbetriebes und unseren Erfahrungen aus anderen Bußgeldverfahren ausgegangen.

Rechtsbehelfsbelehrung

Gegen diesen Bußgeldbescheid können Sie binnen zwei Wochen ab Zustellung beim Landratsamt Neukirchen schriftlich – auch als elektronisches Dokument an die oben angegebene E-Mail-Adresse – oder zur Niederschrift in deutscher Sprache (§ 184 GVG in Verbindung mit § 46 Absatz 1 OWiG) Einspruch einlegen (§ 67 Absatz 1 OWiG). Als elektronisches Dokument muss der Einspruch eine qualifizierte elektronische Signatur (§ 2 Nummer 3 SigG) enthalten.[1] Der Einspruch kann auch auf einzelne Beschwerdepunkte beschränkt werden (§ 67 Absatz 2 OWiG).

Sofern Sie eine Begründung des Einspruchs beabsichtigen, bitten wir Sie, diese möglichst mit der Einlegung des Einspruchs zu verbinden.

Falls wir den Bußgeldbescheid trotz eines Einspruchs aufrechterhalten (§ 69 Absatz 2 Satz 1 OWiG), entscheidet das Amtsgericht aufgrund dieses Bußgeldbescheides über das Vorliegen einer Ordnungswidrigkeit und die Rechtsfolgen aufgrund einer mündlichen Hauptverhandlung (§ 71 OWiG), ohne an die Höhe der festgesetzten Geldbuße gebunden zu sein. Das Gericht kann mit Ihrer Zustimmung auch durch schriftlichen Beschluss entscheiden (§ 72 OWiG), wobei es an die Rechtsfolgen des Bußgeldbescheides gebunden ist.

Zahlungsaufforderung

Nach Rechtskraft des Bußgeldbescheides ist die Geldbuße innerhalb weiterer zwei Wochen (also vier Wochen ab Zustellung) an die Kreiskasse oder eines der in den Fußzeilen der ersten Seite dieses Bescheides bezeichneten Konten zu bezahlen (§ 95 Absatz 1 OWiG), sofern keine abweichenden Zahlungsfristen bewilligt sind.

Hinweis auf Erzwingungshaft

Unterbleibt die Zahlung und wird auch eine Zahlungsunfähigkeit nicht dargelegt, so kann die Geldbuße durch die vom Amtsgericht angeordnete Erzwingungshaft durchgesetzt werden (§ 96 OWiG). Bei Unmöglichkeit sofortiger Zahlung sind Zahlungserleichterungen (Zahlungsfrist, Teilleistungen) möglich (§ 18, § 93 OWiG).

Datenschutzrechtlicher Hinweis

Wir speichern Ihre hier bekannten personenbezogenen Daten bis zum Abschluss des Verfahrens einschließlich der vollständigen Zahlung der Geldbuße, Gebühr und Auslagen in einer automatisiert geführten elektronischen Datei (§ 49 c Absatz 2 Satz 1 OWiG in Verbindung mit § 483 Absatz 1 StPO).

Mit freundlichen Grüßen

Weber

---

1   Die Rechtsbehelfsbelehrung berücksichtigt bereits elektronische Aktenführung im Sinne des § 110b ff. OWiG.

11.2 Bußgeldbescheide gegen Geschäftsführer juristischer Personen

Beabsichtigt die Verwaltungsbehörde die bußgeldrechtliche Ahndung der Geschäftsführung eines Unternehmens, so ist bereits vor Einleitung eines Bußgeldverfahrens zu ermitteln, gegen welche Person oder Personen sich der Anfangsverdacht richtet. Dabei ist es im Gegensatz zum Verwaltungsrecht bedeutungslos, wer derzeit gesetzlicher Vertreter einer juristischen Person oder Personengesellschaft ist. Entscheidend ist vielmehr, welche Person oder Personen dies zur Tatzeit der Ordnungswidrigkeit (§ 6 OWiG) waren. Auf den Entdeckungszeitpunkt der Ordnungswidrigkeit kommt es grundsätzlich nicht an. Daher sind rechtswidrige personenbezogene Datenerhebungen bei Unternehmen durch die Anfrage nach dem „Verantwortlichen" auch sinnlos. Sie erlauben es den befragten Unternehmen nicht nur zu bestimmen, wen die Verwaltungsbehörde verfolgen kann, sondern führt nicht selten zur Verfolgung Unschuldiger.[1]

11.2.1 Auskunft aus dem Handelsregister

Der gesetzliche Vertreter einer in Deutschland eingetragenen juristischen Person oder Personengesellschaft lässt sich sehr einfach über das **elektronische Handelsregister** (www.handelsregister.de) feststellen. Ist das zuständige Registergericht unbekannt, lässt es sich über das elektronische Unternehmensregister (www.unternehmensregister.de) ermitteln. Auch ausländische Gesellschaften wie z. B. die im Companieshouse, Cardiff/GB eingetragene Limited (Ltd.) muss – sofern sie in Deutschland eine gewerbliche Tätigkeit ausübt – neben ihrer Stammeintragung (www.companieshouse.gov.uk) auch im deutschen Handelsregister eingetragen sein.

---

[1] Zum Irrweg der Ermittlung eines „Verantwortlichen" eines Unternehmens als Täter einer Ordnungswidrigkeit siehe Kapitel 11.1.1.

Musterauszug aus dem elektronischen Handelsregister

Amtsgericht Neustadt **Handelsregister**	HR B 10545
Firma:	DHS Hotelbetriebs GmbH
Sitz:	Altstadt
Gegenstand des Unternehmens:	Hotel- und Gaststättenbetriebe
Stammkapital:	25 000 Euro
Gesetzlicher Vertreter	Schreiner, Hans, Kaufmann, Kaiserberg, *10.05.1969 Maurer, Max, Kaufmann, Kaiserberg, *15.03.1972 Tischner, Werner, Ingenieur, Neustadt, *06.03.1951
Rechtsverhältnisse	Gesellschaft mit beschränkter Haftung Gesellschaftsvertrag vom 14. April 2001 Ist nur ein Geschäftsführer bestellt, so vertritt er die Gesellschaft allein. Sind mehrere Geschäftsführer bestellt, so vertreten sie die Gesellschaft zusammen oder mit einem Prokuristen. Gesellschafterbeschluss vom 23. Juni 2011: Änderung der Firma und Sitzverlegung nach Kaiserberg und entsprechende Satzungsänderung in § 1. Maurer, Max wird zum Geschäftsführer berufen Tischner, Werner wird zum Geschäftsführer berufen Schreiner, Hans ist nicht mehr Geschäftsführer. Aufgelöst durch Eröffnung des Insolvenzverfahrens am 26. August 2011 (AG Neustadt 30 IN 345/11)

Der Handelsregisterauszug gibt wieder, wer zur Tatzeit der Ordnungswidrigkeit (§ 6 OWiG) gesetzlicher Vertreter einer juristischen Person oder Personengesellschaft war und gegen wen sich folglich der Anfangsverdacht der Ordnungswidrigkeit richtet. Eintragungen, die nicht mehr zutreffen, wie frühere Firmenbezeichnungen und ausgeschiedene Geschäftsführer werden nicht gelöscht, sondern sind unterstrichen wiedergegeben.

Beispiel:

Bei einer am 10. Juni 2011 begangenen Ordnungswidrigkeit kann nach dem vorstehenden Muster des Handelsregisterauszugs nur der inzwischen ausgeschiedene Geschäftsführer Schreiner, nicht aber können die jetzigen Geschäftsführer Maurer und Tischner Täter sein. Der Anfangsverdacht richtet sich allein gegen Schreiner, gegen die anderen Geschäftsführer darf kein Bußgeldverfahren eingeleitet werden.

Auch der Zeitpunkt des Wechsels ist aus dem Handelsregister ersichtlich, da unter der Rubrik „Rechtsverhältnisse" auch der maßgebliche Gesellschafterbeschluss aufgeführt ist. Daher ist auch sofort erkennbar, ob sich der Anfangsverdacht der Ordnungswidrigkeit gegen mehrere gesetzliche Vertreter der juristischen Person bzw. Personengesellschaft richtet. Hier können zwei verschiedene Fälle eintreten, die sich auch überschneiden können:

Variante 1:

Mehrere gesetzliche Vertreter sind gleichzeitig eingetragen.

Sofern nicht der für einen Geschäftsbereich zuständige gesetzliche Vertreter bereits aus der Lebensmittelüberwachung bekannt ist, richtet sich der Anfangsverdacht gegen jeden von ihnen.

Variante 2:

Mehrere gesetzliche Vertreter sind nacheinander eingetragen.

Eintragungszeitraum und Tatzeitpunkt der Ordnungswidrigkeit (§ 6 OWiG), nicht etwa deren Feststellung sind abzugleichen. Bei einer Dauerordnungswidrigkeit kommt es auf die Zuordnung des jeweiligen Tatzeitraums auf die Eintragung an.

Variante 3:

Mehrere gesetzliche Vertreter sind teilweise gleichzeitig und teilweise nacheinander eingetragen.

Bei gleichzeitigem Vorliegen der beiden ersten Varianten ist der jeweilige Tatzeitraum mit der Eintragung abzugleichen und zu prüfen, ob der

Anfangsverdacht bereits auf einen bekannt zuständigen gesetzlichen Vertreter konkretisierbar ist oder sich zunächst gegen alle richtet.

Diese notwendigen Ermittlungen dürfen nicht durch ein Anschreiben an das Unternehmen umgangen werden, wer der „verantwortliche" Geschäftsführer sei. Dadurch würde das Schweigerecht des Betroffenen (§ 136 Absatz 1 Satz 2 StPO in Verbindung mit § 46 Absatz 1 OWiG) unterlaufen. Ein Geschäftsführer ist nicht verpflichtet, an seiner eigenen Überführung als Täter einer Ordnungswidrigkeit mitzuwirken. Unternehmen können als solche nicht als Zeugen angehört werden. Ein Geschäftsführer wäre als Zeuge auf sein Auskunftsverweigerungsrecht wegen möglicher Selbstbelastung (§ 55 StPO in Verbindung mit § 46 Absatz 1 OWiG) zu belehren.

11.2.2 Firmenorganigramme

Verfügt die Behörde über ein vom Unternehmen vorgelegten Organigramm, so gibt dies nur die internen Zuständigkeiten zum Zeitpunkt der Erstellung wieder, der mit dem Tatzeitpunkt der Ordnungswidrigkeit (§ 6 OWiG) nicht übereinstimmen muss. Derartige Unterlagen können daher nur Orientierungshilfen sein, behördliche Feststellungen aber nicht ersetzen. Immerhin lässt sich daraus ablesen, ob in einem Unternehmen eine

▶ Aufgabenteilung in verschiedene **Geschäftsbereiche** unter mehreren gesetzlichen Vertretern (§ 9 Absatz 1 OWiG) besteht, z. B. ein technischer, ein kaufmännischer und ein für den Personalbereich zuständiger Geschäftsführer, Vorstand, geschäftsführender Gesellschafter usw.

▶ Untergliederung in mehrere betriebsinterne **Entscheidungsebenen** wie z. B. Betriebsleiter, Werksleiter, Marktleiter (§ 9 Absatz 2 Satz 1 Nummer 1 OWiG) und Abteilungsleiter als sonstige eigenverantwortlich beauftragte Personen (§ 9 Absatz 2 Satz 1 Nummer 2 OWiG) existiert, die ihrerseits wieder verschiedenen Aufgabenbereichen zugewiesen sein können.

Firmenorganigramme sind manchmal aus einer Homepage des Lebensmittelunternehmens aus dem Internet ersichtlich. Sie sind in einem Bußgeldverfahren auch Beweismittel, die der Beschlagnahme unterliegen (§ 94 Absatz 1 StPO in Verbindung mit § 46 Absatz 1 OWiG). Die Verwaltungsbehörde kann daher die Vorlage und Auslieferung verlangen (§ 95 Absatz 1 StPO in Verbindung mit § 46 Absatz 1 OWiG). Zur Verweigerung wäre nur der Tatverdächtige selbst berechtigt und wer sich als Zeuge auf ein Zeugnisverweigerungsrecht berufen könnte (§ 95 Absatz 2 Satz 2 StPO in Verbindung mit § 46 Absatz 1 OWiG), was auf eine juristische Person oder Personengesellschaft als Adressat der Maßnahme nicht zutreffen kann. Die Vorlageanordnung kann daher durch die gerichtliche Festsetzung eines Ordnungsgeldes gegen Unternehmen mit Ausnahme der Einzelfirma und Gesellschaft bürgerlichen Rechts (GbR) erzwungen werden (§ 95 Absatz 2 Satz 1 StPO in Verbindung mit § 46 Absatz 1 OWiG). Die Verwaltungsbehörde muss dazu einen Antrag beim Ermittlungsrichter des Amtsgerichts stellen (§ 162 StPO in Verbindung mit § 46 Absatz 1 OWiG). Dieser sollte bereits im Vorlageverlangen für den Fall der unberechtigten Weigerung angekündigt werden.[1])

11.2.3 Überprüfung der Gewerbeanzeige

Bereits jeder Beginn eines selbstständigen Betriebs eines stehenden Gewerbes, einer Zweigniederlassung oder einer unselbstständigen Zweigstelle ist der örtlich zuständigen Gewerbebehörde unabhängig von einer Erlaubnispflicht oder Eintragung im Handelsregister zum Zwecke der Gewerbeüberwachung auf einem amtlichen Vordruck anzuzeigen (§ 14 Absatz 1 Satz 1 GewO). Dies gilt entsprechend für Verlegungen, wesentliche Änderungen und Betriebsaufgaben (§ 14 Absatz 1 Satz 2 GewO). Trotzdem ist von einer Überprüfung der Gewerbeanzeige anstelle des Handelsregisters abzuraten. Im Gegensatz zum Handelsregister lässt sich hier nämlich nicht verlässlich feststellen, ob der Wechsel eines gesetzlichen Vertreters der Gewerbebehörde auch pflichtgemäß mitgeteilt worden ist. Die Angaben können daher veraltet sein und nicht die gesetzliche Vertretung zum Tatzeitpunkt der Ordnungswidrigkeit (§ 6 OWiG) wiedergeben.

11.2.4 Mehrere gleichzeitige gesetzliche Vertreter

Ergeben sich aus dem Handelsregister mehrere gesetzliche Vertreter zur Tatzeit (§ 6 OWiG) und sind die internen Zuständigkeitsverteilungen nicht bekannt, so richtet sich der Anfangsverdacht gegen alle. Keinesfalls besteht eine allgemeine Zuständigkeit für alle Bereiche eines Unternehmens oder gar eine gegenseitige Überwachungspflicht ohne begründeten Anlass.

Das Bußgeldverfahren muss mangels konkreter Erkenntnisse notfalls gegen alle aus dem Handelsregister ersichtlichen gesetzlichen Vertreter durch die erste Anhörung (§ 55 OWiG) eingeleitet werden. Krass willkürlich wäre es, einen gesetzlichen Vertreter nach dem Zufallsprinzip auszuwählen und ihn nach einer Art „Gesamtschuldnerschaft" in Anspruch zu nehmen.

---

1) Zur Vorlageanordnung im Einzelnen siehe Wieser Band II Teil III Nummer 4 § 95 StPO.

Beispiel:

Die Zuständigkeit eines von drei Geschäftsführern einer GmbH zur Einhaltung lebensmittelrechtlicher Bestimmungen ist bereits aus der Lebensmittelüberwachung bekannt. Neben diesem technischen Geschäftsführer gibt es noch einen kaufmännischen Geschäftsführer und einen Personalchef, die aber gesonderte Zuständigkeiten haben. Liegen diese Erkenntnisse nicht vor, muss sich der Anfangsverdacht zunächst gegen jeden der drei Geschäftsführer richten.

Es ist Aufgabe des Ermittlungsverfahrens, aufzuklären, gegen wen sich der Anfangsverdacht erhärtet oder zerstreut.

Daher ist mangels konkreter Erkenntnisse zunächst gegen alle gesetzlichen Vertreter ein Bußgeldverfahren durch die Anhörung als Betroffene (§ 55 OWiG) einzuleiten. Durch die erste Anhörung wird auch bei allen Betroffenen die Verfolgungsverjährung der Ordnungswidrigkeit (§ 33 Absatz 1 Satz 1 Nummer 1 OWiG) unterbrochen.[1])

Die Wohnanschriften der gesetzlichen Vertreter sind zwar nicht aus dem Handelsregister ersichtlich, jedoch die angegebenen Wohnorte und Geburtsdaten. Die zugehörigen Anschriften lassen sich durch Anfrage beim jeweiligen Einwohnermeldeamt feststellen.

Die Anhörung kann ergeben, dass nur einer von mehreren Geschäftsführern für den Bereich lebensmittelrechtlicher Pflichten oder der diesbezüglichen Aufsichtspflicht im Sinne des § 130 OWiG zuständig ist. Eine bußgeldrechtlich bewehrte gegenseitige Überwachungspflicht gesetzlicher Vertreter von Unternehmen besteht nicht. Das Bußgeldverfahren ist ggf. mangels Tatnachweises gegen die nicht als zuständig festgestellten Personen aus tatsächlichen Gründen einzustellen (§ 170 Absatz 2 Satz 1 StPO in Verbindung mit § 46 Absatz 1 OWiG). Sie stehen dann als Zeugen im Bußgeldverfahren gegen den als zuständig festgestellten Betroffenen zur Verfügung.

Die Einstellung eines Bußgeldverfahrens vor Erlass eines Bußgeldbescheides führt mangels Rechtsgrundlage nicht zur Erstattung der Auslagen des Betroffenen. Dies gilt auch dann, wenn er einen Rechtsanwalt beauftragt hat und dessen Ausführungen zur Einstellung des Bußgeldverfahrens führen. Die Einstellung ist daher nur durch formlose Mitteilung ohne Begründung bekannt zu machen (siehe folgendes Musterschreiben).[2]) Es empfiehlt sich jedoch die Aufnahme eines Hinweises auf die sich nun ergebende Aufsichtspflicht im Sinne des § 130 OWiG wegen der

---

1) Zur Verfolgungsverjährung siehe Wieser, Band I Teil I Nummer 1, § 31 OWiG, und zur Unterbrechung der Verfolgungsverjährung siehe dort § 33 OWiG.

2) Zur Einstellung des Bußgeldverfahrens und seiner Kostenfolge siehe Wieser, Band I Teil I Nummer 1, §§ 47 und 105 OWiG.

jetzt bekannten Unzuverlässigkeit des zuständigen gesetzlichen Vertreters im Hinblick auf Wiederholungsfälle.

**Mehrere Geschäftsführer einer GmbH
(§ 9 Absatz 1 Nummer 1 OWiG)**

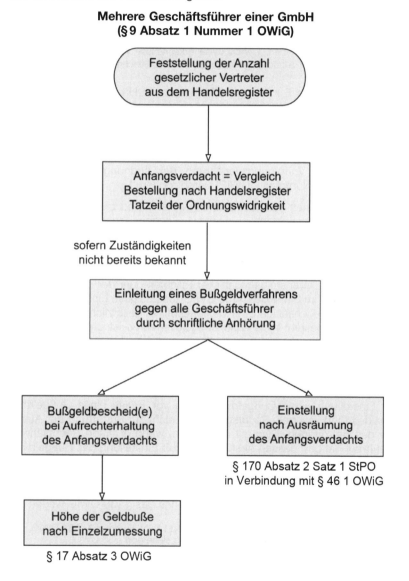

§ 17 Absatz 3 OWiG

**Einstellung eines Bußgeldverfahrens
(Gesetzlicher Vertreter einer juristischen Person,
§ 9 Absatz 1 Nummer 1 OWiG – Geschäftsführer)**

Landratsamt Neukirchen

Zentrale Bußgeldstelle

Landratsamt Neukirchen, Postfach 5678, 88888 Neukirchen

	Dienstgebäude — Feuerbachstraße 43
	88888 Neukirchen
Herrn	Zimmer — 0432
Werner Tischner	Sachbearbeiter(in) — Frau Weber
Gabelsbergerstraße 30	Telefon — (0823) 8878-342
56453 Neustadt	Telefax — (0823) 8878-340
	E-Mail — zbslra@neukirchen.de

Ihr Zeichen, Ihre Nachricht vom	Bitte bei Antwort angeben Unser Zeichen, Unsere Nachricht vom 0987665/11	Datum 16.11.2011

Bußgeldverfahren wegen Verletzung der Aufsichtspflicht (§ 130 OWiG)

Sehr geehrter Herr Tischner,

wir haben Ihre Einwendungen überprüft und stellen das gegen Sie eingeleitete Bußgeldverfahren wegen Verletzung der Aufsichtspflicht aus tatsächlichen Gründen ein (§ 170 Absatz 2 Satz 1 Strafprozessordnung – StPO – in Verbindung mit § 46 Absatz 1 Gesetz über Ordnungswidrigkeiten – OWiG).

Wir weisen jedoch darauf hin, dass wir bei weiteren Zuwiderhandlungen des Geschäftsführers Maurer, gegen den wir wegen des auch Ihnen bisher vorgeworfenen Sachverhalts einen Bußgeldbescheid erlassen haben, von einer **gesteigerten Aufsichtspflicht** auch außerhalb Ihres Zuständigkeitsbereichs ausgehen und deren Verletzung als Ordnungswidrigkeit nach § 130 OWiG betrachten werden. Wir bitten Sie daher, die Einhaltung lebensmittelrechtlicher Vorschriften in dem von Ihnen vertretenen Unternehmen künftig sicherzustellen.

Mit freundlichen Grüßen

Weber

Telefonvermittlung (0823) 8878-0	Besuchszeiten Mo.-Mi. 7.30-16.30 Uhr Do. 7.30-17.30 Uhr	Öffentliche Verkehrsmittel Stadtbus Linie 4 Haltestelle Landratsamt	Bankverbindungen Sparkasse Neukirchen IBAN DE 128002000830204123456
Internet www.lra-neukirchen.de	Fr. 7.30-12.00 Uhr		Volksbank Neukirchen IBAN DE 80030000403320654321

11.2.5 Mehrere nachfolgende gesetzliche Vertreter

Folgen mehrere gesetzliche Vertreter nach dem Handelsregistereintrag zeitlich aufeinander, so kann jeder von ihnen nur Täter in dem ihn betreffenden Tatzeitraum einer Dauerordnungswidrigkeit sein. Dieser Fall tritt häufig dann ein, wenn Verstöße gegen lebensmittelrechtliche Bestimmungen bei mehreren Kontrollen nacheinander festgestellt werden.

Beispiel:

Die Lebensmittelüberwachung führt im Februar, September und November eines Jahres Kontrollen durch, bei denen zahlreiche Verstöße festgestellt werden, die im Laufe des Jahres schleppend und nur teilweise beseitigt werden. Bei der Kontrolle im

▶ Februar ist Geschäftsführer A eingetragen, so dass der Tatzeitraum bis zu diesem Zeitpunkt ihm zuzuordnen ist.

▶ September ist Geschäftsführer B seit März eingetragen, so dass der Tatzeitraum ab März bis zur Kontrolle ihm zuzuordnen ist.

▶ November ist im Oktober das Insolvenzverfahren eröffnet und ein Insolvenzverwalter eingesetzt worden, so dass der Tatzeitraum ab Oktober bis zur Kontrolle ihm zuzuordnen ist.

Die Insolvenz eines Unternehmens führt nicht zu einem Verfolgungshindernis zugunsten seiner gesetzlichen Vertreter wie der früheren Geschäftsführer und eines gerichtlich bestellten Insolvenzverwalters (vgl. §§ 27, 56 InsO) bei einer Betriebsfortführung während des Insolvenzverfahrens. Es unterliegt aber dem Opportunitätsprinzip (§ 47 Absatz 1 Satz 1 OWiG), ob noch eine Ahndung wegen der im durch die Insolvenz aufgelösten Unternehmen besteht. Beim Insolvenzverwalter kann ein Ahndungsbedürfnis nur dann bestehen, wenn er von der Lebensmittelüberwachung auf bestehende Verstöße aufmerksam gemacht wurde und der Aufforderung, sie abzustellen, nicht nachkommt.

Beispiel:

Über das Vermögen eines fleischverarbeitenden Betriebs wird das Insolvenzverfahren eröffnet, der Betrieb jedoch durch den Insolvenzverwalter fortgeführt. Die Lebensmittelüberwachung übersendet ihm den Mängelbericht der letzten Kontrolle zur Kenntnisnahme und die Aufforderung, die festgestellten Verstöße umgehend abzustellen. Bei der nächsten Kontrolle dauern diese jedoch unbeeinflusst an. Daraufhin wird gegen ihn ein Bußgeldverfahren eingeleitet.

11.3 Aufsichtspflichtverletzung in Betrieben und Unternehmen

Mit der steigenden Größe eines Unternehmens gestaltet sich der Nachweis der Kenntnis eines betriebsbezogenen lebensmittelrechtlichen Verstoßes und damit die Möglichkeit einer Beteiligung des gesetzlichen Vertreters an der Ordnungswidrigkeit gemäß § 14 Absatz 1 Satz 1 OWiG immer schwieriger. Der notwendige Beteiligungsvorsatz[1]) ist bei der Geschäftsleitung auch nur in Form des bedingten Vorsatzes durch billigende Inkaufnahme[2]) vor allem bei Erstverstößen kaum nachweisbar. In diesen Fällen muss auf die Verletzung der Aufsichtspflicht in Betrieben und Unternehmen nach § 130 OWiG zurückgegriffen werden. Dieser Rückgriff ist allerdings im außergewerblichen Bereich nicht möglich. So kann der militärische Vorgesetzte einer Truppenküche der Bundeswehr nicht wegen Verletzung der Aufsichtspflicht verfolgt werden.

11.3.1 Tatbestand der Aufsichtspflichtverletzung

Der Auffangtatbestand der Aufsichtspflichtverletzung nach § 130 OWiG ahndet die mangelhafte Betriebsorganisation, wenn der Inhaber eines Unternehmens oder ein über § 9 Absatz 1 OWiG gleichgestellter gesetzlicher Vertreter die Einhaltung lebensmittelrechtlicher Verpflichtungen arbeitsteilig auf eine niedrigere Ebene der Unternehmenshierarchie delegiert hat.

Beispiel:

Der Geschäftsführer der DHS Hotelbetriebs GmbH hat die Einhaltung lebensmittelrechtlicher Vorschriften in den von der Gesellschaft betriebenen Hotels auf die jeweiligen Hotelleiter übertragen.

Grundsätzlich sind öffentlich-rechtliche Pflichten nicht durch privatrechtliche Handlungen wie z. B. durch Arbeitsvertrag übertragbar. Nur die Wahrnehmung öffentlich-rechtlicher Pflichten kann innerhalb eines arbeitsteiligen Unternehmens auf andere Personen übertragen werden. Die privatrechtliche Übertragung öffentlich-rechtlicher Pflichten in Betrieben und Unternehmen lässt die Oberaufsicht des Inhabers als Normadressaten oder dessen gesetzlichen Vertreters nicht entfallen. An die Stelle des Inhabers tritt bei juristischen Personen und Personengesellschaften der gesetzliche Vertreter im Sinne des § 9 Absatz 1 OWiG.

---

1) Zum doppelten Vorsatz des Beteiligten (§ 14 Absatz 1 Satz 1 OWiG) siehe Kapitel 10.5.

2) Zum bedingten Vorsatz des Täters bei einer Ordnungswidrigkeit siehe Kapitel 2.5.

Beispiel:

Der Normadressat lebensmittelrechtlicher Vorschriften ist die DHS-Hotelbetriebs GmbH als Lebensmittelunternehmer. Der Geschäftsführer kann jedoch deren Wahrnehmung als gesetzlicher Vertreter auf den Hotelleiter als beauftragtem Vertreter übertragen. Dieser kann die Wahrnehmung weiter auf den Küchenchef eigenverantwortlich weiterübertragen.

Wer die Wahrnehmung öffentlich-rechtlicher Pflichten in einem Unternehmen weiter überträgt, wird dadurch aber niemals von seiner eigenen Oberaufsicht befreit und kann sich auch nicht durch entsprechende Klauseln in einem Arbeitsvertrag freizeichnen.

Er hat im Rahmen seiner Aufsichtspflicht die Einhaltung ihn treffender ordnungsrechtlicher Vorschriften durch wirksame Maßnahmen zu gewährleisten. Die Art dieser Maßnahmen schreibt § 130 OWiG nicht vor, sie unterliegt ausschließlich der Organisationshoheit des Lebensmittelunternehmers. Er kann die Aufsichtspflicht daher durch persönliche Überprüfungen wahrnehmen, aber auch weitere Aufsichtspersonen auf nachgeordneten Entscheidungsebenen einsetzen. In diesem Fall gehören zu den erforderlichen Aufsichtsmaßnahmen auch die Bestellung, sorgfältige Auswahl und Überwachung von Aufsichtspersonen (§ 130 Absatz 1 Satz 2 OWiG).

Beispiel:

Der Geschäftsführer der DHS Hotelbetriebs GmbH überträgt die Aufsichtspflicht zur Einhaltung lebensmittelrechtlicher Bestimmungen auf die einzelnen Hotelleiter als Betriebsleiter im Sinne des § 9 Absatz 2 Satz 1 Nummer 1 OWiG und bestimmt sie dadurch zu Aufsichtspersonen nach § 130 Absatz 1 Satz 2 OWiG.

An die Aufsichtspflicht dürfen jedoch keine überzogenen Anforderungen gestellt werden.[1]) Hat der Inhaber oder ein gesetzlicher Vertreter alle zumutbaren Maßnahmen getroffen, um eine lebensmittelrechtliche Ordnungswidrigkeit zu verhindern und geschieht sie durch die nicht vorhersehbare Eigenmächtigkeit eines Mitarbeiters trotzdem, so liegt keine Aufsichtspflichtverletzung vor. Entscheidend ist nicht der nachträgliche Erkenntnisstand der Lebensmittelüberwachung, sondern sind die Möglichkeiten des Aufsichtspflichtigen zum Zeitpunkt der Delegation auf nachgeordnete Unternehmensebenen. Es dürfen daher nicht nachträglich überspannte Anforderungen gestellt werden, die über zumutbare und tatsächlich mögliche Aufsichtsmaßnahmen hinausgehen, wie etwa die ständige Überwachung aller Mitarbeiter in Bezug auf die Einhaltung aller

---

1) Zur Zumutbarkeit von Aufsichtspflichten siehe Wieser, Band I Teil I Nummer 1, § 130 OWiG.

öffentlich-rechtlichen Pflichten. Ordnungswidriges Handeln liegt nach § 130 Absatz 1 Satz 1 OWiG nur vor, wenn eine Zuwiderhandlung im Betrieb oder Unternehmen begangen wird, die durch gehörige Aufsicht auch tatsächlich verhindert oder zumindest wesentlich erschwert worden wäre.

Beispiel:

Der Geschäftsführer der DHS Hotelbetriebs GmbH überträgt die Aufsichtspflicht zur Einhaltung lebensmittelrechtlicher Bestimmungen auf einen neu eingestellten Hotelleiter mit besten Referenzen durch klare Anweisungen. Dieser erweist sich auch bei zahlreichen und überraschenden Stichproben als sehr zuverlässig. Aufgrund persönlicher Umstände kommt er seinen Pflichten plötzlich nicht mehr nach. Bevor dies bei der nächsten Überwachungsmaßnahme für den Geschäftsführer erkennbar wird, entdeckt die Lebensmittelüberwachung eine lebensmittelrechtliche Ordnungswidrigkeit ausschließlich in diesem Hotelbetrieb.

In der Rechtsprechung noch ungeklärt ist die Auswirkung eines mangelhaften HACCP-Konzepts auf den Tatbestand der Aufsichtspflichtverletzung. Auch ein ausreichendes HACCP ersetzt nicht die stichprobenartige Überwachung der Mitarbeiter auf Einhaltung lebensmittelrechtlicher Pflichten.

Die Aufsichtspflicht gilt nur für Ordnungswidrigkeiten, die im eigenen Betrieb oder Unternehmen begangen werden. Die Betriebsbezogenheit fehlt bei der Beauftragung eines **Subunternehmers**, also eines eigenständigen Unternehmens.

Auffangtatbestand § 130 OWiG
Verletzung der Aufsichtspflicht in Betrieben und Unternehmen

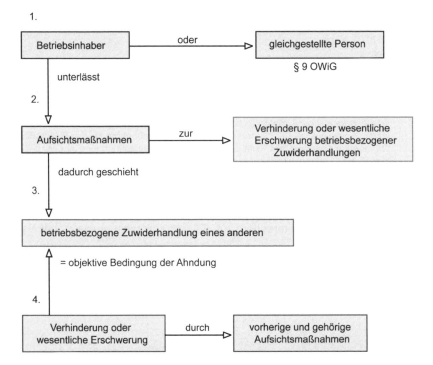

1.

| Betriebsinhaber | oder | gleichgestellte Person |

§ 9 OWiG

unterlässt

2.

| Aufsichtsmaßnahmen | zur | Verhinderung oder wesentliche Erschwerung betriebsbezogener Zuwiderhandlungen |

dadurch geschieht

3.

| betriebsbezogene Zuwiderhandlung eines anderen |

= objektive Bedingung der Ahndung

4.

| Verhinderung oder wesentliche Erschwerung | durch | vorherige und gehörige Aufsichtsmaßnahmen |

11.3.2 Abgrenzung zur Beteiligung an der Grundordnungswidrigkeit

Die Verletzung der Aufsichtspflicht nach § 130 Absatz 1 Satz 1 OWiG kann im Gegensatz zur Beteiligung an der lebensmittelrechtlichen Bezugsordnungswidrigkeit (§ 14 OWiG)[1]) sowohl vorsätzlich als auch fahrlässig begangen werden.

Daher sind drei Fälle voneinander abzugrenzen:

- **Vorsätzliche Beteiligung an der Grundordnungswidrigkeit**

  Eine Beteiligung an einer im Betrieb oder Unternehmen begangenen lebensmittelrechtlichen Ordnungswidrigkeit (§ 14 Absatz 1 Satz 1 OWiG) setzt die konkrete Kenntnis des Beteiligten an der vorsätzlich

---

1) Zur Beteiligung an einer Ordnungswidrigkeit (§ 14 OWiG) siehe Kapitel 10.5.

begangenen betriebsbezogenen Ordnungswidrigkeit voraus. Sie ist daher in Fällen rechtswidriger Anweisungen oder bei pflichtwidrig unterlassenem Einschreiten trotz konkreter Wiederholungsgefahr einer konkreten betriebsbezogenen Ordnungswidrigkeit auch durch Unterlassen (§ 8 OWiG) möglich.[1])

• **Vorsätzliche Aufsichtspflichtverletzung**

Die Aufsichtspflicht ist vorsätzlich verletzt, wenn der Aufsichtspflichtige zwar nicht die Begehung einer konkreten betriebsbezogenen Ordnungswidrigkeit anordnet oder gegen eine solche konkrete Ordnungswidrigkeit nicht einschreitet (dann Beteiligung nach § 14 Absatz 1 OWiG), seine Aufsichtspflicht aber bewusst nicht wahrnimmt und deswegen ordnungswidriges Verhalten abstrakt nicht erkennt. Dies ist immer dann der Fall, wenn der Aufsichtspflichtige die Verantwortung ohne Eigenkontrolle auf Mitarbeiter überträgt. Nicht selten lässt sich dies aus zur vermeintlichen Entlastung vorgelegten Arbeitsverträgen entnehmen, die ausdrücklich eine Klausel enthalten, wonach der Arbeitnehmer für die Einhaltung lebensmittelrechtlicher Vorschriften „ausschließlich verantwortlich" ist.

Beispiel:

Im Arbeitsvertrag zwischen der DHS Hotelbetriebs GmbH und dem Hotelleiter Maier ist festgelegt, dass dieser allein für die Einhaltung aller öffentlich-rechtlichen Vorschriften beim Betrieb des Hotels „Karwendel" verantwortlich ist. Der Hotelleiter überträgt die alleinige Verantwortung für die Einhaltung lebensmittelrechtlicher Vorschriften im Arbeitsvertrag mit dem Küchenchef Eisinger auf diesen weiter.

• **Fahrlässige Aufsichtspflichtverletzung**

Der praktisch häufigste Fall ist die fahrlässige Aufsichtspflichtverletzung, bei der ein Aufsichtspflichtiger aus mangelnder Sorgfalt oder Nachlässigkeit zumutbare und mögliche Aufsichtsmaßnahmen nicht trifft und daher fahrlässig ordnungswidriges Verhalten abstrakt nicht erkennt.

Beispiel:

Der Geschäftsführer der DHS Hotelbetriebs GmbH überprüft die ordnungsgemäße Leitung des Hotels „Karwendel" nur einmal jährlich. Die Kontrolle beschränkt sich auf betriebswirtschaftliche Fragen und geht auf die Einhaltung lebensmittelrechtlicher Vorschriften nicht ein. Ein anderes betriebsinternes oder ein externes Kontrollsystem besteht nicht.

---

1) Vgl. der Beispielfall des unterlassenen Einschreitens des Hotelleiters gegenüber dem Küchenchef trotz positiver Kenntnis der Zuwiderhandlung Kapitel 10.4.

11.3.3 Zumessung der Geldbuße

Das Höchstmaß der Geldbuße wegen der Aufsichtspflichtverletzung bestimmt sich zwar grundsätzlich nach dem für die Pflichtverletzung angedrohten Höchstmaß der Geldbuße (§ 130 Absatz 3 Satz 2 OWiG). Treffen aber eine fahrlässige Grundordnungswidrigkeit und eine fahrlässige Aufsichtspflichtverletzung zusammen, so ist die Halbierungsregel des § 17 Absatz 2 OWiG doppelt anzuwenden, was den Höchstbetrag der Geldbuße dann auf ein Viertel reduziert.

Beispiel:

> Eine lebensmittelrechtliche Ordnungswidrigkeit ist nach § 60 Absatz 5 LFGB mit Geldbuße bis zu 100 000, 50 000 oder 20 000 Euro bedroht. Hat der zuständige Mitarbeiter eines Unternehmens nur fahrlässig gehandelt, reduziert sich das Höchstmaß der Geldbuße auf 50000, 25 000 oder 10 000 Euro (§ 17 Absatz 2 OWiG erstmals). Hat auch der Aufsichtspflichtige fahrlässig gehandelt, weil er etwa aus Nachlässigkeit keine ausreichenden Aufsichtsmaßnahmen getroffen hat, reduziert sich der Höchstbetrag erneut auf nunmehr 25 000, 12 500 oder 5 000 Euro (§ 17 Absatz 2 OWiG nochmals).

11.3.4 Aufbau des Bußgeldbescheids

Die Beteiligung an einer lebensmittelrechtlichen Ordnungswidrigkeit (§ 14 Absatz 1 OWiG) und die Verletzung der Aufsichtspflicht (§ 130 OWiG) als Auffangtatbestand schließen sich gegenseitig aus. Der Sachbearbeiter muss sich daher beim Erlass des Bußgeldbescheides klar sein, ob eine Beteiligung nachweisbar ist oder er auf den Auffangtatbestand zurückgreifen muss. Eine Vermischung beider Alternativen bei der Anhörung und im Bußgeldbescheid ist daher unbedingt zu vermeiden. Sind bei der Anhörung noch beide Alternativen offen, sollte die Beteiligung an der Grundordnungswidrigkeit vorgeworfen und mit dem Hinweis verbunden werden, dass zumindest auch eine vorsätzliche oder fahrlässige Verletzung der Aufsichtspflicht in Betracht kommt. Andernfalls wäre eine erneute Anhörung notwendig, wenn sich die Beteiligung wegen der Einwendungen des Betroffenen nicht nachweisen lässt und das rechtliche Gehör zur Aufsichtspflichtverletzung noch nicht gewährt wurde. Beim Erlass des Bußgeldbescheides darf keine Vermischung aus Grundordnungswidrigkeit und Aufsichtspflichtverletzung als Tatvorwurf erfolgen.

 TIPP!

> Zu vermeiden sind daher Formulierungen wie „der Betroffene habe näher ausgeführte lebensmittelrechtliche Bestimmungen nicht eingehalten und damit seine Aufsichtspflicht nicht erfüllt".

Die von anderen im Betrieb oder Unternehmen begangene lebensmittelrechtliche Zuwiderhandlung ist vielmehr nur objektive Bedingung der Ahndung des Aufsichtspflichtigen.

Abweichend von anderen Ordnungswidrigkeiten hat ein Bußgeldbescheid wegen einer Ordnungswidrigkeit nach § 130 Absatz 1 OWiG daher folgenden Aufbau:

1. **Stellung des Aufsichtspflichtigen** als Inhaber des Betriebes oder Unternehmens oder gleichgestellte Person gemäß § 9 OWiG (z. B. Geschäftsführer einer GmbH).

2. **Erforderliche Aufsichtsmaßnahmen** zur Verhinderung oder Erschwerung betriebsbezogener Zuwiderhandlungen (Stichproben, Innenrevision, externe Kontrolle), insbesondere auch bezüglich der Bestellung, sorgfältigen Auswahl und Überwachung weiterer **Aufsichtspersonen** (§ 130 Absatz 1 Satz 2 OWiG).

3. Darstellung der von anderen im Betrieb oder Unternehmen begangenen lebensmittelrechtlichen **Grundordnungswidrigkeit**. Diese ist als bloße **objektive Bedingung der Ahndung** daher ausnahmsweise nicht im persönlichen Anklagestil, sondern in der unpersönlichen Form darzustellen.

4. Mögliche **Verhinderung** oder zumindest **wesentliche Erschwerung** der unter Ziffer 3 bezeichneten betriebsbezogenen Zuwiderhandlung durch gehörige Aufsichtsmaßnahmen (z. B. häufige stichprobenartige Kontrollen).

Schriftliche Anhörung eines Betroffenen mit Anhörungsbogen
(Gesetzlicher Vertreter einer juristischen Person,
§ 9 Absatz 1 Nummer 1 OWiG – Geschäftsführer)

Landratsamt Neukirchen

Zentrale Bußgeldstelle

Landratsamt Neukirchen, Postfach 5678, 88888 Neukirchen

	Dienstgebäude	Feuerbachstraße 43
		88888 Neukirchen
Herrn	Zimmer	0432
Hans Schreiner	Sachbearbeiter(in)	Frau Weber
Schillerstraße 115	Telefon	(0823) 8878 -342
84300 Kaiserberg	Telefax	(0823) 8878 -340
	E-Mail	zbslra@neukirchen.de

Ihr Zeichen, Ihre Nachricht vom	Bitte bei Antwort angeben Unser Zeichen, Unsere Nachricht vom 0987665/11	Datum 16.10.2011

Anhörung wegen einer Ordnungswidrigkeit (§ 55 OWiG)

Sehr geehrter Herr Schreiner,

nach unseren Feststellungen haben Sie folgende Ordnungswidrigkeiten begangen:

Sie sind Geschäftsführer der DHS Hotelbetriebs GmbH mit Sitz in 84300 Kaiserberg, die das Hotel „Karwendel" in 88882 Altstein, Weiherstraße 54 betreibt. Sie haben daher auch für die Einhaltung der lebensmittelrechtlichen Vorschriften in deren Geschäftsbetrieb zu sorgen. Dazu gehört auch die zumindest stichprobenweise Überwachung des für das Hotel eingesetzten Betriebsleiters Werner Maier.

Am Dienstag, den 13.10.2011 zwischen 10.00 Uhr und 11.30 Uhr wurden unter Leitung des Küchenchefs Herrn Manfred Eisinger in der Hotelküche Speisen verschiedener Art, darunter Fleischgerichte mit Beilagen zubereitet. Dabei waren folgende lebensmittelrechtliche Anforderungen einzuhalten:

1. Betriebsstätten, in denen mit Lebensmitteln umgegangen wird, müssen sauber und stets instand gehalten sein
(Artikel 4 Absatz 2 Verordnung (EG) Nummer 852/2004 in Verbindung mit Anhang II Kapitel I Nummer 1).

Telefonvermittlung (0823) 8878 -0 **Internet** www.lra-neukirchen.de	**Besuchszeiten** Mo.-Mi. 7.30-16.30 Uhr Do. 7.30-17.30 Uhr Fr. 7.30-12.00 Uhr	**Öffentliche Verkehrsmittel** Stadtbus Linie 4 Haltestelle Landratsamt	**Bankverbindungen** Sparkasse Neukirchen IBAN DE 128002000830204123456 Volksbank Neukirchen IBAN DE 80030000403320654321

Von diesen Anforderungen ist Herr Eisinger bewusst abgewichen, indem er in der Küche Fettablagerungen auf und vor dem dort aufgestellten Elektroherd seit längerer Zeit nicht entfernt hat, so dass es zu starken verkrusteten Verschmutzungen kam.

Durch mögliche Berührung wurden die dort behandelten Lebensmittel der Gefahr nachteiliger Beeinflussung durch diese Verunreinigungen ausgesetzt.

2. Betriebsstätten, in denen mit Lebensmitteln umgegangen wird, müssen sauber und stets instand gehalten sein (Artikel 4 Absatz 2 Verordnung (EG) Nummer 852/2004 in Verbindung mit Anhang II Kapitel I Nummer 1).

Von diesen Anforderungen ist Herr Eisinger bewusst abgewichen, indem er in der Küche aufgrund mangelhafter Reinigung des Fußbodens Verschmutzungen nicht beseitigte, in denen sich mehrere lebende Ameisen und Käfer (Kakerlaken) befanden.

Dadurch wurden die dort behandelten Lebensmittel der Gefahr nachteiliger Beeinflussung durch tierische Schädlinge ausgesetzt.

3. Flächen (einschließlich Flächen von Ausrüstungen) in Bereichen, in denen mit Lebensmitteln umgegangen wird, und insbesondere Flächen, die mit Lebensmitteln in Berührung kommen, sind in einwandfreiem Zustand zu halten und müssen leicht zu reinigen und erforderlichenfalls zu desinfizieren sein (Artikel 4 Absatz 2 Verordnung (EG) Nummer 852/2004 in Verbindung mit Anhang II Kapitel I Nummer 1 Buchstabe f).

Von diesen Anforderungen ist Herr Eisinger bewusst abgewichen, indem er in der Küche die für die Zerteilung und Zubereitung vorgesehene Arbeitsplatte aus Hartholz längere Zeit nicht reinigte. In den vorhandenen Scharten der Oberfläche befanden sich während der Zubereitung von Frischfleisch zahlreiche, bereits verfärbte Fleischreste.

Dadurch wurden die dort behandelten Lebensmittel der Gefahr nachteiliger Beeinflussung durch Mikroorganismen und Verunreinigungen ausgesetzt.

4. Reinigungs- und Desinfektionsmittel dürfen nicht in Bereichen gelagert werden, in denen mit Lebensmitteln umgegangen wird (Artikel 4 Absatz 2 Verordnung (EG) Nummer 852/2004 in Verbindung mit Anhang II Kapitel I Nummer 10).

Von diesen Anforderungen ist Herr Eisinger bewusst abgewichen, indem er im Vorratsraum neben für den Geschäftsbetrieb bestimmten, gefüllten Kartoffel-

behältern 2,5 kg Schädlingsbekämpfungsmittel Supertox, 5 l Pflanzenschutzmittel Floran und ca. 15 l verschiedene Lösungsmittel lagerte.[1]

5. Es müssen an geeigneten Standorten genügend Handwaschbecken vorhanden sein. Diese müssen Warm- und Kaltwasserzufuhr haben; darüber hinaus müssen Mittel zum Händewaschen und zum hygienischen Händetrocknen vorhanden sein
(Artikel 4 Absatz 2 Verordnung (EG) Nummer 852/2004 in Verbindung mit Anhang II Kapitel I Nummer 4 Satz 1, 2).

Von diesen Anforderungen ist Herr Eisinger bewusst abgewichen, indem er in der Personaltoilette weder Seife noch Handtücher zur Verfügung stellte.

Dadurch wurden die Lebensmittel der Gefahr nachteiliger Beeinflussung durch Mikroorganismen und Verunreinigungen ausgesetzt.

6. Die Wandflächen sind in einwandfreiem Zustand zu halten und müssen leicht zu reinigen sein
(Artikel 4 Absatz 2 Verordnung (EG) Nummer 852/2004 in Verbindung mit Anhang II Kapitel II Nummer 1 Buchstabe b).

Von diesen Anforderungen ist Herr Eisinger bewusst abgewichen, indem er im Kühlraum ca. 1,5 m² heruntergefallene Fliesen nicht erneuerte.

Dadurch wurden die dort lagernden Lebensmittel der Gefahr nachteiliger Beeinflussung durch diese Verunreinigungen ausgesetzt.

Diese nach

(Nummer 4) § 2 Nummer 2 Lebensmittelrechtliche Straf- und Bußgeldverordnung (LMRStV) vom 07. Februar 2012 (BGBl. I S. 190) und

(Nummer 1 bis 3, 5 bis 6) § 10 Nummer 1 Lebensmittel-Hygieneverordnung vom 08. August 2007 (BGBl. I S. 1816)

mit Geldbuße bedrohten betriebsbezogenen Zuwiderhandlungen waren Ihnen aufgrund mangelnder Sorgfalt durch ungenügende Beaufsichtigung des Betriebsleiters Maier unbekannt geblieben. Bei auch nur gelegentlicher Überprüfung der Einhaltung lebensmittelrechtlicher Vorschriften wären Ihnen derart massive Verstöße aufgefallen, zumal sie bereits bei einer Kontrolle am 10.02.2011 beanstandet und auch dem Betriebsleiter zur Kenntnis gebracht wurden. Durch ausreichende betriebliche Organisation und Überwachung hätte die Zuwiderhandlung durch Ihr Einschreiten verhindert oder zumindest wesentlich erschwert werden können.

---

1 Dieser Verstoß beruht auf § 2 Nummer 2 LMRStV, der im Gegensatz zu § 10 Nummer 1 in Verbindung mit § 3 Satz 1 LMHV keine Gefahr nachteiliger Beeinflussung im Sinne des § 2 Absatz 1 Nummer 1 LMHV erfordert.

Ordnungswidrig handelt,

wer als vertretungsberechtigtes Organ einer juristischen Person (§ 9 Absatz 1 Nummer 1 Gesetz über Ordnungswidrigkeiten – OWiG) fahrlässig in einem Betrieb oder Unternehmen die Aufsichtsmaßnahmen unterlässt, die erforderlich sind, um in dem Betrieb oder Unternehmen Zuwiderhandlungen gegen Pflichten zu verhindern, die den Inhaber als solchen treffen und deren Verletzung mit Geldbuße bedroht ist, wenn eine solche Zuwiderhandlung begangen wird, die durch gehörige Aufsicht verhindert oder wesentlich erschwert worden wäre.

Verletzte Bußgeldvorschriften

§ 130 Absatz 1 Gesetz über Ordnungswidrigkeiten (OWiG) in der Fassung der Bekanntmachung vom 19. Februar 1987 (BGBl. I S. 602).

Wegen dieser Zuwiderhandlungen haben wir gegen Sie ein Bußgeldverfahren nach dem Gesetz über Ordnungswidrigkeiten (OWiG) eingeleitet (§ 47 Absatz 1 Nummer 1 OWiG). Durch die Anhörung erhalten Sie Gelegenheit, sich zur Beschuldigung zu äußern.

Wir bitten, den Äußerungsbogen bis spätestens eine Woche ab Zugang zurückzusenden und zwar auch dann, wenn Sie sich nicht zur Sache äußern wollen.

Sollten Sie die Gelegenheit zu rechtlichem Gehör nicht wahrnehmen, müssen Sie damit rechnen, dass nach Ablauf der Äußerungsfrist ohne weiteres Anschreiben ein Bußgeldbescheid gegen Sie erlassen wird.

Hinweis

Sofern uns Ihre Verteidigung durch eine Rechtsanwältin oder einen Rechtsanwalt mitgeteilt ist, erhält die von Ihnen beauftragte Person dieses Schreiben zur Kenntnisnahme.

Anlage

1 Äußerungsbogen

Mit freundlichen Grüßen

Weber

11 Juristische Personen und Personengesellschaften

Az. 0987665/11

Zurück an:

Landratsamt Neukirchen
Kantstraße 23

88888 Neukirchen

Neukirchen, den 19.10.2011

**Äußerungsbogen zum Vorwurf einer
Ordnungswidrigkeit (§ 55 OWiG)**

Bitte in Druckschrift oder mit
Schreibmaschine ausfüllen!

1. Angaben zur Person (Pflichtangaben):

Name (Ehename)
Vornamen
ggf. Geburtsname

Schreiner
Hans

Anschrift (Straße Nummer,
PLZ Ort, Kreis)

Schillerstraße 115
84300 Kaiserberg

Geburtsdatum
Geburtsort (Kreis)
Familienstand
Beruf

14.05.1971
Altstadt
verheiratet
Geschäftsführer

Telefon (freiwillig)
E-Mail (freiwillig)

08234/342424334
schreinerpartner@dhs.de

2. Angaben zur Sache (Freiwillige Angaben):

*Ich habe mit dem Hotelbetrieb selbst gar nichts zu tun. Dafür ist
Herr Werner Maier als Hotelchef zuständig. Dies wird Ihnen Herr
Maier auch gerne selbst bestätigen. Mein Aufgabenbereich ist
nur die Finanzierung und Vermarktung von Hotel- und Ferienanlagen. Ich betrachte daher die Sache als erledigt.*

3. Wirtschaftliche Verhältnisse (Freiwillige Angaben):

Hinweis: Sollen Sie Ihre wirtschaftlichen Verhältnisse nicht, nicht nachvollziehbar oder unglaubhaft angeben, wären wir bei der Zumessung einer Geldbuße gezwungen, diese zu schätzen:

Monatliches Nettoeinkommen
Schulden ohne Gegenwert

geregelt

Schreiner

(Unterschrift)

**Bußgeldbescheid gegen den gesetzlichen Vertreter einer juristischen Person
(§ 9 Absatz 1 Nummer 1 OWiG – Geschäftsführer)**

Landratsamt Neukirchen

Zentrale Bußgeldstelle

Empfangsbekenntnis

Landratsamt Neukirchen, Postfach 5678, 88888 Neukirchen

	Dienstgebäude Feuerbachstraße 43
	88888 Neukirchen
Herrn Rechtsanwalt	Zimmer 0432
Klaus Kollmann	Sachbearbeiter(in) Frau Weber
Gellertstraße 425	Telefon (0823) 8878 -342
88882 Altstein	Telefax (0823) 8878 -340
	E-Mail zbslra@neukirchen.de

Ihr Zeichen, Ihre Nachricht vom	Bitte bei Antwort angeben Unser Zeichen, Unsere Nachricht vom 0987665/11	Datum 30.11.2011

Betroffener: Herr Hans Schreiner, geb. 14.05.1971 in Altstadt, Geschäftsführer Gellertstraße 42, 84300 Kaiserberg

Verteidiger: Herr Rechtsanwalt Klaus Kollmann, Gellertstraße 42, 88882 Altstein

Nebenbeteiligte: DHS Hotelbetriebs-GmbH, Geschäftsführer Hans Schreiner, Alte Straße 65, 84300 Kaiserberg

Verteidiger: Herr Rechtsanwalt Klaus Kollmann, Gellertstraße 42, 88882 Altstein

Bußgeldbescheid

Sehr geehrter Herr Schreiner,

nach unseren Feststellungen haben Sie folgende Ordnungswidrigkeiten begangen:

Sie sind Geschäftsführer der DHS Hotelbetriebs GmbH mit Sitz in 84300 Kaiserberg, die das Hotel „Karwendel" in 88882 Altstein, Weiherstraße 54 betreibt. Sie haben daher auch für die Einhaltung der lebensmittelrechtlichen Vorschriften in deren Geschäftsbetrieb zu sorgen. Dazu gehört auch die zumindest stichprobenweise Überwachung des für das Hotel eingesetzten Betriebsleiters Werner Maier.

Telefonvermittlung (0823) 8878-0 **Internet** www.lra-neukirchen.de	**Besuchszeiten** Mo.-Mi. 7.30-16.30 Uhr Do. 7.30-17.30 Uhr Fr. 7.30-12.00 Uhr	**Öffentliche Verkehrsmittel** Stadtbus Linie 4 Haltestelle Landratsamt	**Bankverbindungen** Sparkasse Neukirchen IBAN DE 128002000830204123456 Volksbank Neukirchen IBAN DE 80030000403320654321

Am Dienstag, den 13.10.2011 zwischen 10.00 Uhr und 11.30 Uhr wurden unter Leitung des Küchenchefs Herrn Manfred Eisinger in der Hotelküche Speisen verschiedener Art, darunter Fleischgerichte mit Beilagen zubereitet. Dabei waren folgende lebensmittelrechtliche Anforderungen einzuhalten:

1. Betriebsstätten, in denen mit Lebensmitteln umgegangen wird, müssen sauber und stets instand gehalten sein (Artikel 4 Absatz 2 Verordnung (EG) Nummer 852/2004 in Verbindung mit Anhang II Kapitel I Nummer 1).

Von diesen Anforderungen ist Herr Eisinger bewusst abgewichen, indem er in der Küche Fettablagerungen auf und vor dem dort aufgestellten Elektroherd seit längerer Zeit nicht entfernt hat, so dass es zu starken verkrusteten Verschmutzungen kam.

Durch mögliche Berührung wurden die dort behandelten Lebensmittel der Gefahr nachteiliger Beeinflussung durch diese Verunreinigungen ausgesetzt.

2. Betriebsstätten, in denen mit Lebensmitteln umgegangen wird, müssen sauber und stets instand gehalten sein (Artikel 4 Absatz 2 Verordnung (EG) Nummer 852/2004 in Verbindung mit Anhang II Kapitel I Nummer 1).

Von diesen Anforderungen ist Herr Eisinger bewusst abgewichen, indem er in der Küche aufgrund mangelhafter Reinigung des Fußbodens Verschmutzungen nicht beseitigte, in denen sich mehrere lebende Ameisen und Käfer (Kakerlaken) befanden.

Dadurch wurden die dort behandelten Lebensmittel der Gefahr nachteiliger Beeinflussung durch tierische Schädlinge ausgesetzt.

3. Flächen (einschließlich Flächen von Ausrüstungen) in Bereichen, in denen mit Lebensmitteln umgegangen wird, und insbesondere Flächen, die mit Lebensmitteln in Berührung kommen, sind in einwandfreiem Zustand zu halten und müssen leicht zu reinigen und erforderlichenfalls zu desinfizieren sein (Artikel 4 Absatz 2 Verordnung (EG) Nummer 852/2004 in Verbindung mit Anhang II Kapitel I Nummer 1 Buchstabe f).

Von diesen Anforderungen ist Herr Eisinger bewusst abgewichen, indem er in der Küche die für die Zerteilung und Zubereitung vorgesehene Arbeitsplatte aus Hartholz längere Zeit nicht reinigte. In den vorhandenen Scharten der Oberfläche befanden sich während der Zubereitung von Frischfleisch zahlreiche, bereits verfärbte Fleischreste.

Dadurch wurden die dort behandelten Lebensmittel der Gefahr nachteiliger Beeinflussung durch Mikroorganismen und Verunreinigungen ausgesetzt.

4. Reinigungs- und Desinfektionsmittel dürfen nicht in Bereichen gelagert werden, in denen mit Lebensmitteln umgegangen wird

(Artikel 4 Absatz 2 Verordnung (EG) Nummer 852/2004 in Verbindung mit Anhang II Kapitel I Nummer 10).

Von diesen Anforderungen ist Herr Eisinger bewusst abgewichen, indem er im Vorratsraum neben für den Geschäftsbetrieb bestimmten, gefüllten Kartoffelbehältern 2,5 kg Schädlingsbekämpfungsmittel Supertox, 5 l Pflanzenschutzmittel Floran und ca. 15 l verschiedene Lösungsmittel lagerte.[1]

5. Es müssen an geeigneten Standorten genügend Handwaschbecken vorhanden sein. Diese müssen Warm- und Kaltwasserzufuhr haben; darüber hinaus müssen Mittel zum Händewaschen und zum hygienischen Händetrocknen vorhanden sein
(Artikel 4 Absatz 2 Verordnung (EG) Nummer 852/2004 in Verbindung mit Anhang II Kapitel I Nummer 4 Satz 1, 2).

Von diesen Anforderungen ist Herr Eisinger bewusst abgewichen, indem er in der Personaltoilette weder Seife noch Handtücher zur Verfügung stellte.

Dadurch wurden die Lebensmittel der Gefahr nachteiliger Beeinflussung durch Mikroorganismen und Verunreinigungen ausgesetzt.

6. Die Wandflächen sind in einwandfreiem Zustand zu halten und müssen leicht zu reinigen sein
(Artikel 4 Absatz 2 Verordnung (EG) Nummer 852/2004 in Verbindung mit Anhang II Kapitel II Nummer 1 Buchstabe b).

Von diesen Anforderungen ist Herr Eisinger bewusst abgewichen, indem er im Kühlraum ca. 1,5 m² heruntergefallene Fliesen nicht erneuerte.

Dadurch wurden die dort lagernden Lebensmittel der Gefahr nachteiliger Beeinflussung durch diese Verunreinigungen ausgesetzt.

Diese nach

(Nummer 4) § 2 Nummer 2 Lebensmittelrechtliche Straf- und Bußgeldverordnung (LMRStV) vom 02. Februar 2012 (BGBl. I S. 190) und

(Nummer 1 bis 3, 5 bis 6) § 10 Nummer 1 Lebensmittel-Hygieneverordnung vom 08. August 2007 (BGBl. I S. 1816)

mit Geldbuße bedrohten betriebsbezogenen Zuwiderhandlungen waren Ihnen aufgrund mangelnder Sorgfalt durch ungenügende Beaufsichtigung des Betriebsleiters Maier unbekannt geblieben. Bei auch nur gelegentlicher Überprüfung der Einhaltung lebensmittelrechtlicher Vorschriften wären Ihnen derart massive Verstöße aufgefallen, zumal sie bereits bei einer Kontrolle am 10.3.2008 beanstandet und auch dem Betriebsleiter zur Kenntnis gebracht wurden. Durch ausreichende

---

1 Dieser Verstoß beruht auf § 2 Nummer 2 LMRStV, der im Gegensatz zu § 10 Nummer 1 in Verbindung mit § 3 Satz 1 LMHV keine Gefahr nachteiliger Beeinflussung im Sinne des § 2 Absatz 1 Nummer 1 LMHV erfordert.

betriebliche Organisation und Überwachung hätte die Zuwiderhandlung durch Ihr Einschreiten verhindert oder zumindest wesentlich erschwert werden können.

Ordnungswidrig handelt,

wer als vertretungsberechtigtes Organ einer juristischen Person (§ 9 Absatz 1 Nummer 1 Gesetz über Ordnungswidrigkeiten – OWiG) fahrlässig in einem Betrieb oder Unternehmen die Aufsichtsmaßnahmen unterlässt, die erforderlich sind, um in dem Betrieb oder Unternehmen Zuwiderhandlungen gegen Pflichten zu verhindern, die den Inhaber als solchen treffen und deren Verletzung mit Geldbuße bedroht ist, wenn eine solche Zuwiderhandlung begangen wird, die durch gehörige Aufsicht verhindert oder wesentlich erschwert worden wäre.

Verletzte Bußgeldvorschriften:

§ 130 Absatz 1 Gesetz über Ordnungswidrigkeiten (OWiG) in der Fassung der Bekanntmachung vom 19. Februar 1987 (BGBl. I S. 602).

Beweismittel:

a) Ihre Angaben bei der Anhörung vom 19.10.2011
b) Ermittlungsbericht der Lebensmittelüberwachung vom 13.10.2011
c) Herr Manfred Eisinger, Bergstraße 112, 88882 Altstein (Zeuge)
d) Herr Werner Maier, Goethestraße 30, 99997 Talbergen (Zeuge)
e) Lichtbilder vom 13.10.2011 über den Zustand der Betriebsräume

Als Folge dieser Ordnungswidrigkeit setzen wir gegen Sie die folgende Geldbuße fest (§ 17 OWiG). Sie tragen auch die Kosten des Bußgeldverfahrens (§§ 464, 465 Absatz 1 StPO in Verbindung mit § 46 Absatz 1 OWiG). Diese bestehen aus der Verfahrensgebühr (§ 107 Absatz 1 OWiG) und unseren Auslagen (§ 107 Absatz 3 OWiG).

Geldbuße	2000,00 Euro
Gebühr	100,00 Euro
Auslagen	0,00 Euro
Gesamtbetrag	2100,00 Euro

Begründung des Bußgeldbescheides:

1) Ihre Angaben bei der Anhörung vom 15.10.2011

Nach Ihrer Auffassung ist für die Leitung des Hotels „Karwendel" in Altstein und damit für die von der Lebensmittelüberwachung festgestellten Ordnungswidrigkeiten allein der Betriebsleiter Herr Werner Maier verantwortlich. Trotzdem bleibt der Geschäftsführer eines Unternehmens als gesetzlicher Vertreter gemäß § 9 Absatz 1 Nummer 1 OWiG dem Betriebsleiter im Sinne des § 9 Absatz 2 Satz 1 Nummer 1 OWiG weiter verantwortlich. Diese Verantwortlichkeit kann nicht privatrechtlich ausgeschlossen werden. Es handelt sich bei Zuwiderhandlungen gegen lebensmittelrechtliche Vorschriften um betriebsbezogene Ordnungswidrigkeiten gemäß § 130 Absatz 1 OWiG.

2) Zumessung der Geldbuße (§ 17 Absatz 3 OWiG)

Die Ordnungswidrigkeit ist mit Geldbuße bis 25 000 Euro bedroht (§ 130 Absatz 3 Satz 2 OWiG, § 60 Absatz 5 Nummer 2 LFGB, § 17 Absatz 2 OWiG).

a) Bedeutung der Ordnungswidrigkeit (§ 17 Absatz 3 Satz 1 OWiG):

Verschärfend wirkte sich die durch Ihr Verhalten ermöglichte Anzahl von fünf festgestellten Lebensmittelhygieneverstößen erheblichen Ausmaßes aus. Die Zuwiderhandlungen weisen ein hohes Maß an unmittelbarer Gefährdung für die Hotel- und Restaurantbesucher als Letztverbraucher auf.

b) Vorwurf, der den Täter trifft (§ 17 Absatz 3 Satz 1 OWiG)

Verschärfend mussten wir berücksichtigen, dass Sie trotz Ihrer hervorgehobenen Stellung im Unternehmen als Geschäftsführer keinerlei Betriebsorganisation und Zuständigkeitsregelungen getroffen haben, obwohl die Beachtung des lebensmittelrechtlichen Verbraucherschutzes zu den zentralen Aufgaben des Inhabers von Hotel- und Restaurantbetrieben gehört. Durch Ihre völlig fehlende Sorgfalt haben Sie die Zustände in der Hotelküche erst ermöglicht, weil Sie nicht einmal erkannten, dass auch der Hotelleiter Maier die Einhaltung lebensmittelrechtlicher Vorschriften unzulässig durch Arbeits-vertrag auf den Küchenchef Eisinger übertragen hatte. Damit fand im gesamten Unternehmensbereich keinerlei Kontrolle statt.

c) Wirtschaftliche Verhältnisse (§ 17 Absatz 3 Satz 2 OWiG)

Das Monatseinkommen musste nach Ihrem Beruf auf 5000 Euro geschätzt werden, da Sie bei der Anhörung insoweit keine Angaben gemacht haben. Wir sind dabei von den Richtsätzen der Oberfinanzdirektion für den Betreiber eines vergleichbaren Unternehmens mit mehreren Hotelbetrieben und unseren Erfahrungen aus anderen Bußgeldverfahren ausgegangen.

Hinweis für einen Wiederholungsfall

Wir möchten Sie aus gegebenem Anlass darauf hinweisen, dass Sie als gesetzlicher Vertreter der DHS Hotelbetriebs GmbH zur Durchsetzung der lebensmittelrechtlichen Bestimmungen verpflichtet sind. Sollten wir bei einer erneuten Überprüfung der Betriebsräume wiederum Verstöße gegen Lebensmittelhygienevorschriften feststellen, die von Ihnen nicht unterbunden worden waren, so müssen Sie mit einer Ahndung als Beteiligter an solchen Ordnungswidrigkeiten (§ 14 OWiG) durch pflichtwidriges Unterlassen des gebotenen Einschreitens (§ 8 OWiG) und einer wesentlich höheren Geldbuße rechnen.

Rechtsbehelfsbelehrung

Gegen diesen Bußgeldbescheid können Sie binnen zwei Wochen ab Zustellung beim Landratsamt Neukirchen schriftlich – auch als elektronisches Dokument an die oben angegebene E-Mail-Adresse – oder zur Niederschrift in deutscher Sprache (§ 184 GVG in Verbindung mit § 46 Absatz 1 OWiG) Einspruch einlegen (§ 67 Absatz 1 OWiG). Als elektronisches Dokument muss der Einspruch eine qualifizierte elektronische Signatur (§ 2 Nummer 3 SigG) enthalten.[1] Der Einspruch kann auch auf einzelne Beschwerdepunkte beschränkt werden (§ 67 Absatz 2 OWiG).

Sofern Sie eine Begründung des Einspruchs beabsichtigen, bitten wir Sie, diese möglichst mit der Einlegung des Einspruchs zu verbinden.

Falls wir den Bußgeldbescheid trotz eines Einspruchs aufrechterhalten (§ 69 Absatz 2 Satz 1 OWiG), entscheidet das Amtsgericht aufgrund dieses Bußgeldbescheides über das Vorliegen einer Ordnungswidrigkeit und die Rechtsfolgen aufgrund einer mündlichen Hauptverhandlung (§ 71 OWiG), ohne an die Höhe der festgesetzten Geldbuße gebunden zu sein. Das Gericht kann mit Ihrer Zustimmung auch durch schriftlichen Beschluss entscheiden (§ 72 OWiG), wobei es an die Rechtsfolgen des Bußgeldbescheides gebunden ist.

Zahlungsaufforderung

Nach Rechtskraft des Bußgeldbescheides ist die Geldbuße innerhalb weiterer zwei Wochen (also vier Wochen ab Zustellung) an die Kreiskasse oder eines der in den Fußzeilen der ersten Seite dieses Bescheides bezeichneten Konten zu bezahlen (§ 95 Absatz 1 OWiG), sofern keine abweichenden Zahlungsfristen bewilligt sind.

Hinweis auf Erzwingungshaft

Unterbleibt die Zahlung und wird auch eine Zahlungsunfähigkeit nicht dargelegt, so kann die Geldbuße durch die vom Amtsgericht angeordnete Erzwingungshaft durchgesetzt werden (§ 96 OWiG). Bei Unmöglichkeit sofortiger Zahlung sind Zahlungserleichterungen (Zahlungsfrist, Teilleistungen) möglich (§ 18, § 93 OWiG).

Datenschutzrechtlicher Hinweis

Wir speichern Ihre hier bekannten personenbezogenen Daten bis zum Abschluss des Verfahrens einschließlich der vollständigen Zahlung der Geldbuße, Gebühr und Auslagen in einer automatisiert geführten elektronischen Datei (§ 49 c Absatz 2 Satz 1 OWiG in Verbindung mit § 483 Absatz 1 StPO).

Mit freundlichen Grüßen

Weber

---

1   Die Rechtsbehelfsbelehrung berücksichtigt bereits elektronische Aktenführung im Sinne des § 110 b ff. OWiG.

11.4 Bußgeldbescheide gegen juristische Personen und Personengesellschaften

Juristische Personen und Personengesellschaften sind nicht handlungsfähig und können daher selbst keine Ordnungswidrigkeiten begehen. Die Einleitung eines Bußgeldverfahrens ist folglich nur gegen natürliche Personen als Täter einer Ordnungswidrigkeit möglich. Hat ein Organ oder Mitglied eines Organs einer juristischen Person oder Personenvereinigung[1] eine betriebsbezogene Ordnungswidrigkeit begangen, so kann gegen diese eine Geldbuße (§ 30 OWiG) als Nebenbeteiligte des Bußgeldverfahrens (§ 88 OWiG) festgesetzt werden. Diese haftet letztlich für das ordnungswidrige Verhalten ihrer Vertreter.[2]

---

1) Der Begriff der Personenvereinigung in § 30 OWiG umfasst Personengesellschaften (GbR, oHG, KG) und den nicht rechtsfähigen Verein.
2) Zur bußgeldrechtlichen Haftung juristischer Personen und Personenvereinigungen im Einzelnen Wieser Band I Teil I Nummer 1 §§ 30, 87 OWiG.

Geldbuße gegen Organe juristischer Personen und Personenvereinigungen

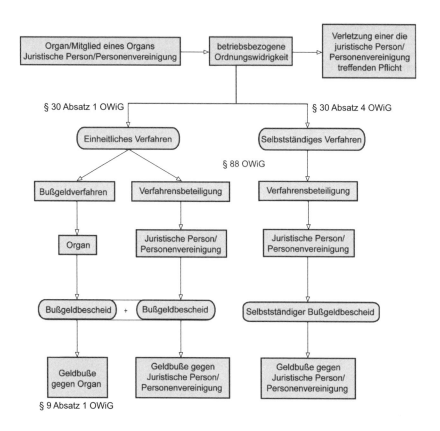

Beispiel:

Der Geschäftsführer der DHS Hotelbetriebs GmbH verletzt seine Aufsichtspflicht durch nachlässige Überwachung des Hotelleiters (§ 130 Absatz 1 OWiG). Deswegen kommt es in dem zur Gesellschaft gehörenden Hotel „Karwendel" zu einem lebensmittelrechtlichen Verstoß durch den Küchenchef. Die DHS Hotelbetriebs GmbH kann als Nebenbeteiligte (§ 88 OWiG) am Bußgeldverfahren gegen den Geschäftsführer neben diesem mit einer Geldbuße (§ 30 OWiG) belegt werden.

Dem Sachbearbeiter der Verwaltungsbehörde stehen insgesamt drei Varianten zur Verfügung, die er nach dem Opportunitätsprinzip (§ 47 Absatz 1 Satz 1 OWiG) nutzen kann:

* **Bußgeldverfahren nur gegen das Organ**

  Genügt die Ahndung des Organs als gesetzlichem Vertreter (§ 9 Absatz 1 OWiG) einer juristischen Person (Personenvereinigung) allein zur Pflichtenmahnung, sind deren Nebenbeteiligung (§ 88 OWiG) und eine weitere Geldbuße gegen sie (§ 30 OWiG) nicht erforderlich.[1])

Beispiel:

Der Geschäftsführer einer GmbH ist zugleich einziger Gesellschafter. Dieser geschäftsführende Gesellschafter ist also nicht nur gesetzlicher Vertreter, sondern auch alleiniger wirtschaftlicher Eigentümer („Einpersonen-GmbH"). Es genügt die alleinige Ahndung des Geschäftsführers als Betroffener in dem gegen ihn gerichteten Bußgeldverfahren. Ein zusätzliches Vorgehen gegen die GmbH würde ihn wirtschaftlich doppelt treffen.

* **Einheitliches Verfahren gegen das Organ und die Nebenbeteiligte**

  Das Bußgeldverfahren richtet sich sowohl gegen den gesetzlichen Vertreter (§ 9 Absatz 1 OWiG) als auch gegen die nebenbeteiligte juristische Person (Personenvereinigung). Dieses einheitliche Verfahren nach § 30 Absatz 1 OWiG ist dann angebracht, wenn keine wirtschaftliche Einheit zwischen Organ und juristischer Person (Personenvereinigung) besteht und auch die wirtschaftlichen Eigentümer bußgeldrechtlich herangezogen werden sollen, um die Organe künftig besser zu beaufsichtigen.

Beispiel:

Der Geschäftsführer einer GmbH ist nur angestellt, nicht aber zugleich Gesellschafter. Er ist damit als Organ nur gesetzlicher Vertreter, nicht aber auch wirtschaftlicher Eigentümer. Zur Beeindruckung der personenverschiedenen Gesellschafter als wirtschaftliche Eigentümer erscheint ein zusätzliches Vorgehen gegen die GmbH geboten.

Ein wichtiger Anwendungsbereich ist auch die Abschöpfung eines aus der Ordnungswidrigkeit gezogenen wirtschaftlichen Vorteils (§ 17 Absatz 4 OWiG),[2]) der nicht dem Geschäftsführer, sondern nur der von ihm vertretenen juristischen Person (Personenvereinigung) zugute gekommen ist.

---

1) Zur Problematik der sogenannten Einpersonen-GmbH siehe Wieser Band I Teil I Nr. 1 § 30 OWiG.

2) Zur Abschöpfung des wirtschaftlichen Vorteils durch die Geldbuße (§ 17 Absatz 4 OWiG) siehe Kapitel 9.4.

Beispiel:

Eine GmbH hat sich durch Lebensmittelhygieneverstöße erhebliche Reinigungskosten erspArtikel Diese werden durch eine Geldbuße gegen sie als Nebenbeteiligte mit abgeschöpft. Gegen den nur angestellten Geschäftsführer wird als Organ eine weitere Geldbuße ohne Vorteilsabschöpfung festgesetzt.

- **Selbstständiges Verfahren nur gegen die Nebenbeteiligte**

  Ein selbstständiges Verfahren nach § 30 Absatz 4 OWiG richtet sich nur gegen eine juristische Person (Personenvereinigung) als Nebenbeteiligte, ohne dass gegen ein Organ als gesetzlichen Vertreter (§ 9 Absatz 1 OWiG) ein Bußgeldverfahren eingeleitet ist oder dieses z. B. nach dem Opportunitätsgrundsatz wieder eingestellt wurde (§ 47 Absatz 1 Satz 2 OWiG). Diese Alternative hat vor allem dann Bedeutung, wenn das Organ nicht mehr erreichbar ist, die Festsetzung einer Geldbuße wegen der wirtschaftlichen Situation des Organs zur Pflichtenmahnung nicht geeignet ist oder das zuständige Organ wegen der Vielzahl der gesetzlichen Vertreter (§ 9 Absatz 1 OWiG) in großen Unternehmen nicht ermittelt werden kann.

Beispiele:

Die Ermittlungen ergeben, dass der zur Tatzeit bestellte Geschäftsführer

▶ verstorben oder unbekannten Aufenthalts ist, also kein Täter zur Verfügung steht.

▶ ausgeschieden und inzwischen als Rentner keiner wirtschaftlichen Tätigkeit mehr nachgeht, also eine Ahndung wegen fehlender Wiederholungsgefahr nicht geboten ist.

▶ ausgeschieden ist und die eidesstattliche Versicherung abgegeben hat oder sich in einem Insolvenzverfahren befindet, also eine erhebliche Geldbuße nicht möglich und nicht vollstreckbar ist.

▶ nach dem Handelsregisterauszug einer von insgesamt zehn Geschäftsführern ist und die für den Aufgabenbereich des lebensmittelrechtlichen Verstoßes zuständige Person nicht ermittelbar ist.

Für die Planung eines solchen Bußgeldverfahrens ist es wichtig, zunächst über das elektronische Handelsregister (www.handelsregister.de) oder Unternehmensregister (www.unternehmensregister.de) die Organisation der juristischen Person (Personenvereinigung) zur Tatzeit zu ermitteln (Organigramm).

 ACHTUNG!

Gegenüber der Nebenbeteiligung ist immer die Frage vorrangig, ob der oder die Ahndung der gesetzlichen Vertreter möglich und geboten ist.

Sobald dies geklärt ist, stellt sich nach dem Opportunitätsprinzip (§ 47 Absatz 1 Satz 1 OWiG) erst die weitere Frage, ob eine Nebenbeteiligung (§ 88 OWiG) überhaupt in Betracht kommt und dann ein einheitliches Verfahren (§ 30 Absatz 1 OWiG) oder selbstständiges Verfahren (§ 30 Absatz 4 OWiG) durchgeführt werden soll. Besondere Vorsicht ist geboten, wenn der gesetzliche Vertreter selbst anregt, eine Geldbuße gegen die juristische Person oder Personengesellschaft festzusetzen und das Bußgeldverfahren gegen ihn selbst einzustellen. Damit scheidet nicht nur eine Geldbuße in sein Privatvermögen als ernste persönliche Pflichtenmahnung, sondern auch die Eintragung in das Gewerbezentralregister (GZR) aus.[1])

Die Nebenbeteiligung einer juristischen Person (Personenvereinigung) ist immer dann sinnlos, wenn diese bereits insolvent ist oder voraussichtlich in Kürze wird. Im Insolvenzverfahren werden juristische Personen und Personenvereinigungen grundsätzlich von Gesetzes wegen aufgelöst, so dass sie als Vollstreckungsschuldner der Geldbuße wegfallen. Die Geldbuße kann als nachrangige Forderung nicht einmal zur Insolvenztabelle angemeldet werden (§ 39 Absatz 1 Nummer 3, § 174 InsO). Die im Bußgeldverfahren gewählte Verfahrensart kann nachträglich nicht mehr geändert werden! Die Erfolglosigkeit eines selbstständigen Verfahrens (§ 30 Absatz 4 OWiG) gegen eine insolvente juristische Person (Personenvereinigung) erlaubt also nicht den nachträglichen Erlass eines Bußgeldbescheides gegen das bisher nicht verfolgte Organ. Zur Vermeidung solch unerwünschter Ergebnisse sollte bereits vor der Anordnung der Nebenbeteiligung durch Anfrage bei der eigenen Kasse nach Zahlungsrückständen und Auskunftsersuchen (§ 161 Absatz 1 Satz 1 StPO in Verbindung mit § 46 Absatz 1 OWiG) beim Amtsgericht als Vollstreckungs- und Insolvenzgericht geklärt werden, ob die Zahlungsunfähigkeit bereits eingetreten ist oder bevorsteht. Ein bereits eingetragener Insolvenzvermerk ist zudem aus dem Handelsregisterauszug ersichtlich.

Eine weitere Problematik besteht bei der verbreiteten Form der so genannten „Einpersonen-GmbH",[2]) bei der nur ein Gesellschafter als wirtschaftlicher Eigentümer vorhanden ist, der sich selbst als Geschäftsführer bestellt hat und damit auch einziges Vertretungsorgan in Personal-

---

1) Zur Eintragung von Vertretern im Sinne des § 9 OWiG in das Gewerbezentralregister (GZR) siehe Kapitel 12.

2) Zur Problematik der sogenannten Einpersonen-GmbH siehe Wieser Band I Teil I Nummer 1 § 30 OWiG.

union ist.[1]) Hier würde es zu einer verbotenen Mehrfachahndung führen (vgl. Artikel 103 Absatz 3 GG), wenn der geschäftsführende Gesellschafter einmal als Geschäftsführer (Organ im Sinne des § 9 Absatz 1 OWiG) und nochmals als Gesellschafter (wirtschaftlicher Eigentümer) über § 30 Absatz 1 OWiG belastet würde. Daher ist vor einer Nebenbeteiligung (§ 88 OWiG) bei der Anforderung des Handelsregisterauszuges auch ein Auszug aus der beim Registergericht einzureichenden Gesellschafterliste notwendig, um Personengleichheiten als geschäftsführender Gesellschafter einer Einpersonen-GmbH erkennen zu können.

Die Anordnung der Nebenbeteiligung (§ 88 OWiG) wird in der Regel mit der Anhörung wegen der Ordnungswidrigkeit (§ 55 OWiG) verbunden. Im einheitlichen Verfahren (§ 30 Absatz 1 OWiG) sind zwei getrennte Anhörungen durchzuführen, nämlich die des Organs als gesetzlichem Vertreter (§ 9 Absatz 1 OWiG) und diejenige der nebenbeteiligten juristischen Person (Personenvereinigung). Dies wird besonders deutlich, wenn das Organ mittlerweile gewechselt hat und die Personalunion dadurch inzwischen entfallen ist. Sowohl die Anhörung als auch der Bußgeldbescheid gegen das Organ sind an die Privatanschrift zu richten (§ 51 Absatz 2 OWiG), während die mit der Anordnung der Verfahrensbeteiligung verbundene Anhörung und der Bußgeldbescheid gegen die juristische Person (Personenvereinigung) an die Firmenanschrift erfolgen.[2])

---

1) Diese Situation ist auch bei der Private Limited Company, kurz Limited (Ltd.) regelmäßig gegeben. Eine Nebenbeteiligung kommt aber nicht in Betracht, weil diese selbst entweder bereits vermögenslos ist, zumindest eine Vollstreckung am ausländischen Unternehmenssitz nicht möglich ist.

2) Zur Ermittlung der Privatanschrift des Geschäftsführers als Organ und Betroffener siehe Kapitel 10.7.

Einheitliches Verfahren bei der Einpersonen-GmbH

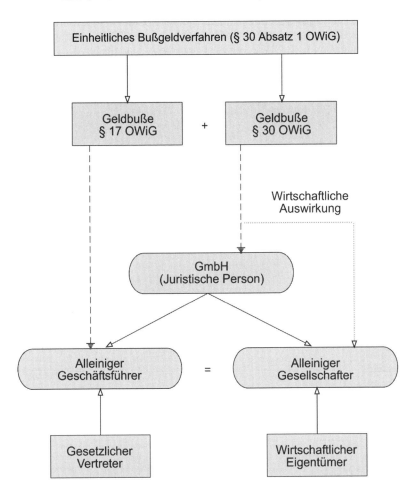

Folge: Mögliche Doppelahndung des Geschäftsführer-Gesellschafters

Die Abfassung des Bußgeldbescheides gegen eine juristische Person (Personenvereinigung) verlangt einen unpersönlichen Stil, da die Ordnungswidrigkeit im Gegensatz zum Bußgeldbescheid gegen eine natürliche Person nicht vorgeworfen wird, sondern das Unternehmen nur für die

Ordnungswidrigkeit des Organs haftbar gemacht werden soll. Die Geldbuße ist folglich im Bußgeldbescheid auch als Nebenfolge der Ordnungswidrigkeit des Organs zu bezeichnen. Bei der Kostenentscheidung bestehen keine Besonderheiten, da § 107 Absatz 1 Satz 2 OWiG bezüglich der
Gebühr auch auf § 30 OWiG verweist und die Auslagen der Verwaltungsbehörde nach § 107 Absatz 3 OWiG auch für diese Verfahrensart gelten.[1]

---

1) Zur Gebühr (§ 107 Absatz 1 OWiG) und den Auslagen der Verwaltungsbehörde
   (§ 107 Absatz 3 OWiG) im Bußgeldbescheid gegen eine natürliche Person siehe
   Kapitel 9.5.

Juristische Personen und Personengesellschaften **11**

Anhörung einer nebenbeteiligten juristischen Person (§ 88 OWiG)

Landratsamt Neukirchen

Zentrale Bußgeldstelle

Landratsamt Neukirchen, Postfach 5678, 88888 Neukirchen

	Dienstgebäude	Feuerbachstraße 43 88888 Neukirchen
DHS Hotelbetriebs-GmbH	Zimmer	0432
Geschäftsführer Hans Schreiner	Sachbearbeiter(in)	Frau Weber
Alte Straße 65 Telefon		(0823) 8878-342
84300 Kaiserberg	Telefax	(0823) 8878-340
	E-Mail	zbslra@neukirchen.de

Ihr Zeichen, Ihre Nachricht vom	**Bitte bei Antwort angeben** Unser Zeichen, Unsere Nachricht vom 0987665/11	**Datum** 30.10.2011

Anhörung als Nebenbeteiligte wegen einer Ordnungswidrigkeit (§§ 55, 88 OWiG)

Sehr geehrte Damen und Herren,

nach unseren Feststellungen hat der gesetzliche Vertreter der verfahrensbeteiligten juristischen Person folgende Ordnungswidrigkeit begangen:

Herr Hans Schreiner ist Geschäftsführer der DHS Hotelbetriebs GmbH mit Sitz in 84300 Kaiserberg, die das Hotel „Karwendel" in 88882 Altstein, Weiherstraße 54 betreibt. Er hat daher auch für die Einhaltung der lebensmittelrechtlichen Vorschriften in deren Geschäftsbetrieb zu sorgen. Dazu gehört auch die zumindest stichprobenweise Überwachung des für das Hotel eingesetzten Betriebsleiters Werner Maier.

Am Dienstag, den 13.10.2011 zwischen 10.00 Uhr und 11.30 Uhr wurden unter Leitung des Küchenchefs Herrn Manfred Eisinger in der Hotelküche Speisen verschiedener Art, darunter Fleischgerichte mit Beilagen zubereitet. Dabei waren folgende lebensmittelrechtliche Anforderungen einzuhalten:

1. Betriebsstätten, in denen mit Lebensmitteln umgegangen wird, müssen sauber und stets instand gehalten sein (Artikel 4 Absatz 2 Verordnung (EG) Nummer 852/2004 in Verbindung mit Anhang II Kapitel I Nummer 1).

Von diesen Anforderungen ist Herr Eisinger bewusst abgewichen, indem er in der Küche Fettablagerungen auf und vor dem dort aufgestellten Elektroherd seit längerer Zeit nicht entfernt hat, so dass es zu starken verkrusteten Verschmutzungen kam.

Telefonvermittlung (0823) 8878-0 **Internet** www.lra-neukirchen.de	**Besuchszeiten** Mo.-Mi. 7.30-16.30 Uhr Do. 7.30-17.30 Uhr Fr. 7.30-12.00 Uhr	**Öffentliche Verkehrsmittel** Stadtbus Linie 4 Haltestelle Landratsamt	**Bankverbindungen** Sparkasse Neukirchen IBAN DE 128002000830204123456 Volksbank Neukirchen IBAN DE 8003000403320654321

Durch mögliche Berührung wurden die dort behandelten Lebensmittel der Gefahr nachteiliger Beeinflussung durch diese Verunreinigungen ausgesetzt.

2. Betriebsstätten, in denen mit Lebensmitteln umgegangen wird, müssen sauber und stets instand gehalten sein
(Artikel 4 Absatz 2 Verordnung (EG) Nummer 852/2004 in Verbindung mit Anhang II Kapitel I Nummer 1).

Von diesen Anforderungen ist Herr Eisinger bewusst abgewichen, indem er in der Küche aufgrund mangelhafter Reinigung des Fußbodens Verschmutzungen nicht beseitigte, in denen sich mehrere lebende Ameisen und Käfer (Kakerlaken) befanden.

Dadurch wurden die dort behandelten Lebensmittel der Gefahr nachteiliger Beeinflussung durch tierische Schädlinge ausgesetzt.

3. Flächen (einschließlich Flächen von Ausrüstungen) in Bereichen, in denen mit Lebensmitteln umgegangen wird, und insbesondere Flächen, die mit Lebensmitteln in Berührung kommen, sind in einwandfreiem Zustand zu halten und müssen leicht zu reinigen und erforderlichenfalls zu desinfizieren sein
(Artikel 4 Absatz 2 Verordnung (EG) Nummer 852/2004 in Verbindung mit Anhang II Kapitel I Nummer 1 Buchstabe f).

Von diesen Anforderungen ist Herr Eisinger bewusst abgewichen, indem er in der Küche die für die Zerteilung und Zubereitung vorgesehene Arbeitsplatte aus Hartholz längere Zeit nicht reinigte. In den vorhandenen Scharten der Oberfläche befanden sich während der Zubereitung von Frischfleisch zahlreiche, bereits verfärbte Fleischreste.

Dadurch wurden die dort behandelten Lebensmittel der Gefahr nachteiliger Beeinflussung durch Mikroorganismen und Verunreinigungen ausgesetzt.

4. Reinigungs- und Desinfektionsmittel dürfen nicht in Bereichen gelagert werden, in denen mit Lebensmitteln umgegangen wird
(Artikel 4 Absatz 2 Verordnung (EG) Nummer 852/2004 in Verbindung mit Anhang II Kapitel I Nummer 10).

Von diesen Anforderungen ist Herr Eisinger bewusst abgewichen, indem er im Vorratsraum neben für den Geschäftsbetrieb bestimmten, gefüllten Kartoffelbehältern 2,5 kg Schädlingsbekämpfungsmittel Supertox, 5 l Pflanzenschutzmittel Floran und ca. 15 l verschiedene Lösungsmittel lagerte.[1]

5. Es müssen an geeigneten Standorten genügend Handwaschbecken vorhanden sein. Diese müssen Warm- und Kaltwasserzufuhr haben; darüber hinaus

---

1 Dieser Verstoß beruht auf § 2 Nummer 2 LMRStV, der im Gegensatz zu § 10 Nummer 1 in Verbindung mit § 3 Satz 1 LMHV keine Gefahr nachteiliger Beeinflussung im Sinne des § 2 Absatz 1 Nummer 1 LMHV erfordert.

müssen Mittel zum Händewaschen und zum hygienischen Händetrocknen vorhanden sein
(Artikel 4 Absatz 2 Verordnung (EG) Nummer 852/2004 in Verbindung mit Anhang II Kapitel I Nummer 4 Satz 1, 2).

Von diesen Anforderungen ist Herr Eisinger bewusst abgewichen, indem er in der Personaltoilette weder Seife noch Handtücher zur Verfügung stellte.

Dadurch wurden die Lebensmittel der Gefahr nachteiliger Beeinflussung durch Mikroorganismen und Verunreinigungen ausgesetzt.

6. Die Wandflächen sind in einwandfreiem Zustand zu halten und müssen leicht zu reinigen sein
(Artikel 4 Absatz 2 Verordnung (EG) Nummer 852/2004 in Verbindung mit Anhang II Kapitel II Nummer 1 Buchstabe b).

Von diesen Anforderungen ist Herr Eisinger bewusst abgewichen, indem er im Kühlraum ca. 1,5 m² heruntergefallene Fliesen nicht erneuerte.

Dadurch wurden die dort lagernden Lebensmittel der Gefahr nachteiliger Beeinflussung durch diese Verunreinigungen ausgesetzt.

Diese nach

(Nummer 4) § 2 Nummer 2 Lebensmittelrechtliche Straf- und Bußgeldverordnung (LMRStV) vom 07. Februar 2012 (BGBl. I S. 190) und

(Nummer 1 bis 3, 5 bis 6) § 10 Nummer 1 Lebensmittel-Hygieneverordnung vom 08. August 2007 (BGBl. I S. 1816)

mit Geldbuße bedrohten betriebsbezogenen Zuwiderhandlungen waren dem Geschäftsführer aufgrund mangelnder Sorgfalt durch ungenügende Beaufsichtigung des Betriebsleiters Maier unbekannt geblieben. Bei auch nur gelegentlicher Überprüfung der Einhaltung lebensmittelrechtlicher Vorschriften wären Ihnen derart massive Verstöße aufgefallen, zumal sie bereits bei einer Kontrolle am 10.3.2008 beanstandet und auch dem Betriebsleiter zur Kenntnis gebracht wurden. Durch ausreichende betriebliche Organisation und Überwachung hätte die Zuwiderhandlung durch Ihr Einschreiten verhindert oder zumindest wesentlich erschwert werden können.

Ordnungswidrig handelt,

wer als vertretungsberechtigtes Organ einer juristischen Person (§ 9 Absatz 1 Nummer 1 Gesetz über Ordnungswidrigkeiten – OWiG) fahrlässig in einem Betrieb oder Unternehmen die Aufsichtsmaßnahmen unterlässt, die erforderlich sind, um in dem Betrieb oder Unternehmen Zuwiderhandlungen gegen Pflichten zu verhindern, die den Inhaber als solchen treffen und deren Verletzung mit Geldbuße bedroht ist, wenn eine solche Zuwiderhandlung begangen wird, die durch gehörige Aufsicht verhindert oder wesentlich erschwert worden wäre.

Verletzte Bußgeldvorschriften:

§ 130 Absatz 1 Gesetz über Ordnungswidrigkeiten (OWiG) in der Fassung der Bekanntmachung vom 19. Februar 1987 (BGBl. I S. 602).

Wegen dieser Zuwiderhandlungen sind die Verfahrensbeteiligung als Nebenbeteiligte gemäß § 88 OWiG sowie die Festsetzung einer Geldbuße gemäß § 30 OWiG als Nebenfolge der Ordnungswidrigkeit beabsichtigt. Durch die Anhörung erhalten Sie Gelegenheit, sich zur Beschuldigung zu äußern.

Wir bitten Sie, den Äußerungsbogen bis spätestens eine Woche ab Zugang zurückzusenden und zwar auch dann, wenn Sie sich nicht zur Sache äußern wollen.

Sollten Sie die Gelegenheit zu rechtlichem Gehör nicht wahrnehmen, müssen Sie damit rechnen, dass nach Ablauf der Äußerungsfrist ohne weiteres Anschreiben ein Bußgeldbescheid gegen Sie erlassen wird.

Hinweis:

Sofern uns Ihre Verteidigung durch eine Rechtsanwältin oder einen Rechtsanwalt mitgeteilt ist, erhält die von Ihnen beauftragte Person dieses Schreiben zur Kenntnisnahme.

Anlage

Äußerungsbogen

Mit freundlichen Grüßen

Weber

Az. 0987665/11	*Neukirchen, den 19.10.2011*
Zurück an:	
Landratsamt Neukirchen	**Äußerungsbogen zum Vorwurf einer**
Kantstraße 23	**Ordnungswidrigkeit (§ 55 OWiG)**
88888 Neukirchen	Bitte in Druckschrift oder mit Schreibmaschine ausfüllen!

1. Angaben zur Person (Pflichtangaben):

Name	*DHS-Hotelbetriebs GmbH*
Anschrift (Straße Nummer, PLZ Ort, Kreis)	*Alte Straße 65* *84300 Kaiserberg*
Gesetzlicher Vertreter (Name)	*Hans Schreiner*
Gesetzlicher Vertreter (Bezeichnung)	*Geschäftsführer*
Telefon (freiwillig) E-Mail (freiwillig)	*08234/342424334* *schreinerpartner@dhs.de*

2. Angaben zur Sache (Freiwillige Angaben):

Auch die Firma selbst hat mit dem Hotelbetrieb unmittelbar nichts zu tun. Das ist auch keine Angelegenheit der Geschäftsleitung. Dafür ist Herr Werner Maier als Hotelchef zuständig. Dies wird Ihnen Herr Maier auch gerne selbst bestätigen. Mein Aufgabenbereich als Geschäftsführer ist nur die Finanzierung und Vermarktung von Hotel- und Ferienanlagen. Ich betrachte daher die Sache auch insoweit als erledigt.

3. Wirtschaftliche Verhältnisse (Freiwillige Angaben):

Hinweis: Sollen Sie Ihre wirtschaftlichen Verhältnisse nicht, nicht nachvollziehbar oder unglaubhaft angeben, wären wir bei der Zumessung einer Geldbuße gezwungen, diese zu schätzen:

geregelt

Schreiner

(Unterschrift)

Bußgeldbescheid gegen eine nebenbeteiligte juristische Person (§ 30 OWiG)

Landratsamt Neukirchen

Zentrale Bußgeldstelle

Landratsamt Neukirchen, Postfach 5678, 88888 Neukirchen

	Dienstgebäude	Feuerbachstraße 43
Zustellungsurkunde		88888 Neukirchen
DHS Hotelbetriebs-GmbH	Zimmer	0432
Geschäftsführer Hans Schreiner	Sachbearbeiter(in)	Frau Weber
Alte Straße 65　　　　Telefon		(0823) 8878-342
84300 Kaiserberg	Telefax	(0823) 8878-340
	E-Mail	zbslra@neukirchen.de

Ihr Zeichen, Ihre Nachricht vom	Bitte bei Antwort angeben Unser Zeichen, Unsere Nachricht vom 0987665/11	Datum 30.11.2011

Betroffener: Herr Hans Schreiner, geb. 14.05.1971 in Altstadt, Geschäftsführer Gellertstraße 42, 84300 Kaiserberg

Verteidiger: Herr Rechtsanwalt Klaus Kollmann, Gellertstraße 42, 88882 Altstein

Nebenbeteiligte: DHS Hotelbetriebs-GmbH, Geschäftsführer Hans Schreiner, Alte Straße 65, 84300 Kaiserberg

Verteidiger:　-

Bußgeldbescheid

Sehr geehrte Damen und Herren,

nach unseren Feststellungen hat der gesetzliche Vertreter der verfahrensbeteiligten juristischen Person folgende Ordnungswidrigkeit begangen:

Herr Hans Schreiner ist Geschäftsführer der DHS Hotelbetriebs GmbH mit Sitz in 84300 Kaiserberg, die das Hotel „Karwendel" in 88882 Altstein, Weiherstraße 54 betreibt. Er hat daher auch für die Einhaltung der lebensmittelrechtlichen Vorschriften in deren Geschäftsbetrieb zu sorgen. Dazu gehört auch die zumindest stichprobenweise Überwachung des für das Hotel eingesetzten Betriebsleiters Werner Maier.

Am Dienstag, den 13.10.2011 zwischen 10.00 Uhr und 11.30 Uhr wurden unter Leitung des Küchenchefs Herrn Manfred Eisinger in der Hotelküche Speisen verschiedener Art, darunter Fleischgerichte mit Beilagen zubereitet. Dabei waren folgende lebensmittelrechtliche Anforderungen einzuhalten:

Telefonvermittlung (0823) 8878-0 **Internet** www.lra-neukirchen.de	**Besuchszeiten** Mo.-Mi. 7.30-16.30 Uhr Do.　7.30-17.30 Uhr Fr.　7.30-12.00 Uhr	**Öffentliche Verkehrsmittel** Stadtbus Linie 4 Haltestelle Landratsamt	**Bankverbindungen** Sparkasse Neukirchen IBAN DE 128002000080204123456 Volksbank Neukirchen IBAN DE 8003000040320654321

1. Betriebsstätten, in denen mit Lebensmitteln umgegangen wird, müssen sauber und stets instand gehalten sein (Artikel 4 Absatz 2 Verordnung (EG) Nummer 852/2004 in Verbindung mit Anhang II Kapitel I Nummer 1).

Von diesen Anforderungen ist Herr Eisinger bewusst abgewichen, indem er in der Küche Fettablagerungen auf und vor dem dort aufgestellten Elektroherd seit längerer Zeit nicht entfernt hat, so dass es zu starken verkrusteten Verschmutzungen kam.

Durch mögliche Berührung wurden die dort behandelten Lebensmittel der Gefahr nachteiliger Beeinflussung durch diese Verunreinigungen ausgesetzt.

2. Betriebsstätten, in denen mit Lebensmitteln umgegangen wird, müssen sauber und stets instand gehalten sein (Artikel 4 Absatz 2 Verordnung (EG) Nummer 852/2004 in Verbindung mit Anhang II Kapitel I Nummer 1).

Von diesen Anforderungen ist Herr Eisinger bewusst abgewichen, indem er in der Küche aufgrund mangelhafter Reinigung des Fußbodens Verschmutzungen nicht beseitigte, in denen sich mehrere lebende Ameisen und Käfer (Kakerlaken) befanden.

Dadurch wurden die dort behandelten Lebensmittel der Gefahr nachteiliger Beeinflussung durch tierische Schädlinge ausgesetzt.

3. Flächen (einschließlich Flächen von Ausrüstungen) in Bereichen, in denen mit Lebensmitteln umgegangen wird, und insbesondere Flächen, die mit Lebensmitteln in Berührung kommen, sind in einwandfreiem Zustand zu halten und müssen leicht zu reinigen und erforderlichenfalls zu desinfizieren sein (Artikel 4 Absatz 2 Verordnung (EG) Nummer 852/2004 in Verbindung mit Anhang II Kapitel I Nummer 1 Buchstabe f).

Von diesen Anforderungen ist Herr Eisinger bewusst abgewichen, indem er in der Küche die für die Zerteilung und Zubereitung vorgesehene Arbeitsplatte aus Hartholz längere Zeit nicht reinigte. In den vorhandenen Scharten der Oberfläche befanden sich während der Zubereitung von Frischfleisch zahlreiche, bereits verfärbte Fleischreste.

Dadurch wurden die dort behandelten Lebensmittel der Gefahr nachteiliger Beeinflussung durch Mikroorganismen und Verunreinigungen ausgesetzt.

4. Reinigungs- und Desinfektionsmittel dürfen nicht in Bereichen gelagert werden, in denen mit Lebensmitteln umgegangen wird (Artikel 4 Absatz 2 Verordnung (EG) Nummer 852/2004 in Verbindung mit Anhang II Kapitel I Nummer 10).

Von diesen Anforderungen ist Herr Eisinger bewusst abgewichen, indem er im Vorratsraum neben für den Geschäftsbetrieb bestimmten, gefüllten Kartoffelbehältern 2,5 kg Schädlingsbekämpfungsmittel Supertox, 5 l Pflanzenschutzmittel Floran und ca. 15 l verschiedene Lösungsmittel lagerte.[1]

5. Es müssen an geeigneten Standorten genügend Handwaschbecken vorhanden sein. Diese müssen Warm- und Kaltwasserzufuhr haben; darüber hinaus müssen Mittel zum Händewaschen und zum hygienischen Händetrocknen vorhanden sein
(Artikel 4 Absatz 2 Verordnung (EG) Nummer 852/2004 in Verbindung mit Anhang II Kapitel I Nummer 4 Satz 1, 2).

Von diesen Anforderungen ist Herr Eisinger bewusst abgewichen, indem er in der Personaltoilette weder Seife noch Handtücher zur Verfügung stellte.

Dadurch wurden die Lebensmittel der Gefahr nachteiliger Beeinflussung durch Mikroorganismen und Verunreinigungen ausgesetzt.

6. Die Wandflächen sind in einwandfreiem Zustand zu halten und müssen leicht zu reinigen sein
(Artikel 4 Absatz 2 Verordnung (EG) Nummer 852/2004 in Verbindung mit Anhang II Kapitel II Nummer 1 Buchstabe b).

Von diesen Anforderungen ist Herr Eisinger bewusst abgewichen, indem er im Kühlraum ca. 1,5 m² heruntergefallene Fliesen nicht erneuerte.

Dadurch wurden die dort lagernden Lebensmittel der Gefahr nachteiliger Beeinflussung durch diese Verunreinigungen ausgesetzt.

Diese nach

(Nummer 4) § 2 Nummer 2 Lebensmittelrechtliche Straf- und Bußgeldverordnung (LMRStV) vom 07. Februar 2012 (BGBl. I S. 190) und

(Nummer 1 bis 3, 5 bis 6) § 10 Nummer 1 Lebensmittel-Hygieneverordnung vom 08. August 2007 (BGBl. I S. 1816)

mit Geldbuße bedrohten betriebsbezogenen Zuwiderhandlungen waren dem Geschäftsführer aufgrund mangelnder Sorgfalt durch ungenügende Beaufsichtigung des Betriebsleiters Maier unbekannt geblieben. Bei auch nur gelegentlicher Überprüfung der Einhaltung lebensmittelrechtlicher Vorschriften wären dem Geschäftsführer derart massive Verstöße aufgefallen, zumal sie bereits bei einer Kontrolle am 10.02.2011 beanstandet und auch dem Betriebsleiter zur Kenntnis gebracht wurden. Durch ausreichende betriebliche Organisation und Überwachung hätte die Zuwiderhandlung durch Ihr Einschreiten verhindert oder zumindest wesentlich erschwert werden können.

---

1 Dieser Verstoß beruht auf § 2 Nummer 2 LMRStV, der im Gegensatz zu § 10 Nummer 1 in Verbindung mit § 3 Satz 1 LMHV keine Gefahr nachteiliger Beeinflussung im Sinne des § 2 Absatz 1 Nummer 1 LMHV erfordert.

Ordnungswidrig handelt,

wer als vertretungsberechtigtes Organ einer juristischen Person (§ 9 Absatz 1 Nummer 1 Gesetz über Ordnungswidrigkeiten – OWiG) fahrlässig in einem Betrieb oder Unternehmen die Aufsichtsmaßnahmen unterlässt, die erforderlich sind, um in dem Betrieb oder Unternehmen Zuwiderhandlungen gegen Pflichten zu verhindern, die den Inhaber als solchen treffen und deren Verletzung mit Geldbuße bedroht ist, wenn eine solche Zuwiderhandlung begangen wird, die durch gehörige Aufsicht verhindert oder wesentlich erschwert worden wäre.

Verletzte Bußgeldvorschriften

§ 130 Absatz 1 Gesetz über Ordnungswidrigkeiten (OWiG) in der Fassung der Bekanntmachung vom 19. Februar 1987 (BGBl. I S. 602).

Beweismittel

a) Ihre Angaben bei der Anhörung vom 19.10.2011
b) Ermittlungsbericht der Lebensmittelüberwachung vom 13.10.2011
c) Herr Manfred Eisinger, Bergstraße 112, 88882 Altstein (Zeuge)
d) Herr Werner Maier, Goethestraße 30, 99997 Talbergen (Zeuge)
e) Lichtbilder vom 13.10.2011 über den Zustand der Betriebsräume

Als Nebenfolge dieser Ordnungswidrigkeiten setzen wir gegen die verfahrensbeteiligte juristische Person eine Geldbuße fest (§ 30 OWiG). Diese trägt auch die Gebühr des Bußgeldbescheides (§ 107 Absatz 1 OWiG) und die im Bußgeldverfahren entstandenen Auslagen (§ 107 Absatz 3 OWiG, § 472b StPO in Verbindung mit § 46 Absatz 1 OWiG).

Geldbuße	2000,00 Euro
Gebühr	100,00 Euro
Auslagen	3,50 Euro
Gesamtbetrag	2103,50 Euro

Begründung des Bußgeldbescheides

1) Ihre Angaben bei der Anhörung vom 15.10.2011

Nach Ihrer Auffassung ist für die Leitung des Hotels „Karwendel" in Altstein und damit für die von der Lebensmittelüberwachung festgestellten Ordnungswidrigkeiten allein der Betriebsleiter Herr Werner Maier verantwortlich. Trotzdem bleibt der Geschäftsführer eines Unternehmens als gesetzlicher Vertreter gemäß § 9 Absatz 1 Nummer 1 OWiG dem Betriebsleiter im Sinne des § 9 Absatz 2 Nummer 1 OWiG weiter verantwortlich. Diese Verantwortlichkeit kann nicht privatrechtlich ausgeschlossen werden. Es handelt sich bei Zuwiderhandlungen gegen lebensmittelrechtliche Vorschriften um betriebsbezogene Ordnungswidrigkeiten gemäß § 130 Absatz 1 OWiG.

2) Zumessung der Geldbuße (§ 17 Absatz 3 OWiG):

Die Ordnungswidrigkeit ist mit Geldbuße bis 50 000 Euro bedroht (§ 30 Absatz 2 Satz 2, § 130 Absatz 3 Satz 1 OWiG, § 60 Absatz 2 Nummer 1 Buchstabe a, Absatz 5 Nummer 2 LFGB, § 17 Absatz 2 OWiG).

a) Bedeutung der Ordnungswidrigkeit (§ 17 Absatz 3 Satz 1 OWiG)

Verschärfend wirkte sich die durch das Verhalten des Geschäftsführers ermöglichte Anzahl von fünf festgestellten Lebensmittelhygieneverstößen erheblichen Ausmaßes aus. Die Zuwiderhandlungen weisen ein hohes Maß an unmittelbarer Gefährdung für die Hotel- und Restaurantbesucher als Letztverbraucher auf.

b) Vorwurf, der den Täter trifft (§ 17 Absatz 3 Satz 1 OWiG)

Verschärfend mussten wir berücksichtigen, dass der Geschäftsführer trotz seiner hervorgehobenen Stellung im Unternehmen keinerlei Betriebsorganisation und Zuständigkeitsregelungen getroffen hat, obwohl die Beachtung des lebensmittelrechtlichen Verbraucherschutzes zu den zentralen Aufgaben des Inhabers von Hotel- und Restaurantbetrieben gehört. Durch die völlig fehlende Sorgfalt des Geschäftsführers wurden die Zustände in der Hotelküche erst ermöglicht, weil er nicht einmal erkannte, dass auch der Hotelleiter Maier die Einhaltung lebensmittelrechtlicher Vorschriften unzulässig durch Arbeitsvertrag auf den Küchenchef Eisinger übertragen hatte. Damit fand im gesamten Unternehmensbereich keinerlei Kontrolle statt.

c) Abschöpfung des wirtschaftlichen Vorteils (§ 17 Absatz 4 OWiG)

Mit der Geldbuße soll auch der aus der Ordnungswidrigkeit gezogene wirtschaftliche Vorteil abgeschöpft werden (§ 17 Absatz 4 Satz 1 OWiG). Dabei kann auch das gesetzliche Höchstmaß der Geldbuße überschritten werden (§ 17 Absatz 4 Satz 2 OWiG). Wir bewerten die bisher ersparten Reinigungskosten bezüglich der Hygienemängel in Ihren Geschäftsräumen auf 500 Euro. Dabei legen wir eine Gesamtfläche der Betriebsräume von 150 m² und einen Zeitraum von sechs Monaten und den Einsatz von Zeitarbeitskräften zugrunde.

d) Wirtschaftliche Verhältnisse (§ 17 Absatz 3 Satz 2 OWiG)

Die wirtschaftlichen Verhältnisse des Unternehmens werden von uns als durchschnittlich und geordnet eingeschätzt, da keine anderen Anhaltspunkte im Bußgeldverfahren bekannt geworden sind.

Rechtsbehelfsbelehrung

Gegen diesen Bußgeldbescheid können Sie binnen zwei Wochen ab Zustellung beim Landratsamt Neukirchen schriftlich – auch als elektronisches Dokument an die oben angegebene E-Mail-Adresse – oder zur Niederschrift Einspruch in deutscher Sprache (§ 184 GVG in Verbindung mit § 46 Absatz 1 OWiG) einlegen (§ 67 Absatz 1 OWiG). Als elektronisches Dokument muss der Einspruch eine qualifizierte elektronische Signatur (§ 2 Nummer 3 SigG) enthalten.[1] Der Einspruch kann auch auf einzelne Beschwerdepunkte beschränkt werden (§ 67 Absatz 2 OWiG).

Sofern Sie eine Begründung des Einspruchs beabsichtigen, bitten wir Sie, diese möglichst mit der Einlegung des Einspruchs zu verbinden.

Falls wir den Bußgeldbescheid trotz eines Einspruchs aufrechterhalten (§ 69 Absatz 2 Satz 1 OWiG), entscheidet das Amtsgericht aufgrund dieses Bußgeldbescheides über das Vorliegen einer Ordnungswidrigkeit und die Rechtsfolgen aufgrund einer mündlichen Hauptverhandlung (§ 71 OWiG), ohne an die Höhe der festgesetzten Geldbuße gebunden zu sein. Das Gericht kann mit Ihrer Zustimmung auch durch schriftlichen Beschluss entscheiden (§ 72 OWiG), wobei es an die Rechtsfolgen des Bußgeldbescheides gebunden ist.

Zahlungsaufforderung

Nach Rechtskraft des Bußgeldbescheides ist die Geldbuße innerhalb weiterer zwei Wochen (also vier Wochen ab Zustellung) an die Kreiskasse oder eines der in den Fußzeilen der ersten Seite dieses Bescheides bezeichneten Konten zu bezahlen (§ 95 Absatz 1 OWiG), sofern keine abweichenden Zahlungsfristen bewilligt sind.

Hinweis auf Erzwingungshaft

Unterbleibt die Zahlung und wird auch eine Zahlungsunfähigkeit nicht dargelegt, so kann die Geldbuße durch die vom Amtsgericht angeordnete Erzwingungshaft gegen einen gesetzlichen Vertreter durchgesetzt werden (§ 96 OWiG). Bei Unmöglichkeit sofortiger Zahlung sind Zahlungserleichterungen (Zahlungsfrist, Teilleistungen) möglich (§ 18, § 93 OWiG).

Datenschutzrechtlicher Hinweis

Wir speichern Ihre hier bekannten personenbezogenen Daten bis zum Abschluss des Verfahrens einschließlich der vollständigen Zahlung der Geldbuße, Gebühr und Auslagen in einer automatisiert geführten elektronischen Datei (§ 49c Absatz 2 Satz 1 OWiG in Verbindung mit § 483 Absatz 1 StPO).

Mit freundlichen Grüßen

Weber

---

1   Die Rechtsbehelfsbelehrung berücksichtigt bereits elektronische Aktenführung im Sinne des § 110b ff. OWiG.

12 Eintragung im Gewerbezentralregister (GZR)

Die Rechtskraft eines Bußgeldbescheides wegen lebensmittelrechtlicher Ordnungswidrigkeiten kann auch zur Eintragung in das Gewerbezentralregister (GZR) führen, obwohl dies keine unmittelbare bußgeldrechtliche Rechtsfolge ist. Das beim Bundesamt für Justiz geführte Register (§ 149 Absatz 1 GewO) dient vielmehr zur Beurteilung der gewerberechtlichen Zuverlässigkeit durch die Gewerbebehörden und ist daher für die Eingetragenen eine einschneidende Folge der Ordnungswidrigkeit.

Bußgeldentscheidungen sind dem Gewerbezentralregister von Amts wegen von der Verwaltungsbehörde (§ 35 OWiG) mitzuteilen, wenn der erlassene Bußgeldbescheid rechtskräftig wird (§ 153a Absatz 1 Satz 1 GewO) und die Geldbuße **mehr** als 200 Euro beträgt (§ 149 Absatz 2 Nummer 3 GewO). Eine Geldbuße von 200 Euro ist daher gerade noch nicht eintragungspflichtig, eine auch nur geringfügig höhere kann für den Lebensmittelunternehmer Veranlassung geben, wegen der bevorstehenden Eintragung Einspruch gegen den Bußgeldbescheid einzulegen.

Lebensmittelrechtliche Bußgeldentscheidungen über 200 Euro sind immer eintragungspflichtig, wenn sie bei oder in Zusammenhang mit der Ausübung eines Gewerbes oder dem Betrieb einer sonstigen wirtschaftlichen Unternehmung begangen worden sind (§ 149 Absatz 2 Nummer 3 Buchstabe a GewO). Einzutragen sind nicht nur die Gewerbetreibenden selbst, sondern auch Personen als Vertreter oder Beauftragte im Sinne des § 9 OWiG (§ 149 Absatz 2 Nummer 3 Buchstabe b GewO).[1])

Beispiel:

Im Musterfall dieses Buches gegen die DHS Hotelbetriebs GmbH sind sowohl die GmbH selbst als Gewerbetreibende als auch der

▶ Geschäftsführer als gesetzlicher Vertreter (§ 9 Absatz 1 Nummer 1 OWiG),

▶ Hotelleiter als Betriebsleiter (§ 9 Absatz 2 Satz 1 Nummer 1 OWiG),

▶ Küchenchef als ausdrücklich beauftragte, eigenverantwortlich tätige Person (§ 9 Absatz 2 Satz 1 Nummer 2 OWiG)

dem Gewerbezentralregister zur Eintragung mitzuteilen, weil die Geldbuße jeweils über 200 Euro beträgt.

---

1) Zum Handeln für einen anderen (§ 9 OWiG) siehe Kapitel 11.1.2.

Diese Grundsätze gelten auch im Bereich der Bundeswehr bei privatrechtlichen Pächtern von Truppenkantinen. Angehörige der Bundeswehr selbst fallen nicht unter den Begriff der Gewerbetreibenden und sind auch dann nicht eintragungsfähig, wenn sie sich an der Ordnungswidrigkeit von Gewerbetreibenden beteiligen.

Vorhandene Eintragungen im Gewerbezentralregister dürfen zum Nachteil des Betroffenen nur so lange verwertet werden, als sie noch nicht getilgt oder tilgungsreif sind (§ 153 Absatz 6 GewO). Bei der Zumessung der Geldbuße[1]) sind daher die Tilgungsfristen zu beachten. Bußgeldentscheidungen sind nach drei Jahren, wenn die Höhe der Geldbuße nicht mehr als 300 Euro beträgt, bei höheren Geldbußen nach fünf Jahren (§ 153 Absatz 1 GewO) tilgungsreif. Die Tilgungsfrist beginnt jeweils mit der Rechtskraft der Bußgeldentscheidung (§ 153 Absatz 2 GewO). Bei mehreren Eintragungen beginnt die Tilgung erst bei Fristablauf aller Eintragungen (§ 153 Absatz 3 GewO).

Die Eintragung im Gewerbezentralregister (GZR) ist keine bußgeldrechtliche, sondern eine verwaltungsrechtliche Folge der Ordnungswidrigkeit.

Im Bußgeldbescheid erfolgt daher bei Geldbußen über 200 Euro weder eine entsprechende Anordnung noch ein bloßer Hinweis darauf. Die erst nach Rechtskraft des Bußgeldbescheides erfolgende Mitteilung an das Bundesamt für Justiz ist auch nicht mit dem Einspruch gegen den Bußgeldbescheid (§ 67 OWiG) oder dem Antrag auf gerichtliche Entscheidung (§ 62 OWiG) anfechtbar.

---

1) Zur Zumessung der Geldbuße (§ 17 OWiG) siehe Kapitel 9.

13 Vertretung der Verwaltungsbehörde vor dem Amtsgericht

Legen der Betroffene oder ein nebenbeteiligtes Unternehmen gegen einen Bußgeldbescheid den Rechtsbehelf des Einspruchs (§ 67 OWiG) ein, so wird die Bußgeldentscheidung nicht rechtskräftig. Hält die Verwaltungsbehörde den Bußgeldbescheid im Zwischenverfahren aufrecht (§ 69 Absatz 2 Satz 1 OWiG), so übersendet sie die Sache über die Staatsanwaltschaft an das Amtsgericht (§ 69 Absatz 3 Satz 1 Halbsatz 1 OWiG). Mit dem Eingang der Akten bei der Staatsanwaltschaft verliert die Verwaltungsbehörde die Verfahrenshoheit (§ 69 Absatz 4 Satz 1 OWiG). Eine Beteiligung am folgenden gerichtlichen Bußgeldverfahren, insbesondere an einer folgenden gerichtlichen Hauptverhandlung entspricht dem Interesse der Verwaltungsbehörde, weil der Betroffene nicht verpflichtet ist, seine Einwendungen gegen den Tatvorwurf bereits bei der Anhörung vor Erlass des Bußgeldbescheides oder mit seinem Einspruch vorzutragen. Erfahrungsgemäß äußern sich nicht wenige Betroffene erst vor Gericht oder ändern oder ergänzen dort ihre bisherigen Einwendungen. § 76 Absatz 1 OWiG bietet daher die Beteiligung der Verwaltungsbehörde durch Entsendung eines von ihr zu bestimmenden Bediensteten in die mündliche Hauptverhandlung. Mit Ermittlungen im konkreten Verfahren zuvor befasste Lebensmittelkontrolleure/Veterinäre scheiden hier allerdings aus, da sie dann mit ihrer Einvernahme als Zeugen rechnen müssen und den Ablauf der Hauptverhandlung bis zu diesem Zeitpunkt nicht mitverfolgen können (vgl. § 243 Absatz 2 Satz 1 StPO in Verbindung mit § 46 Absatz 1 OWiG). Es empfiehlt sich daher die Entsendung eines Bediensteten der Bußgeldstelle. Dieser kann jedoch von einem anderen Lebensmittelkontrolleur/Veterinär derselben Behörde fachkundig unterstützt werden.

Allerdings liegt die Beteiligung der Verwaltungsbehörde am gerichtlichen Verfahren im Ermessen des Gerichts, nicht der Behörde. Eine Terminnachricht (§ 76 Absatz 3 Satz 3 OWiG) erfolgt nicht, wenn das Gericht die besondere Sachkunde der Verwaltungsbehörde für entbehrlich hält (§ 76 Absatz 2 OWiG). Die Beteiligung ist also für die Behörde nicht durchsetzbar. In der Abgabeverfügung an die Staatsanwaltschaft (§ 69 Absatz 3 Satz 1 OWiG) sollte daher darauf hingewiesen werden, dass eine Beteiligung der Verwaltungsbehörde erwünscht ist und um eine Terminnachricht gebeten wird.

In der gerichtlichen Hauptverhandlung hat der Vertreter der Verwaltungsbehörde im Gegensatz zur Staatsanwaltschaft keine echten Verfahrensbefugnisse, sondern nur das Recht zur Stellungnahme. Die Staatsanwaltschaft ist zwar zur Teilnahme an der Hauptverhandlung berechtigt, nimmt diese Möglichkeit aber regelmäßig nicht wahr (§ 75 OWiG). Dem auf Terminsnachricht erschienenen Vertreter der Verwaltungsbehörde gibt das Gericht Gelegenheit, die Gesichtspunkte vorzubringen, die von ihrem Standpunkt für die Entscheidung von Bedeutung sind (§ 76 Absatz 1 Satz 1 OWiG). Dies gilt auch, wenn das Gericht erwägt, das Verfahren wegen nicht gebotener Ahndung nach § 47 Absatz 2 OWiG einzustellen (§ 76 Absatz 1 Satz 2 OWiG). Der Vertreter der Verwaltungsbehörde erhält in der Hauptverhandlung auf Verlangen das Wort (§ 76 Absatz 1 Satz 4 OWiG) und kann in seiner Stellungnahme auch auf solche Gesichtspunkte eingehen, die aus Sicht des Vollzuges bedeutsam sind, vom Betroffenen aber bisher nicht vorgetragen wurden.[1])

---

1) In den Befugnissen der Verwaltungsbehörde im gerichtlichen Verfahren im Einzelnen siehe Wieser Band I Teil I Nr. 1 § 76 OWiG.

Befugnisse der Verwaltungsbehörde
in der Hauptverhandlung des Amtsgerichts
(§ 76 OWiG)

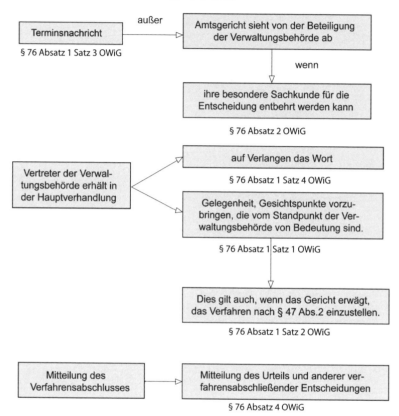

Terminsnachricht

§ 76 Absatz 1 Satz 3 OWiG

außer → Amtsgericht sieht von der Beteiligung der Verwaltungsbehörde ab

wenn

ihre besondere Sachkunde für die Entscheidung entbehrt werden kann

§ 76 Absatz 2 OWiG

Vertreter der Verwaltungsbehörde erhält in der Hauptverhandlung

auf Verlangen das Wort

§ 76 Absatz 1 Satz 4 OWiG

Gelegenheit, Gesichtspunkte vorzubringen, die vom Standpunkt der Verwaltungsbehörde von Bedeutung sind.

§ 76 Absatz 1 Satz 1 OWiG

Dies gilt auch, wenn das Gericht erwägt, das Verfahren nach § 47 Abs.2 einzustellen.

§ 76 Absatz 1 Satz 2 OWiG

Mitteilung des Verfahrensabschlusses

Mitteilung des Urteils und anderer verfahrensabschließender Entscheidungen

§ 76 Absatz 4 OWiG

Stichwortverzeichnis

Die fetten Zahlen beziehen sich auf die Seiten.